証券アナリスト

2次対策 総まとめテキスト

市場と経済

FINANCIAL ANALYST

TAC証券アナリスト講座

は じ め に

　証券アナリストとは、証券投資において必要な情報を収集し、分析を行い、多様な投資意思決定のプロセスに参画するプロフェッショナルな人たちをいいます。公益社団法人　日本証券アナリスト協会では、証券アナリストとしてのスタンダードを確立するため、通信教育講座を通じて教育を行い講座終了後の試験によって、証券アナリストの専門水準の認定を行い、検定会員の資格を与えています。証券アナリスト試験は、アナリスト協会が自主的措置として行っている資格制度であり、合格しなくとも、証券分析業務や投資アドバイスといった証券アナリストの業務はできます。それにもかかわらず証券アナリスト試験は、金融の自由化・国際化、資産の証券化、その他さまざまな要因から、金融業界を中心に非常に注目を集めており、試験合格者も増加の一途をたどっています。近年では、証券業界に携わる方にとっては必須の資格といっても過言ではないでしょう。

　証券アナリストに求められる知識は極めて広範囲にわたるため、よりポイントを絞った効率的な学習が必要です。本書では、2次試験対策の総まとめとして、過去の本試験における出題傾向を徹底分析したうえで厳選した論点と問題を収載しています。本書は、本試験における「市場と経済」分野から出題された問題を解くうえで必要な基礎知識を整理できるように構成されており、併せて解答作成に必要な力を身につけることも主眼としています。そこで、必ず問題を自分の力で解き、理解が不十分であれば本文を読み直し、再度問題にチャレンジしてください。もうすでに、基礎知識は十分身についていると思われる方は、収載した問題に直接あたってみることで、解答作成のポイントをしっかり把握し、実力をより確かなものとしてください。

　本書およびその他科目の総まとめテキストが、皆さんの証券アナリスト試験合格のためにお役に立てることを、心より願ってやみません。

ＴＡＣ証券アナリスト講座

iii

CONTENTS

はじめに／iii

証券アナリスト試験とは／ix

本書の利用方法／x

過去の出題一覧および重要度／xi

重要論点チェックリスト／xii

傾向と対策／xiii

第Ⅰ章　マクロ・ミクロ経済学

ポイント整理……………………………………………………………… 2

マクロ編

1　景気循環／2

　⑴　景気循環の局面／2

　⑵　景気動向指数／2

　⑶　ビジネス・サーベイ／7

2　SNA統計／9

　⑴　SNA関連指標概念の関係／9

　⑵　国内総生産GDPと国民経済計算における三面等価の原則／9

　⑶　名目GDPと実質GDP／10

　⑷　GDPデフレーター／11

　⑸　実質GDI、実質GDP（＝実質GDE）と交易利得・損失／11

　⑹　GDP（支出面）の成長率、寄与度、寄与率／12

3　IS-LM分析と財政・金融政策／17

　⑴　財市場／17

　⑵　貨幣市場／18

　⑶　財政政策の効果／19

(4) 金融政策の効果／20

(5) 金融緩和政策無効のケース／23

4 AD-ASモデル／27

(1) AD曲線／27

(2) AS曲線／27

(3) デフレ／31

(4) インフレ／33

(5) 古典派の総供給曲線と二分法／38

(6) 貨幣数量説／39

5 物価に関するその他の論点／41

(1) 名目利子率、物価変動、実質利子率の関係／41

(2) GDPギャップと物価水準／42

(3) フィリップス曲線／44

6 経済成長の要因分解／46

7 新古典派経済成長モデル／52

(1) 技術進歩がないケース／52

(2) 技術進歩があるケース／54

8 財政赤字と公債残高の収束問題／58

ミクロ編

1 市場均衡と価格の自動調整機能／61

2 消費者の効用最大化／62

(1) 最適消費計画（2財モデル）／62

(2) 所得変化と最適消費計画：所得効果／65

(3) 価格変化と最適消費計画：価格効果／65

3 企業の利潤最大化／68

4 異時点間消費モデル：ライフサイクル仮説／73

(1) 消費および貯蓄の決定／73

(2) 生涯所得の変化と消費および貯蓄の変化／76

(3) 実質利子率rの変化と消費および貯蓄の変化／77

5 ゲーム理論／80

　(1) 戦略型ゲーム／81

　(2) 展開型ゲーム／88

　(3) オークション／91

6 情報の経済学／95

　(1) 逆選択／95

　(2) モラルハザードとエージェンシー問題／100

章末問題 ……………………………………………………………**103**

第Ⅱ章	金融経済

ポイント整理 ……………………………………………………………**136**

1 金融政策のフレームワーク／136

2 マネタリーベースとマネーストック／137

3 貨幣乗数／139

4 金融調節／143

5 金利の期間構造／150

6 金融政策と運営ルール／156

　(1) テイラー・ルール／156

　(2) インフレーション・ターゲティング／159

　(3) 動学的非整合性／159

7 金融政策の動向／161

　(1) 量的金融緩和政策／161

　(2) 量的金融緩和解除後からいわゆるリーマンショック発生前まで／167

　(3) リーマンショック発生から東日本大震災前まで／169

　(4) 東日本大震災と金融政策／171

　(5) デフレ脱却に向けた金融政策のレジーム転換（2013年1月～）／172

　(6) 量的・質的金融緩和の導入（2013年4月～）／173

　(7) マイナス金利付き量的・質的金融緩和の導入（2016年1月～）／174

　(8) 「長短金利操作付き量的・質的金融緩和」の導入（2016年9月～）／178

(9) 政策金利のフォワードガイダンスの導入とその明確化（2018年7月～）／180

8 景気動向と株価／183

(1) 株価決定モデル：定率成長モデル／183

(2) 配当利回り／186

(3) 株価収益率PER／186

(4) 土地の理論価格への応用／187

章末問題 ……………………………………………………………………**189**

| 第Ⅲ章 | 国際金融論 |

ポイント整理 ………………………………………………………………**212**

1 国際収支／212

(1) 国際収支／212

(2) 国際収支統計の体系／212

2 経常収支／214

(1) 経常収支と金融収支の動向／214

(2) ISバランス（財蓄投資差額）の考え方／215

(3) わが国のISバランス／216

(4) 部門別貯蓄投資差額の動向／217

(5) 2期間モデルによる国際収支構造と国際資金貸借の分析／222

(6) 名目為替レートと貿易収支／229

(7) 弾力性アプローチ：為替レートの変動と貿易・経常収支の
変動との関係／231

3 為替レート／234

(1) 名目為替レートe／234

(2) 実質為替レートε／234

(3) 名目実効為替レート／235

(4) 実質実効為替レート／235

4 為替介入とその効果／239

5 為替レート決定理論Ⅰ（長期）／245

vii

6 為替レート決定理論Ⅱ（短期）／249

  (1) 金利平価説／249

  (2) ポートフォリオ・バランス・アプローチ／252

7 最適通貨圏の理論／255

8 オープン・マクロⅠ（IS-LM型小国モデル）／262

  (1) 資本移動が完全なケース／262

  (2) 資本移動が不完全なケース／266

9 オープン・マクロⅡ（IS-LM型 2 国モデル）／275

  (1) 金融緩和政策の効果／276

  (2) 拡張的財政政策の効果／279

章末問題 ……………………………………………………………282

Appendix ～付録～

証券アナリスト試験（2 次経済）で使う数学・統計／306

Column

1 公定歩合とロンバート型貸出制度／166

2 経常収支の構造の変化

  ―所得収支の黒字が貿易収支の黒字を上回る―／233

3 ポートフォリオ・リバランス効果／244

4 シグナル効果／244

Technical Note

1 変化率の簡便公式／49

◆索引／310

証券アナリスト試験とは

～ 2次試験の概要 ～

本試験を受験するためには協会通信教育の申込が絶対条件！

（受験資格）

　証券アナリスト2次レベル試験を受験するには、公益社団法人日本証券アナリスト協会の1次レベルの全試験科目合格者でかつ、公益社団法人日本証券アナリスト協会の2次レベルの通信教育を受講することが必要。なお、通信教育の受講および受験に際しては、以下の点に留意すること。

① 　4科目一括受講・受験
② 　1次レベル試験の3科目に合格した年から3年の間に2次レベル講座を受講しない場合、ならびに受講後連続3回の試験で合格しなかった場合、直ちに協会通信教育講座を再受講しないと2次レベル講座の受講資格を失います。なお、2次レベル講座の受講資格を失った場合には、改めて1次レベル講座から受講しなければなりません。

＊通信教育講座受講申込期間…例年6月上旬～
＊通信講座受講期間…約8ヶ月間

●2次試験日程…毎年1回、例年6月上旬
●出願締切…例年5月上旬（日本証券アナリスト協会のマイページから申込）
●合格発表…例年8月中旬
●試験実施場所…＜国内＞札幌、仙台、東京、金沢、名古屋、大阪、広島、松山、福岡
　　　　　　　　＜国外＞ニューヨーク、ロンドン、香港
●試験科目（科目総合試験）…①証券分析とポートフォリオ・マネジメント
　　　　　　　　　　　　　　②コーポレート・ファイナンスと企業分析
　　　　　　　　　　　　　　③市場と経済の分析　　④職業倫理・行為基準
●近年の協会通信および受験状況（2次レベル）

年　　　度	検　　定　　試　　験		
	受験者数（人）	合格者数（人）	合格率（％）
2015年	2,339	1,127	48.2
2016年	2,410	1,159	48.1
2017年	2,414	1,147	47.5
2018年	2,520	1,241	49.2
2019年	2,596	1,169	45.0

協会通信教育講座に関するお問い合せは…
公益社団法人　日本証券アナリスト協会　Tel. 03－3666－1511　Fax. 03－3666－5843
　　　　　　　　　　　　　　　　　　　URL https://www.saa.or.jp

本書の利用方法

- 「市場と経済の分析」における出題論点は、**マクロ経済学、ミクロ経済学、金融経済、国際金融論**の4領域に大きく分類することができる。また、この『**総まとめ・市場と経済**』では、これら4領域をそれぞれ重点的に取り扱い、関連した基礎的事項を、問題演習を通じて確実に理解することを目的としている。各章は、**出題傾向、ポイント整理**、Point Check、**章末問題**で構成されている。

- **出題傾向**では、過去の出題傾向の分析とその対策を提示している。

- **ポイント整理**では、本試験対策として必要な基礎的事項を取り上げている。なかでも、枠囲みをつけて**ボックス**（▢）にしてあるところは重要である。また、より上級レベルの知識が必要なものはTechnical Noteとして、また、『経済白書』等で取り上げられている時事トピックスの理解に繋がるような話題は Columnとしてまとめている。

- **ポイント整理**の各要所には、例題としてPoint Checkを挿入している。どの内容も基本的で重要なものとなっているが、ほとんどの Point Check が実際に出題された本試験問題に対応している（対応している本試験過去問の年次・時限・問題番号はPoint Check ナンバー右側≪　≫内に記してある）。Point Checkで、直前期における基礎的事項の理解度を確認することもできる。解けなかった場合は、Answerと**ポイント整理**で取り上げている基本的事項をもとに内容の再確認に努められたい。

- 各章末には、本試験問題に近い形式の演習問題を行い実戦力を養成するための**章末問題**を設けている。各章の**ポイント整理**、Point Checkの内容のレベルを超えている問題もあるが、**解答**や**解説**を参照し、実力をつけていただきたい。

過去の出題一覧および重要度

	2016年	2017年	2018年	2019年	2020年	重要度
マクロ経済学						
IS-LM分析	●	●	●	●	●	A
AD-AS分析				●	●	A
長期分析（経済成長）		●	●			B
経済統計の見方（SNA、景気指標etc）				●		B
ミクロ経済学						
ゲーム理論	●		●		●	B
情報の経済学	●		●			B
金融政策						
マネーストックと金融政策	●	●	●	●	●	A
金利の期間構造	●	●	●		●	A
景気動向と株価		●		●	●	B
国際金融論						
国際収支表など	●					B
経常収支、ISバランス論						C
弾力性アプローチ						C
為替レート（実質為替レート、実効為替レート）と為替介入	●			●		A
為替レート決定理論（購買力平価説、金利平価説）	●	●		●		A
為替制度、最適通貨圏	●					B
IS-LM-BP分析（マンデル＝フレミング・モデル、2国モデル）	●					B

● 重要論点チェックリスト

論　　点	チェック欄	
第Ⅰ章　マクロ・ミクロ経済学		
マクロ編		
1．景気循環		
2．SNA統計		
3．IS-LM分析と財政・金融政策		
4．AD-ASモデル		
5．物価に関するその他の論点		
6．経済成長の要因分解		
7．新古典派経済成長モデル		
8．財政赤字と公債残高の収束問題		
ミクロ編		
1．市場均衡と価格の自動調整機能		
2．消費者の効用最大化		
3．企業の効用最大化		
4．異時点間消費モデル：ライフサイクル仮説		
5．消費・貯蓄の決定要因		
6．ゲーム理論		
7．情報の経済学		
第Ⅱ章　金融経済		
1．金融政策のフレームワーク		
2．マネタリーベースとマネーストック		
3．貨幣乗数		
4．金融調節		
5．金利の期間構造		
6．金融政策と運営ルール		
7．金融政策の動向		
8．景気動向と株価		
第Ⅲ章　国際金融論		
1．国際収支		
2．経常収支		
3．為替レート		
4．国際収支（表）と為替レート		
5．為替レート決定理論Ⅰ（長期）		
6．為替レート決定理論Ⅱ（短期）		
7．最適通貨圏の理論		
8．オープン・マクロ（IS-LM型小国モデル）		
9．オープン・マクロ（IS-LM型2国モデル）		

● 傾向と対策 ─────────────

　過去5年間、本試験における「市場と経済」からの出題は、大問が3問で、配点は合計60点となっている。以下、本試験における出題傾向を、本書を構成するマクロ・ミクロ経済学（第1章）、金融経済（第2章）、国際金融論（第3章）に分けて見ていくことにする。

　マクロ経済学の出題では、現実経済の動きや政策を、成長会計、IS-LM分析、総需要・総供給分析などのモデルを用いて説明する内容が頻繁に出題される。成長会計については計算問題、IS-LM分析については財政政策や金融政策の効果を図を描いて説明する問題、総需要・総供給分析については政策効果や物価の動きを図を描いて説明する問題が出されている。これらについては、モデルの概要を理解し、政策効果を図を描いて説明できるようにトレーニングを重ねることが重要となる。

　ミクロ経済学からの出題は、ここ数年の傾向として、2年に1回のペースとなっている。またその内容は、ゲーム理論と情報の経済学で構成されている。ゲーム理論については、与えられたゲームの均衡を求め、その性質についてコメントする問題が必ずといってよいほど出題される。また、情報の経済学については、情報の非対称性を起因とする逆選択やモラルハザードに関する基本的概念を問う問題や計算問題が出されている。ゲーム理論における均衡を求める問題や情報の経済学における計算問題は、典型的な解法を理解しておくことが重要となる。

　金融経済からの出題頻度は最も高いといえる。中でも、金融政策に関する問題は、ほぼ毎年出題されている。特に、金融政策の枠組、期待仮説を基にしたイールドカーブ、金融緩和政策の経済効果としての「時間軸効果」や「ポートフォリオリバランス効果」についての説明を求める問題が目立つ。対策としては、期待仮説などのモデルを理解し、金融政策の効果などを説明できるようにトレーニングを重ねることが重要である。

　国際金融論からは、購買力平価説や金利平価説といった為替レート決定モデルに関する出題が目立つ。そこで、それらのモデルによる為替レートの決定、および計算問題や為替市場への介入効果などについての説明に対応できるようにトレーニングを重ねることが大切である。

　また、改訂後の国際収支表の仕組みやマンデル＝フレミングモデル（IS－LM－

BP分析）による政策効果の説明等についても対策をしておきたい。

第Ⅰ章

マクロ・ミクロ経済学

出 題 傾 向

過去の出題内容

2016年　IS-LM分析、ミクロ経済学（ゲーム理論、情報の経済学）
2017年　IS-LM分析、貨幣需要関数、フィリップス曲線
2018年　IS-LM分析、成長会計、ミクロ経済学（ゲーム理論、情報の経済学）
2019年　IS-LM分析、AD-AS分析、GDP デフレーター
2020年　IS-LM分析、AD-AS分析

傾向と対策

　マクロ経済学における出題は、経済の動きや財政・金融政策の効果について、モデルを用いて説明させるものが多い。したがって、マクロ経済学モデルを理解し、それを用いて経済の動きや政策効果を説明できるようになることが重要である。また、本章でマクロ経済モデルを理解しておくことは、以降の章の内容の理解という点でも非常に有効である。

　2016年、2018年、2020年には、ミクロ経済学からの出題もみられた。基本事項をしっかりと確認しておかれたい。

論　点	2016年	2017年	2018年	2019年	2020年	重要度
マクロ経済学						
IS-LM分析	●	●	●	●	●	A
AD-AS分析				●	●	A
長期分析（経済成長）		●	●			B
経済統計の見方（SNA、景気指標etc）				●		B
ミクロ経済学						
ゲーム理論	●		●		●	B
情報の経済学	●		●			B

第Ⅰ章 マクロ・ミクロ経済学

ポイント整理

《マクロ編》

1 景気循環

(1) 景気循環の局面

図表Ⅰ-1

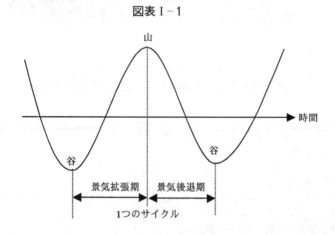

景気循環とは、マクロ経済の状況（GDPの水準等）が、ある一定の周期で変動を繰り返す経済現象のことである。景気循環は、一般に、景気の谷（底、床）→山（天井）→谷というサイクルを描く。そして、景気の谷から山までの期間を景気拡張期、山から谷までの期間を景気後退期と呼ぶ。

(2) 景気動向指数

景気動向指数とは、景気の現状把握、及び将来予測をするために、景気に関連のある指標の動きを合成して作成された総合的な景気指標である。景気動向指数には、CI（コンポジット・インデックス）とDI（ディフュージョン・インデックス）の2つがある。

かつて景気動向指数の公表の中心はDIであったが、近年、景気変動の大き

さや量感を把握することがより重要になってきたことから、2008年4月値より公表の中心はCIに移行している。これに伴いDIは参考指標として公表されている。

① CI（コンポジット・インデックス）

CIは、採用系列の動き（変化率など）を合成することで景気変動の大きさやテンポ（量感）を測定することを目的として作成された指標である。

CIには、景気に対し先行して動く**先行指数**、ほぼ一致して動く**一致指数**、遅れて動く**遅行指数**の3つがある。

一般的に、一致CIが上昇している時は**景気の拡張局面**、低下している時は**後退局面**であり、一致CIの転換点（上昇から低下、または低下から上昇への分岐点）と景気の転換点（拡張局面と後退局面の分岐点）は概ね一致するとされる。ただし、単月では不規則な動きが含まれることがあることから、一致CIで景気の局面を検討する場合には、ある程度の期間で移動平均をとって基調をみることが望ましいとされる。

なお、先行CIは景気の先行きを予測するために用いられる。また、遅行CIは景気局面の事後的な確認のために用いられる。

② DI（ディフュージョン・インデックス）

DIは、景気拡張の動きの各経済部門への波及度合いを測定することを目的として作成された指標であり、採用系列のうち3ヶ月前と比較して改善している系列の割合（％）で表示される。

$$DI = \frac{拡張系列数}{採用系列数} \times 100 \qquad\qquad (I-1)$$

DIは、景気の拡張（または後退）が経済活動のより多くの分野に浸透しているかどうかを示す指標であり、改善した系列数が増えるとDIの値は上昇する。しかし、特定の系列の改善幅が著しく拡大したとしても、改善した系列数が同じであれば、DIは前月と同じ値になる。このため、景気変動のテンポ（量感）を測定するためには、DIよりもCIの方が適している。

DIもCIと同様に、先行指数、一致指数、遅行指数の3つが作成されてお

第Ⅰ章　マクロ・ミクロ経済学

り、各指数の採用系列もCIと同じである。

一致DIが、50％を上回る場合が景気拡張期、50％を下回る場合が景気後退期と判断される。また、一致DIが50％を下から上に切る時点が景気の谷、上から下に切る時点が景気の山に対応する。

図表Ⅰ－2　景気動向指数の採用系列

先　行　指　数	一　致　指　数	遅　行　指　数
1．最終需要財在庫率指数 　（逆サイクル） 2．鉱工業用生産財在庫率指数 　（逆サイクル） 3．新規求人数（除学卒） 4．実質機械受注（製造業） 5．新設住宅着工床面積 6．消費者態度指数 7．日経商品指数（42種総合） 8．マネーストック（M2） 　（前年同月比） 9．東証株価指数 10．投資環境指数（製造業） 11．中小企業売上げ見通しDI	1．生産指数（鉱工業） 2．鉱工業用生産財出荷指数 3．耐久消費財出荷指数 4．所定外労働時間指数 　（調査産業計） 5．投資財出荷指数 　（除輸送機械） 6．商業販売額（小売業） 　（前年同月比） 7．商業販売額（卸売業） 　（前年同月比） 8．営業利益（全産業） 9．有効求人倍率（除学卒） 10．輸出数量指数	1．第3次産業活動指数 　（対事業所サービス業） 2．常用雇用指数 　（調査産業計） 　（前年同月比） 3．実質法人企業設備投資 　（全産業） 4．家計消費支出 　（勤労者世帯、名目） 　（前年同月比） 5．法人税収入 6．完全失業率（逆サイクル） 7．きまって支給する給与 　（製造業、名目） 8．消費者物価指数 　（生鮮食品を除く総合） 　（前年同月比） 9．最終需要財在庫指数

（出所）「景気動向指数―令和2年8月分（速報)―」（内閣府）

図表Ⅰ-3　DIと景気動向の関係

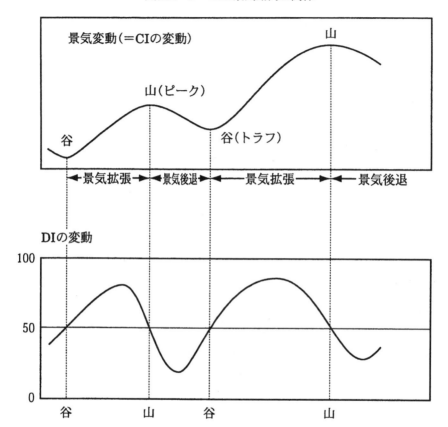

第Ⅰ章 マクロ・ミクロ経済学

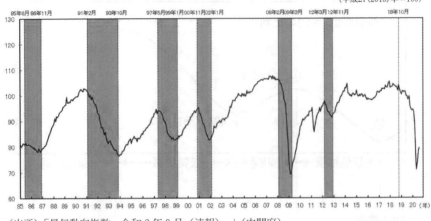

図表 Ⅰ-4　CI（一致指数）の推移

（出所）「景気動向指数－令和2年8月（速報）－」（内閣府）

Point Check Ⅰ-1

日本の景気を判断する1つの方法として、旧経済企画庁が作成・公表している景気動向指数（先行・一致・遅行系列）の分析がある。景気動向指数の先行系列採用指標と遅行系列採用指標を各々2つずつ挙げなさい。

Answer

図表Ⅰ-2参照。

⑶　ビジネス・サーベイ

　ビジネス・サーベイとは、企業に対する調査で、設備投資計画や受注高の予測など、景気全般についての判断を直接調査したものである。このような調査としては、日本銀行の「主要企業短期経済観測調査」、「全国企業短期経済観測調査」（「日銀短観」）が最も知られている。

　日本銀行では、全国の企業動向を的確に把握し、金融政策の適切な運営に資することを目的として、「全国企業短期経済観測調査」（日銀短観）を行っている。日銀短観では、「業況」、「雇用人員」、「資金繰り」等を含む「判断項目」、「年度計画」、「物価見通し」、「新卒者採用状況」の４種類の項目について、対象企業に調査を行っている。

　日本銀行は、「判断項目」に含まれる「業況」に関して、「良い」、「さほど良くない」、「悪い」の３段階から選択する形式で、企業の判断を調査している。それをもとにして作成される「業況判断DI」は、調査において、「良い」と答えた企業の割合から「悪い」と答えた企業の割合を引いたものであり、－100から100までの数値をとる。「業況判断DI」は、プラスの時は好況、マイナスの時は不況に対応する。

第I章 マクロ・ミクロ経済学

図表 I-5 製造業と非製造業の業況判断 DI

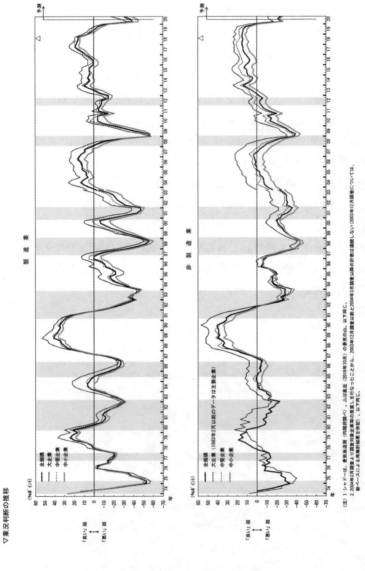

(出所) 日本銀行「短観（概要）−2020年9月−第186回『全国企業短期経済観測調査』」

2 SNA統計

⑴ SNA関連指標概念の関係

図表 I - 6

国内総支出 (GDE)	国内需要 (内需)							外需
	民間需要				公的需要			
	民間最終消費支出	民間住宅	民間企業設備	民間在庫品増加	政府最終消費支出	公的固定資本形成	公的在庫品増加	財貨・サービスの純輸出

⑵ 国内総生産GDPと国民経済計算における三面等価の原則

　名目国内総生産（名目GDP）は「一国内で一定期間中に生産された最終生産物（または付加価値）の市場価値総額」と定義される。国民経済計算体系（SNA）において、この生産面から付加価値を集計した名目国内総生産（名目GDP）は、分配（所得）面から集計した名目国内総所得（名目GDI）、支出（需要）面から集計した名目国内総支出（名目GDE）と等しい。これを国民経済計算における**三面等価の原則**という。

名目GDP　≡　名目GDI　≡　名目GDE

第Ⅰ章　マクロ・ミクロ経済学

図表Ⅰ-7　三面等価の原則

1.　国内総生産勘定（生産側及び支出側）　　　　　　　　　　　　　　　　　　　　　　（単位：10億円）

項目	2014年度	2015年度	2016年度	2017年度	2018年度
分配と生産					
1.1　雇用者報酬（2.4）	260,743.5	264,714.1	271,113.5	276,238.8	284,623.8
1.2　営業余剰・混合所得（2.6）	99,519.0	105,017.9	102,934.5	105,327.5	99,574.7
1.3　固定資本減耗（3.2）	118,894.2	120,013.6	120,171.9	121,814.7	123,457.1
1.4　生産・輸入品に課される税（2.8）	42,293.7	45,575.7	45,189.2	45,544.9	45,929.9
1.5　（控除）補助金（2.9）	3,271.7	3,309.9	3,037.7	2,978.8	3,088.8
1.6　統計上の不突合（3.7）	56.3	774.6	479.3	1,638.9	-2,129.6
国内総生産（GDP）〔＝国内総所得（GDI）〕	518,235.2	532,786.0	536,850.8	547,586.0	548,367.0
支出					
1.7　民間最終消費支出（2.1）	298,462.5	300,284.6	298,888.3	303,260.3	304,731.7
1.8　政府最終消費支出（2.2）	104,253.3	105,948.7	106,416.4	107,419.5	108,507.4
（再掲）					
家計現実最終消費	361,327.9	364,761.6	363,508.4	369,109.3	371,308.1
政府現実最終消費	41,387.9	41,471.7	41,796.4	41,570.5	41,931.0
1.9　総固定資本形成（3.1）	123,775.2	125,632.3	125,802.5	130,574.1	132,772.4
1.10　在庫変動（3.3）	458.6	1,313.1	363.4	1,396.1	1,506.4
1.11　財貨・サービスの輸出（5.1）	92,335.0	91,752.1	88,932.1	98,277.9	100,579.8
1.12　（控除）財貨・サービスの輸入（5.6）	101,049.4	92,144.7	83,552.0	93,341.9	99,730.7
国内総支出（GDE）	518,235.2	532,786.0	536,850.8	547,586.0	548,367.0
（参考）					
海外からの所得	28,201.4	30,471.2	29,494.1	31,606.8	33,592.2
（控除）海外に対する所得	9,013.1	10,034.8	11,298.6	12,295.3	13,528.4
国民総所得（GNI）	537,423.5	553,222.3	555,046.2	566,897.5	568,430.8

（出所）「2018年国民経済計算（2011年基準・2008SNA）」（内閣府）

⑶　名目GDPと実質GDP

T年の名目GDP：T年の最終生産物の市場価値総額を**T年の価格**で評価

$$T年の名目GDP = P_1^T Q_1^T + P_2^T Q_2^T + \cdots + P_n^T Q_n^T = \sum P_i^T Q_i^T \qquad （Ⅰ-2）$$

$（i = 1, 2, \cdots n）$

P_i^T：T年におけるi財の価格、Q_i^T：T年におけるi財の数量

T年の実質GDP：T年の最終生産物の市場価値総額を**基準年の価格**で評価

$$T年の実質GDP = P_1^n Q_1^T + P_2^n Q_2^T + \cdots + P_n^n Q_n^T = \sum P_i^n Q_i^T \qquad （Ⅰ-3）$$

$（i = 1, 2, \cdots n）$

P_i^n：基準年nにおけるi財の価格、Q_i^T：T年におけるi財の数量

⑷　ＧＤＰデフレーター

$$\text{GDPデフレーター} = \frac{\sum P_i^T Q_i^T}{\sum P_i^n Q_i^T} = \frac{\text{名目GDP}}{\text{実質GDP}} \qquad (\text{I}-4)$$

名目GDP、実質GDP、GDPデフレーターの関係を次のように示すことができる。

$$\text{実質GDP} = \frac{\text{名目GDP}}{\text{GDPデフレーター}} \qquad (\text{I}-5)$$

この式は、変化率の関係として、次式のように示される。

実質GDP成長率＝名目GDP成長率－GDPデフレーター変化率（I-6）

⑸　**実質ＧＤＩ、実質ＧＤＰ（＝実質ＧＤＥ）と交易利得・損失**

◆ **実質ＧＤＩ＝実質ＧＤＰ＋交易利得（損失）** （I-7）

　実質GDEは、基準年次の価格を用いて、最終生産物への支出額を合計（消費＋投資＋政府支出＋輸出）し、その額から輸入額を控除した値である。実質GDPは、この実質GDEと等しい（実質GDP＝実質GDE）。

　一方GDIは、国内の生産活動を通じて発生した所得の購買力を測定するものである。GDPとGDIに関して、物価変動を調整しない名目値において、両者は一致する（名目GDP＝名目GDI）。しかし物価変動を調整した実質GDPと実質GDIは、異なる可能性がある。

　実質GDEの算出において、最終生産物は基準年次の市場価格で評価される。このため、例えば、輸出品の価格が上昇し、輸入品の価格が低下する場合でも、輸出入数量が不変ならば、実質GDEは不変となり、それと等価関係にある実質GDPも不変となる。

　一方、輸出入数量を一定として、輸出品の価格が上昇し、輸入品の価格が下落すると、輸出財の輸入財に対する相対価格である交易条件が改善する。このとき、輸出で得られる所得で、より多くの輸入品を購入することができるようになる。すなわち、所得の実質的な購買力は高まる。このため、実質GDIには、交易条件の変化によって生じる交易利得（マイナスの場合は「損失」）が反映される。

　以上のことより、実質GDIは、交易利得の分だけ実質GDPから乖離する。

I章　マクロ・ミクロ経済学

図表 I-8　GDP 成長率、GDI 成長率、交易条件の推移

		平成17年度 2005	18年度 2006	19年度 2007	20年度 2008	21年度 2009	22年度 2010	23年度 2011	24年度 2012	25年度 2013	26年度 2014	27年度 2015	28年度 2016	29年度 2017	30年度 2018
実質GNI	(兆円)	518.8	525.0	528.1	502.9	497.3	511.0	508.0	512.3	527.9	529.2	544.1	548.7	557.0	555.9
	(前年度比、%)	1.5	1.2	0.6	-4.8	-1.1	2.7	-0.6	0.8	3.1	0.2	2.8	0.8	1.5	-0.2
実質GDI	(兆円)	506.7	510.8	512.6	491.2	485.1	497.7	494.3	498.4	510.4	510.3	524.0	530.7	538.0	536.2
	(前年度比、%)	1.1	0.8	0.4	-4.2	-1.2	2.6	-0.7	0.8	2.4	-0.0	2.7	1.3	1.4	-0.3
	(寄与度、%)	1.0	0.8	0.3	-4.1	-1.2	2.5	-0.7	0.8	2.3	-0.0	2.6	1.2	1.3	-0.3
実質GDP	(兆円)	492.5	499.4	505.4	488.1	477.4	493.0	495.3	499.3	512.5	510.7	517.2	522.0	532.0	533.7
	(前年度比、%)	2.0	1.4	1.2	-3.4	-2.2	3.3	0.5	0.8	2.6	-0.4	1.3	0.9	1.9	0.3
	(寄与度、%)	1.9	1.3	1.1	-3.3	-2.1	3.1	0.4	0.8	2.6	-0.3	1.2	0.9	1.8	0.3
交易利得・損失	(兆円)	14.2	11.4	7.2	3.1	7.7	4.7	-1.0	-0.9	-2.1	-0.4	6.8	8.7	5.9	2.6
	(寄与度、%)	-0.8	-0.6	-0.8	-0.8	0.9	-0.6	-1.1	0.0	-0.2	0.3	1.4	0.3	-0.5	-0.4
海外からの所得の純受取	(兆円)	12.1	14.2	15.5	11.8	12.2	13.3	13.6	13.9	17.5	18.9	20.1	18.0	19.0	19.6
	(寄与度、%)	0.4	0.4	0.3	-0.7	0.1	0.2	0.1	0.1	0.7	0.3	0.2	-0.4	0.2	0.1

（注）寄与度は、実質GNI成長率に対する寄与度。実質の実額は平成23暦年価格。

（出所）「平成30年度国民経済計算年次推計（フロー編）ポイント」（内閣府）

⑹　GDP（支出面）の成長率、寄与度、寄与率

経済成長率とは、GDP の増加率であり、次のように求められる。

$$\text{GDP成長率}=\frac{\text{今期のGDP}-\text{前期のGDP}}{\text{前期のGDP}}\times100=\left(\frac{\text{今期のGDP}}{\text{前期のGDP}}-1\right)\times100$$

寄与度

GDP について、その成長の要因を需要サイド（消費、投資、政府支出、純輸出（＝輸出－輸入））に求め、各需要項目が当期の経済成長率にどれだけ貢献したかをみる指標が寄与度である。また、各需要項目の寄与度の合計は、経済成長率と一致する[1]。

寄与率

ある需要項目 X の増加額が実質 GDP の増加額に占める割合を**寄与率**といい、各需要項目の寄与率を合計すると100％になる。

国内総生産（＝国民総支出）は Y_t：GDP（＝GDE）、C_t：消費、I_t：投資、G_t：政府支出、EX_t：輸出、IM_t：輸入、と定義すれば、次式のように示される。

$$Y_t=C_t+I_t+G_t+EX_t-IM_t \tag{I-8}$$

寄与度の合計はGDP成長率、各項目の寄与率の合計は 1 となることに注意。

1　ただし、実質GDPは近年、連鎖方式で求められているため、各需要項目の寄与度を合計しても実質経済成長率とは完全には一致しない。

寄与度　$\text{GDP} = C + I + G + EX - IM$

$\Delta \text{GDP} = \Delta C + \Delta I + \Delta G + \Delta(EX - IM)$（$\Delta$ はデルタと読み、変化幅を表す。）

$$\frac{\Delta \text{GDP}}{\text{GDP}} \times 100 = \underbrace{\frac{\Delta C}{\text{GDP}} \times 100}_{} + \underbrace{\frac{\Delta I}{\text{GDP}} \times 100}_{} + \underbrace{\frac{\Delta G}{\text{GDP}} \times 100}_{} + \underbrace{\frac{\Delta(EX - IM)}{\text{GDP}} \times 100}_{}$$

　　　経　済　　　消費の　　　投資の　　　政府支出　　　　外需の
　　　成長率　　　寄与度　　　寄与度　　　の寄与度　　　　寄与度

$$\left(\begin{array}{l} \text{今期の} X \text{の寄与度} = \dfrac{\text{今期の} X - \text{前期の} X}{\text{前期の GDP}} \times 100 \\[3mm] \qquad\qquad\qquad = \dfrac{\text{今期の} X - \text{前期の} X}{\text{前期の} X} \times \dfrac{\text{前期の} X}{\text{前期の GDP}} \times 100 \\[3mm] \qquad\qquad\qquad = (X \text{の成長率}) \times (\text{前期の} X \text{の GDP に占める割合}) \times 100 \end{array} \right)$$

$$\text{（I－9）}$$

寄与率　$$100(\%) = \underbrace{\frac{C_t - C_{t-1}}{Y_t - Y_{t-1}} \times 100}_{} + \underbrace{\frac{I_t - I_{t-1}}{Y_t - Y_{t-1}} \times 100}_{} + \underbrace{\frac{G_t - G_{t-1}}{Y_t - Y_{t-1}} \times 100}_{}$$

　　　　　　　　　消費 C の　　　　投資 I の　　　　政府支出 G
　　　　　　　　　寄与率　　　　　　寄与率　　　　　　の寄与率

$$+ \underbrace{\left(\frac{EX_t - EX_{t-1}}{Y_t - Y_{t-1}} - \frac{IM_t - IM_{t-1}}{Y_t - Y_{t-1}} \right) \times 100}_{}$$

　　　　　　　　　　　　外需（$EX - IM$）
　　　　　　　　　　　　の寄与率

$$\text{（I－10）}$$

$$\text{需要項目} X \text{の寄与率} = \frac{\text{需要項目} X \text{の増加額}}{\text{実質 GDP の増加額}} \times 100(\%)$$

$$\text{（I－11）}$$

第Ⅰ章 マクロ・ミクロ経済学

図表Ⅰ-9 GDPと各需要項目の推移

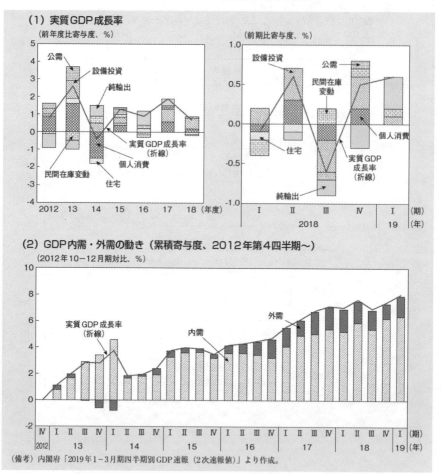

（出所）内閣府『令和元年版 経済財政白書』

2　SNA統計

Point Check **I－2**

　　図表 I -10は、 J 国の実質 GDP と総支出勘定を1999年と2000年について示したものである。実質 GDP の変動に対する各構成項目の①寄与度と②寄与率を計算せよ。

図表 I -10　J 国の国民経済計算

（単位：兆円）

		1999年	2000年	① 寄与度	② 寄与率
実質GDP	Y	518.36	522.28		
民間最終消費支出	C	284.48	287.99		
政府最終消費支出	G	79.29	82.42		
国内総資本形成	I	143.16	140.94		
輸出	EX	52.34	53.06		
輸入	IM	−40.91	−42.13		

Answer

		① 寄与度	② 寄与率
実質GDP	Y	0.76 %	100.00 %
民間最終消費支出	C	0.68 %	89.54 %
政府最終消費支出	G	0.60 %	79.85 %
国内総資本形成	I	−0.43 %	−56.63 %
輸出	EX	0.14 %	18.37 %
輸入	IM	−0.24 %	−31.12 %

15

第Ⅰ章 マクロ・ミクロ経済学

Point Check 　Ⅰ-3 ≪2015.午後.1≫

(1) 名目GDPと名目GDIの間にはどのような関係があるか、説明しなさい。

(2) 実質GDPと実質GDI、交易利得の間にはどのような関係があるか、説明しなさい。

Answer

(1) 国民経済計算体系において、名目GDPと名目GDIは等しい。名目GDPは一国における一定期間中に生産された粗付加価値の総計である。この名目GDPは、生産要素の貢献により生じるため、すべて生産要素に所得として分配されると考えられる。したがって名目GDPと名目GDIは等価関係にある。

(2) 実質GDPは、国内需要に実質輸出を加え、実質輸入を差し引くことで計算される。このとき、例えば輸出品の価格が上がり、輸入品の価格が下がっていても、輸出入した数量が変わらなければ、実質GDPは変わらない。一方、生産量が同じであっても、輸出物価が上がり、輸入物価が下がり交易条件が改善しているとき、輸出で得られる所得で、割安となった輸入品を買うことになるので、実質的な購買力である実質GDIは増加する。すなわち、実質GDIは実質GDPに交易利得を加えた額と等しくなる。

3 IS-LM分析と財政・金融政策

　IS-LM 分析は、財市場の均衡を表す IS 曲線と貨幣市場の均衡を表す LM 曲線を用いて、国民所得 Y と利子率 r を決定するモデルである。特に IS 曲線と LM 曲線の形状とシフト要因とに関連づけて、政策効果を理解することが重要である。

(1) 財市場[2]

IS曲線：$Y = C_0 + c(1-t)Y + I(r) + G$　　　　　　　　　　　　　　　（I-12）

Y：国民所得、C_0：基礎消費、c：限界消費性向、t：税率、I：民間投資、r：利子率[3]、G：政府支出

◆ **IS 曲線の右上方シフトの主な要因**

・民間支出の増大：消費意欲の増大（$c\uparrow$）、減税（$t\downarrow$）、利子率以外の要因による投資意欲の増大

・公的支出の増大：財政拡張政策による政府支出の増加（$G\uparrow$）

・外需の増大[4]　　：自国通貨の減価による経常収支の拡大

◆ **IS 曲線の形状**

投資の利子弾力性が大きい（小さい）ほど水平（垂直）に近づく

　例えば、バブル崩壊以後、家計においては長期不況による可処分所得減少、将来不安等の要因による消費意欲低下、また企業においては過剰資本ストックの存在、バランスシート悪化、銀行の貸し渋り等の要因により投資が低迷する状況となっていた。このような場合、IS 曲線は好況時と比較して左方に位置する。また、企業の投資は、利子率が低下していくなかで増加しなかった。すなわち投資の利子弾力性（利子感応度）はゼロに近い値となり、投資の利子弾力性が相対的に大きな値となる好況時のIS 曲線（IS_0）と比較して、不況時のIS 曲線（IS_1）の形状は垂直に近かったと考えられる（図表 I-11(1)）。

2　税に関しては比例税のみを考慮する。

3　ここでは物価を一定としているので、利子率については実質、名目の区別は行っていない。

4　海外部門を含めた場合については第Ⅲ章のマンデル・フレミング・モデルを参照。

図表 I-11

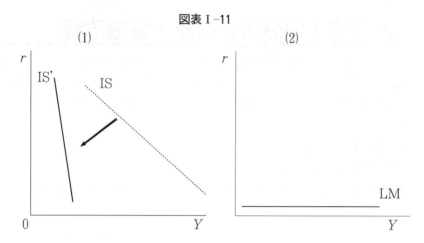

(2) 貨幣市場

LM 曲線：$\dfrac{M}{P} = L_1(Y) + L_2(r)$、$\dfrac{dL_1}{dY} > 0$　$\dfrac{dL_2}{dr} < 0$　　　　（I-13）

M：名目マネーサプライ、P：物価、L_1：貨幣の取引需要、L_2：貨幣の投機的需要

◆ **LM 曲線の右下方シフトの主な要因**
- 実質マネーサプライの増大：拡張的金融政策（$M\uparrow$）

◆ **LM 曲線の形状**[5]
　貨幣需要の利子弾力性が大きい（小さい）ほど、LM 曲線は水平（垂直）に近づく。

　90年代以降、金利水準は非常に低く、貨幣需要の利子弾力性が無限大（流動性の罠）の状態にあったと考えられる（図表 I-11(2)）。流動性の罠の状態では、LM曲線の形状は完全に水平となる。

5　LM 曲線の形状は貨幣需要の所得弾力性にも依存するが、ここでは貨幣需要の所得弾力性は一定と仮定する。

(3) 財政政策の効果

拡張的財政政策は金利上昇をもたらすので、民間投資を減少させるクラウディング・アウト効果が発生する。貨幣需要の利子弾力性が大きいほど金利は上昇しにくく、投資の利子弾力性が小さいほど金利上昇による投資の減少幅は小さいので、財政政策は有効となる。

政府支出$G\uparrow$ ⇒ IS曲線右シフト ⇒ 金利$r\uparrow$ ⇒ 民間投資$I\downarrow$ ⇒ GDP減少
（または減税）　　　①　　　　　　　　　　　　　　　　　　　　②

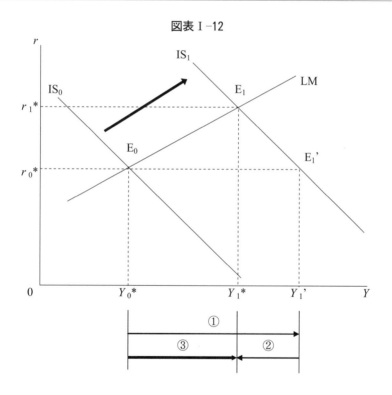

図表Ⅰ-12

(4) 金融政策の効果

　金融緩和政策は金利を低下させ、民間投資を刺激することで国民所得を増加させる。また、貨幣需要の利子弾力性が小さいほど金利低下は大きく、投資の利子弾力性が大きいほど投資の増加分が大きくなる。このような場合には相対的に金融政策が有効となる。

> マネーサプライ$M\uparrow$ ⇒ LM曲線右シフト ⇒ 金利$r\downarrow$ ⇒ 民間投資$I\uparrow$

図表Ⅰ-13①

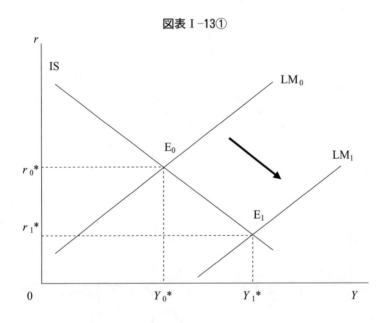

Point Check I-4 ≪2016.午前.10≫

ある国において、①政府支出の増加によりGDPが増加し、②その後、景気過熱による物価上昇への対策として、当該国の金融当局が金融引き締め政策を行ったと仮定する。①および②の政策効果を、IS-LM図を用いて説明しなさい。

Answer

①の財政支出の増加によりIS曲線はIS_0からIS_1にシフトし、GDPがY_0からY_1へと増加するとともに金利がr_1へと上昇する。その後の②金融引き締めによりLM曲線はLM_0からLM_1にシフトする。これによって、金利がさらに上昇し、GDPは減少する。金融引き締めの程度によっては、GDPが財政支出増加前の水準のY_0へと戻る可能性もある。

図表 I-13②

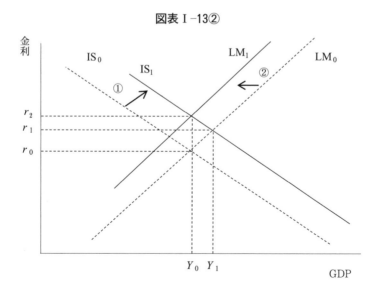

第Ⅰ章 マクロ・ミクロ経済学

Point Check Ⅰ-5 ≪2013.午後.2、2018.午後.9≫

デフレを脱却し、低迷する景気を回復させるために、日本銀行と政府が協調して経済政策に取り組むべきとの主張がある。そこで、政府が国債発行を財源として政府支出を増加させる一方、日本銀行は発行された国債を市中で買い取るなどして市中金利を上昇させないように政策運営を行うとする。このような政策が行われると、当面の経済にはどのような効果がみられると考えられるか、標準的なIS-LM分析の考え方を用いて、グラフと文章で説明しなさい。

Answer

政府支出が増加すると、IS曲線がISからIS′へと右シフトして、GDPの増加と利子率の上昇が生じる。その際、財源調達のため発行された国債を中央銀行が市中で買い取るなどして、拡張的財政政策による利子率の上昇を抑えるように金融政策が運営される場合、貨幣供給量が増加する。このことにより、LM曲線は、LMからLM′へと右下方シフトする。結果として、GDPはY_0からY_1へと大幅に増加することになる。

図表Ⅰ-13③

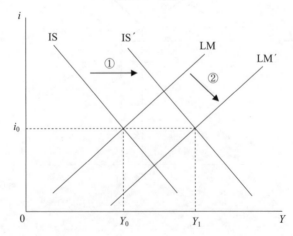

(5) 金融緩和政策無効のケース

◆ 金融政策が無効となるケース
① 投資の利子弾力性がゼロのケース
② 流動性の罠のケース

　民間投資がまったく金利に感応しない（**投資の利子弾力性がゼロ**）場合、ISは**垂直**となる。このとき、名目マネーサプライMの増加によってLMが右下方にシフトして利子率は下落するが、民間投資は増加せず、均衡GDPの水準はY_1のままで不変である（図表Ⅰ-14(a)）。

　また、経済の均衡点がLMの水平部分にくる**流動性の罠（貨幣需要の利子弾力性が無限大）**の状態においては、マネーサプライMが増加するとLM曲線はLM_1からLM_2へシフトするが、利子率はr_1のままで下落しない。したがって、民間の投資は増加せず、均衡GDPはY_1のままで不変である（図表Ⅰ-14(b)）。

図表Ⅰ-14　金融緩和政策無効のケース

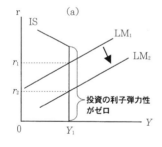 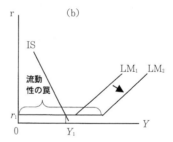

第Ⅰ章　マクロ・ミクロ経済学

Point Check　Ⅰ-6　≪2007(6).Ⅰ.5≫

　　拡張的金融政策としてマネーサプライを増大させてもGDPを増加させる
ことができないのはどのような場合か。2つのケースを示し、なぜそうなる
のか説明しなさい。

Answer

①　「流動性の罠」のケース

　　金利が十分低く、経済が「流動性の罠」に陥っている場合、貨幣需要の
利子弾力性が無限大になっており、中央銀行がマネーサプライを増加させ
ても、それは金利の低下なしに貨幣需要に吸収される。そのため、金利は
低下せず、投資が増加しないため、GDPは増加しない。

②　投資の利子弾力性がゼロのケース

　　マネーサプライの増加により金利が低下したとしても、投資の利子弾力
性がゼロの場合、投資は増加せず、GDPは増加しない。

3 IS-LM分析と財政・金融政策

Point Check Ⅰ-7 ≪2017.午前 第9問 問4≫

次の図には、ある経済状況におけるIS−LM曲線が描かれている。ただし、LM曲線は、名目利子率に「ゼロ下限」がないものとして描かれている。しかし、名目利子率に非負制約がある場合、「ゼロ下限」を考慮する必要がある。

(1) 名目利子率の「ゼロ下限」を考慮した場合、経済の均衡はどのようになるか、図にIS曲線、LM曲線を実線で描き入れ、均衡点を示して説明しなさい。

(2) (1)で考察した経済状況において、中央銀行が貨幣供給量を増加させるとき、経済の均衡にどのような影響がありますか。中央銀行が貨幣供給量を増加させた後のLM曲線を図中に示し、説明しなさい。

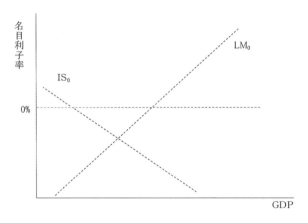

第Ⅰ章　マクロ・ミクロ経済学

Answer

(1) 「ゼロ下限」を考慮すると、LM曲線は、横軸と交差するA点から左側では、名目利子率０％の水準で水平となる（横軸に重なる）。このとき、IS曲線との交点で示される均衡点は E_0 となり、均衡利子率は０％、均衡GDPは Y_0 となる。

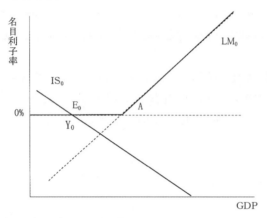

(2) 中央銀行が貨幣供給を増加させると、LM曲線は LM_0 から LM_1 へとシフトする。ただし、IS曲線との交点で示される均衡点はこの影響を受けず、名目利子率は０％、均衡GDPは Y_0 で変化しない。

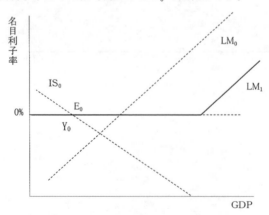

4 AD-ASモデル　短・中期分析

AD-AS分析は、総需要曲線（AD曲線）と総供給曲線（AS曲線）により、物価水準P及び国民所得Yを決定するモデルである。

- AD曲線…物価水準Pと総需要ADの組合せの集合
- AS曲線…物価水準Pと総供給ASの組合せの集合

総供給と総需要が一致するように物価水準P_0と国民所得Y_0が決定される。

図表Ⅰ-15　AD-AS分析

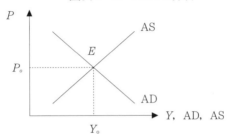

(1) AD曲線

縦軸に物価水準P、横軸に国民所得Yをとった場合、総需要（AD）曲線は右下がりの曲線となる。

この点については、IS-LM分析で考えるとよい。物価が低下すると、名目マネーストックを一定として、実質マネーストックが増加し、LM曲線が右シフトし、総需要が増加する。

物価水準$P\downarrow$ ⇒ 実質マネーストック$\frac{M}{P}\uparrow$ ⇒ LM曲線右シフト ⇒ 総需要AD$\uparrow$

(2) AS曲線

総供給曲線（AS）は、右上がりの曲線となる。

総供給（AS）とは一国における最終生産物の生産量のことであり、その大きさは労働や資本など生産要素の投入量により決定される。また、企業は、利潤最大化行動により労働投入量を決定（それに応じて生産量も決定）する[6]。企業の利潤最大化条件は以下のように表される。

6　ここでは労働のみを可変的生産要素と考える。また、労働の限界生産力逓減も仮定する。

$\dfrac{W}{P} = \dfrac{\Delta Y}{\Delta N}$（古典派の第一公準）

W：名目賃金、P：物価水準、Y：生産量、N：労働、

$\Delta Y / \Delta N$：労働の限界生産力

　ここで、現行の名目賃金で、働く意思があるにも関わらず、雇用されない状態である非自発的失業が存在すると仮定する。また、名目賃金が一定であるとする。このとき、物価水準が上昇すると、名目賃金を一定として実質賃金が下落する。すると、企業は、利潤を増大させるために、雇用を増大させ、生産量を増大させる。

物価水準 $P\uparrow$ ⇒ 実質賃金 $\dfrac{\overline{W}}{P}\downarrow$ ⇒ $N\uparrow$ ⇒ 総供給 AS $\uparrow$

図表Ⅰ-16　企業の利潤最大化行動

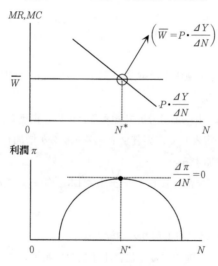

Point Check I-8 ≪2019.午後.2≫

下の図は、ある物価水準のもとで描かれたIS曲線とLM曲線である。いま、物価水準が上昇したとする。このとき、y（GDP）とr（利子率）がどのように変化するか、説明しなさい。ただし、物価上昇によって生じる曲線の変化、y（GDP）、r（利子率）、および均衡点の変化を明示すること。

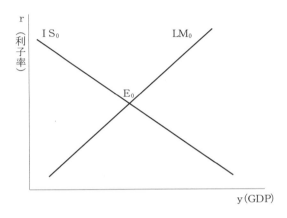

Answer

物価が上昇すると、名目貨幣供給量を一定として、実質貨幣供給量が減少するため、LM曲線は、LM₀からLM₁へと左上方にシフトする。これによって、IS曲線とLM曲線の交点で示される均衡点はE₀からE₁へと移動する。この結果、y（GDP）は減少し、r（利子率）は上昇する。

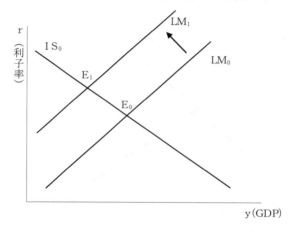

(3) デフレ

物価水準が継続的に低下する現象を、デフレ（デフレーション）と呼ぶ。AD-AS分析において、AD曲線の左シフト、またはAS曲線の右シフトが生じると、デフレが発生する。

図表 I-17

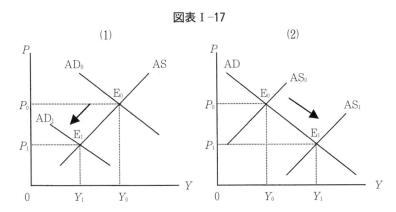

① 需要要因によるデフレ：物価下落と不況の発生（図表 I-17(1)）

◆ ADの左下方シフト要因によるデフレ

＜国内要因＞
- 限界消費性向の低下、増税、実質資産の減少等に伴う民間消費の減少
- 期待成長率低下、予想インフレ率低下等に伴う民間投資の減退
- 政府支出減少（緊縮的財政政策）
- 名目マネーサプライ減少（金融引締政策）

＜海外要因＞
- 自国通貨増価に伴う純輸出（外需）減少

② 供給要因によるデフレ：物価下落と経済成長の発生（図表Ⅰ-17⑵）

◆ **AS の右下方シフト要因によるデフレ**
　＜国内要因＞
　・技術進歩、規制緩和等に伴う生産性（全要素生産性TFP）の上昇
　・賃金、資本コストなど生産要素価格の低下
　＜海外要因＞
　・自国通貨増価に伴う輸入原材料価格の低下
　・原油価格の低下

③ 需要要因によるデフレと供給要因によるデフレ

　物価以外の要因による消費減退など、総需要が減少することでデフレが生じる場合、同時に実質GDPの低下が生じる。これによって、失業の増加など実体経済に悪影響が及ぶ可能性がある。

　一方、技術進歩による全要素生産性の向上など、物価以外の要因により総供給が増加する場合、デフレと同時に実質GDPの増加が生じる。この場合、失業の減少など実体経済に良い影響を与える可能性がある。

(4) インフレ

物価水準が継続的に上昇する現象を、インフレ（インフレーション）と呼ぶ。AD-AS分析において、AD曲線の右シフト、またはAS曲線の左シフトが生じると、インフレが発生する。

図表 I -18

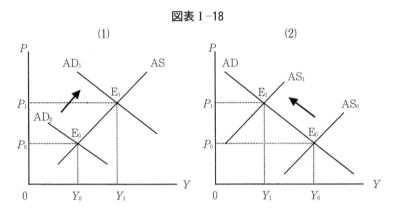

インフレを生じさせる需要要因と供給要因については、(1)で解説したデフレの要因における各変数が反対方向に変化し、物価水準が上昇するケースを考えればよい。

第Ⅰ章　マクロ・ミクロ経済学

Point Check　Ⅰ-9　≪2019.午後.2≫

　　近年、デフレから脱却することが課題になっている国は少なくない。ＡＤ－
ＡＳ分析において、デフレ脱却のシナリオとして、総需要面から物価水準が
上昇する場合と、総供給面から物価水準が上昇する場合がある。

　　そこで、わが国のように、政府債務残高の対ＧＤＰ比率が高く、早期に財
政再建を図りたい場合、総需要面からの物価水準の上昇と総供給面からの物
価水準の上昇とでは、どちらが望ましいと考えられるか、理由を付して説明
しなさい。

Answer

　　総需要面から物価水準が上昇する場合、実質ＧＤＰの増加が同時に生じる
ため、国内の所得の増加による税収の増加が生じると考えられる。一方、総
供給面から物価水準が上昇する場合、実質ＧＤＰの減少が同時に生じるため、
国内の所得の減少による税収の減少が生じると考えられる。

　　以上のことより、早期の財政再建が課題となっているわが国の場合、税収
の増加が生じる総需要面からの物価上昇によるデフレ脱却の方が望ましいと
いえる。

34

Point Check　I-10　≪2019.午後.2、2014.午後.2、2010.Ⅱ.9≫

大幅な円安などが生じることにより原油などの輸入品価格が上昇することで、物価が上昇することがある。この状況を、総需要・総供給曲線（ＡＤ－ＡＳ曲線）を使って説明しなさい。

Answer

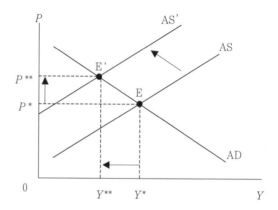

大幅な円安により原油などの輸入原材料の価格が上昇すると、企業の追加的1単位の生産にかかる費用である限界費用が各生産水準で増加する。このため、総供給曲線はAS'へと左上方にシフトし、総需要曲線と総供給曲線の交点で決定される物価水準はP*からP**へと上昇する。

Point Check Ⅰ-11 ≪2019.午後.2≫

下の図には、ある2つの国（J国とF国）のAD曲線とAS曲線が描かれている。ただし、両国のAD曲線は同様であるが、AS曲線の形状は異なる（AS_J：J国のAS曲線、AS_F：F国のAS曲線）。いま、両国で同じだけマネーストックを増加させる金融政策が実施されたとする。この金融政策によって、J国とF国のy（GDP）とP（物価水準）がどのように変化するか説明しなさい。また、それらにどのような違いがあるか、そのような違いがなぜ生じるかについて説明しなさい。

ただし、両国の貨幣単位に相違がないと仮定して解答すること。また、両国の金融政策によって生じる、均衡点の変化を、図に明示すること。

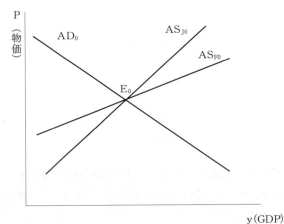

Answer

　マネーストックを増加させる金融政策が実施されると、ＡＤ曲線が右上方にシフトする。これによって、Ｊ国の均衡点はＥ_J1へ、Ｆ国の均衡点はＥ_F1へと移動する。これらの移動によりＪ国の物価水準もＦ国の物価水準も上昇するが、Ｊ国の物価水準の上昇の方がＦ国の物価水準の上昇よりもその幅が大きい。また、Ｊ国、Ｆ国ともにGDPが増加するが、Ｆ国のGDPの増加がＪ国のGDPの増加を上回る。

　両国において、物価水準の変化とGDPの変化に違いが生じる要因として、総供給（ＡＳ）の物価水準に対する感応度が挙げられる。すなわち、Ｊ国の総供給の物価水準に対する感応度は、Ｆ国のそれよりも小さい。

　いま、マネーストックが増加すると、物価水準を所与として、両国の総需要は同様に増加し、超過需要が発生する。このとき、総供給の物価水準に対する感応度が高いＦ国では、Ｊ国と比較して、より小さな物価の上昇により超過需要が解消される。このため、Ｆ国の物価水準の上昇はＪ国の物価水準の上昇を下回る。一方、Ｆ国のGDPの増加は、Ｊ国のGDPの増加を上回ることになる。

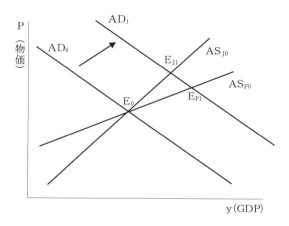

(5) 古典派の総供給曲線と二分法
① 古典派の総供給曲線 LAS（垂直の AS 曲線）

　ケインジアンのモデルが、賃金・物価が硬直的、あるいは伸縮性が低い経済を前提としているのに対し、古典派のモデルは、賃金・物価が伸縮的となる経済を前提としている。

　すなわち古典派のモデルでは、企業及び労働者は合理的に行動し、名目賃金（率）は労働市場の需給を均衡させるように**伸縮的（弾力的）**に決まるため、総供給曲線は**垂直**になる。

② 古典派の二分法

　古典派は、マネーは物価水準を決定するだけで、実物経済（実質GDP、実質利子率）は影響を及ぼさないという**貨幣と実物の二分法**を主張する。

　中央銀行がマネーストックを増加させると総需要曲線がADからAD′へと右上方へシフトする。総供給曲線が垂直である場合、物価が上昇するが、GDPは完全雇用GDPの水準Y_Fで一定となる（図表Ⅰ-19）。

図表Ⅰ-19

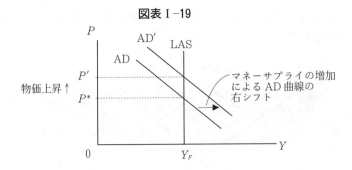

(6) 貨幣数量説

◆ **貨幣数量説**

$$MV = PY \qquad (\text{I}-14)$$

M：名目マネーストック、V：貨幣の流通速度、

P：物価水準、Y：実質GDP

◆ **貨幣の流通速度**

$$V = \frac{PY}{M} = \frac{名目GDP}{M_2 + CD} \qquad (\text{I}-15)$$

（I-14）式は、名目GDP 水準 PY はそれに利用された貨幣流通量 MV に等しいという恒等式である。（I-14）式を変形すると、貨幣の流通速度を定義した（I-15）式になる。この貨幣の流通速度は、名目 GDP 水準 PY が生み出される過程で、その経済に投入されている名目マネーストック M が一定の期間（通常 1 年間）に何回転したかを示す数字である。

（I-14）式において、V が支払い慣習等の技術的要因によって決まるとすると、中央銀行がマネーサプライを増加させるとき、短期的には、Pの上昇かYの増加のどちらか一方または両方が生じることがわかる。

Check I−12 ≪2007(6).I.5≫

日銀が量的緩和政策を採用すると、マネーサプライの増加が生じ、デフレから脱却できると期待された。なぜそのようなことがいえるのか、貨幣数量説を用いて説明しなさい。

Answer

貨幣数量説では、名目マネーサプライ：M、物価水準：P、実質GDP：Y、貨幣の流通速度：Vの間に、次式のような関係を想定する。

$$M = \frac{1}{V}PY$$

この式において、Vが安定的であるとすると、Mの増加はPの上昇とYの増加を生じさせる。このため、マネーサプライの増加によりデフレから脱却できると期待された。

5　物価に関するその他の論点

5　物価に関するその他の論点

⑴　名目利子率、物価変動、実質利子率の関係

> ◆　フィッシャー方程式
>
> 　名目利子率 i ＝実質利子率 r ＋期待インフレ率 π^e
>
> 　（または）実質利子率 r ＝名目利子率 i －期待インフレ率 π^e

　インフレーションやデフレーションが生じる可能性がある場合の企業や家計の経済行動を分析するとき、**名目利子率**と**実質利子率**の区別が必要になる。名目利子率とは貨幣単位（金額）で計算された利子率のことであり、実質利子率は財単位（財の数量）で計算された利子率のことである。

　フィッシャー方程式より、名目利子率 i が一定である場合、期待インフレ率 π^e が上昇すると実質利子率 r は低下し、期待インフレ率 π^e が低下すると実質利子率 r は上昇する。

Point Check　Ⅰ－13　≪2017.午前　第9問　問1≫

　⑴　名目利子率、期待インフレ率、実質利子率の関係を式で示しなさい。

　⑵　⑴の式は、何と呼ばれるか。

Answer

　⑴　名目利子率＝実質利子率＋期待インフレ率

　⑵　フィッシャー方程式

41

マクロ・ミクロ経済学

GDP ギャップと物価水準

GDP ギャップとは、主として総需要の大きさの影響を受ける現実の GDP が、供給能力を示す潜在 GDP とどの程度乖離しているかを示す値である。また、現実の GDP と潜在 GDP とのギャップが縮小する（GDP ギャップの値は上昇する）と、インフレ率は上昇すると考えられている。

◆ **GDP ギャップの定義**

$$\text{GDP ギャップ} = \frac{\text{現実の GDP} - \text{潜在 GDP}}{\text{潜在 GDP}} \times 100 \ (\%)$$

（Ⅰ−16）

◆ **GDP ギャップはインフレ率と正の相関関係にある**

GDP ギャップ↑（↓）⇒ インフレ率上昇（低下）

（通常、現実の GDP ≦ 潜在 GDP であるから、GDP ギャップはマイナスの値となる。例えば、潜在 GDP を一定として総需要が増加し現実の GDP が増加すると、GDP ギャップのマイナス幅は縮小する。つまり GDP ギャップの値は大きくなる。このとき、インフレ率は上昇する。）

◆ **GDP ギャップを変動させる要因（総需要要因と総供給要因）とインフレ率**

・現実の GDP 成長率 > 潜在 GDP 成長率 ⇒ GDP ギャップ↑ ⇒ インフレ率上昇

・現実の GDP 成長率 < 潜在 GDP 成長率 ⇒ GDP ギャップ↓ ⇒ インフレ率低下

42

5 物価に関するその他の論点

図表Ⅰ-20 需給ギャップ・期待インフレ率と物価動向

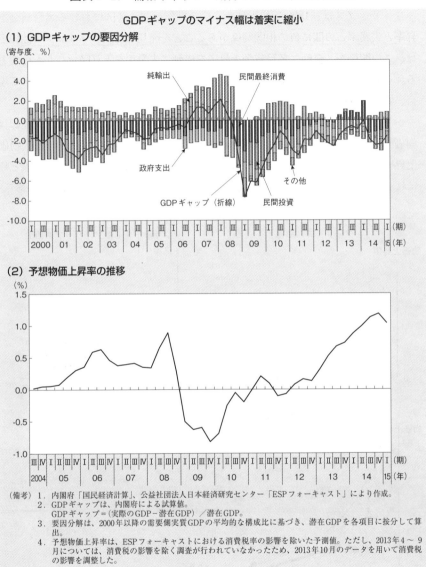

(出所)内閣府『平成27年版 経済財政白書』

(3) フィリップス曲線

フィリップスは、1800年代半ばから約100年の間、英国における名目賃金上昇率と失業率との間に負の相関関係があることを発見した。フィリップス曲線とは、この関係を、縦軸に名目賃金上昇率を横軸に失業率をとり図示したものである。このフィリップス曲線は、名目賃金上昇率と失業率の負の相関関係がある場合、右下がりの形状となる。

一方、名目賃金と物価との間に比例的な関係がある場合、フィリップス曲線は物価上昇率と失業率の関係に置き換えることができる。縦軸にインフレ率（物価上昇率）を、横軸に失業率をとり図示したものは、物価版フィリップス曲線と呼ばれる。この物価版フィリップス曲線を、単にフィリップス曲線と呼ぶこともある。

図表Ⅰ-21

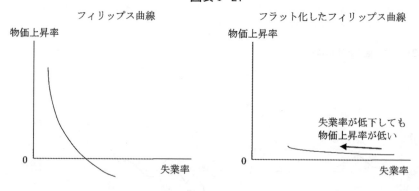

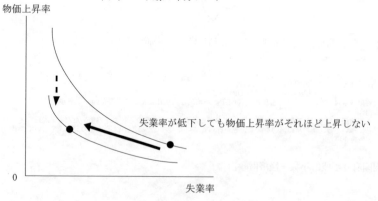

5 物価に関するその他の論点

　近年、日本や米国等で、フィリップス曲線がフラット化する現象が指摘されている。これは、失業率が上昇するなかで、インフレ率の低下は小幅になる現象である。または、失業率が低下するなかで、インフレ率の上昇が低い水準にとどまる現象である。

　図表Ⅰ-22では、我が国において1981年から1998年におけるフィリップス曲線と比較して、1999年から2012年におけるフィリップス曲線は、フラット化していることが確認できる。また、フィリップス曲線の下方シフトも確認できる。2013年以降、さらなるフィリップス曲線のフラット化がみられる。

　米国においても、2008年の金融危機後、現実の失業率と自然失業率の差を示す失業率ギャップが大きく拡大したが、インフレ率の低下は小幅であったとされている。また、2012年以降、失業率ギャップは縮小したが、インフレ率は低い水準にとどまった。これも、フィリップス曲線のフラット化であると指摘されている。

図表Ⅰ-22　日本におけるフィリップス曲線のフラット化と下方シフト

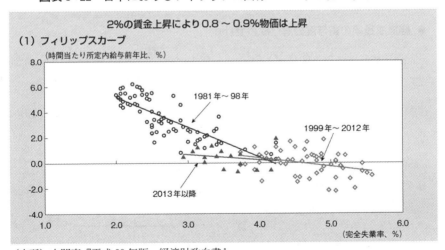

（出所）内閣府『平成29年版　経済財政白書』

第Ⅰ章　マクロ・ミクロ経済学

6 ）経済成長の要因分解

　これまでは生産要素を労働のみに限定してきたが長期では資本も要素投入として変化することになる。以下では、実質GDP水準 Y の決定において、資本ストック K と労働 N を要素投入として考え、さらに成長の源泉として**技術進歩（全要素生産性** TFP **上昇）**を考慮する。また、GDP水準は資本と労働に関して収穫一定[7]であるものとする。この前提のもと、GDPと資本、労働、技術水準の関係式である生産関数（コブ＝ダグラス型生産関数を想定）は、次のように表される。

$$Y = A \cdot F(K,N) = AK^{\alpha}N^{1-\alpha} \qquad （Ⅰ-17）$$

A：技術係数、α：資本分配率（$0 < \alpha < 1$）、

$1-\alpha$：労働分配率

　（Ⅰ-17）式を変化率に直す（Technical Note ①参照）と、以下の関係を導くことができる。

◆ 経済成長率の寄与度分解（成長会計）

経済成長率の寄与度分解：$\dfrac{\varDelta Y}{Y} = \left[\dfrac{\varDelta A}{A}\right] + \left[\alpha\dfrac{\varDelta K}{K} + (1-\alpha)\dfrac{\varDelta N}{N}\right]$（Ⅰ-18）

　　　　　　　　　　　　　質的寄与　　　　　量的寄与

ソロー残差：$\dfrac{\varDelta A}{A} = \dfrac{\varDelta Y}{Y} - \left[\alpha\dfrac{\varDelta K}{K} + (1-\alpha)\dfrac{\varDelta N}{N}\right]$ （Ⅰ-19）

　また、1人あたり実質GDP水準（労働の平均生産性、以下**労働生産性**）を $y = Y/N$、1人あたりの資本ストック（**資本装備率、資本深化**）を $k = K/N$ とおくと、（Ⅰ-18）式は以下のように労働生産性の伸び率の式に書き換えられる。

$$\dfrac{\varDelta y}{y} = \dfrac{\varDelta A}{A} + \alpha\dfrac{\varDelta k}{k} \qquad （Ⅰ-20）$$

ただし、$\dfrac{\varDelta y}{y} = \dfrac{\varDelta Y}{Y} - \dfrac{\varDelta N}{N}$、$\dfrac{\varDelta k}{k} = \dfrac{\varDelta K}{K} - \dfrac{\varDelta N}{N}$

---

7 「収穫一定」とは、要素投入量をすべてX倍したとき、産出量もX倍になるような場合をいう。これを「（投入）規模に関して（産出量の）収穫一定」という。

図表 I -23

	実質GDP成長率	生産年齢人口の成長率	1人当り実質GDP成長率	TFP成長率	1人当り資本の寄与	労働時間・質の寄与
1973-83	3.56%	0.88%	2.68%	—0.27%	1.83%	1.12%
1983-91	3.94%	0.84%	3.09%	0.54%	1.47%	1.08%
1991-98	1.25%	0.06%	1.19%	0.11%	0.96%	0.12%

（注）生産年齢人口は15—64歳の男女人口
（出所）深尾ほか「産業別生産性と経済成長：1970—98年」経済分析　第170号, 内閣府経済社会総合研究所

　図表 I -23は第一次オイルショック以降の日本における全要素生産性（TFP）成長率を推計したものである。バブル期と比較して1990年代に入ってTFP成長率が低下していることが確認される[8]。

　2000年代に入り、TFP上昇率に多少の改善が見られるが、人口減少による労働がマイナスに寄与する中、資本の寄与がさらに縮小した（図表 I -25）。

8　図表 I -23では労働投入を労働人口、労働時間、労働の質に分解している。

図表Ⅰ-24　潜在GDP成長率の推移

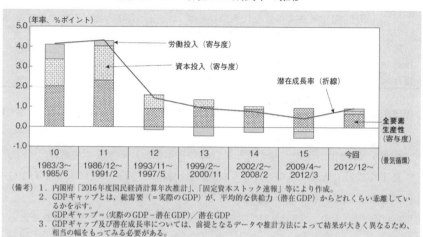

（出所）内閣府『平成30年版　経済財政白書』

図表Ⅰ-25

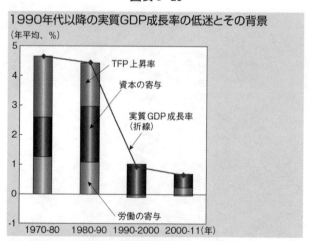

（出所）内閣府『平成27年版　経済財政白書』

6 経済成長の要因

● **Technical Note□1**

変化率の簡便公式[9]

$$変化率：\frac{\varDelta Y}{Y}=\frac{Y_1-Y_0}{Y_0}$$

ex）ある年の実質GDP（Y_1）が110、前年（Y_0）が100のとき、

$$\frac{\varDelta Y}{Y}=\frac{110-100}{100}=\frac{10}{100}=0.10=10\%$$

A.「掛け算は足し算に」

ex）古典派貨幣数量説：$MV=PY$ ⇒ $\dfrac{\varDelta M}{M}+\dfrac{\varDelta V}{V}=\dfrac{\varDelta P}{P}+\dfrac{\varDelta Y}{Y}$

貨幣乗数アプローチ：$M=mH$ ⇒ $\dfrac{\varDelta M}{M}=\dfrac{\varDelta m}{m}+\dfrac{\varDelta H}{H}$

コブ＝ダグラス型生産関数：$Y=AK^{\alpha}N^{1-\alpha}$ ⇒ $\dfrac{\varDelta Y}{Y}=\dfrac{\varDelta A}{A}+\alpha\dfrac{\varDelta K}{K}+(1-\alpha)\dfrac{\varDelta N}{N}$

B.「割り算は引き算に」

ex）労働生産性：$y=\dfrac{Y}{N}$ ⇒ $\dfrac{\varDelta y}{y}=\dfrac{\varDelta Y}{Y}-\dfrac{\varDelta N}{N}$

資本装備率：$k=\dfrac{K}{N}$ ⇒ $\dfrac{\varDelta k}{k}=\dfrac{\varDelta K}{K}-\dfrac{\varDelta N}{N}$

実質マネーサプライ$M=\dfrac{M}{P}$ ⇒ $\dfrac{\varDelta M}{M}=\dfrac{\varDelta M}{M}-\dfrac{\varDelta P}{P}$

実質賃金 $w=\dfrac{W}{P}$ ⇒ $\dfrac{\varDelta w}{w}=\dfrac{\varDelta W}{W}-\dfrac{\varDelta P}{P}$

購買力平価 $E_P=\dfrac{P}{P_f}$ ⇒ $\dfrac{\varDelta E_P}{E_P}=\dfrac{\varDelta P}{P}-\dfrac{\varDelta P_f}{P_f}$

実質レート $\varepsilon=\dfrac{e\times P_f}{P}$ ⇒ $\dfrac{\varDelta \varepsilon}{\varepsilon}=\dfrac{\varDelta e}{e}+\dfrac{\varDelta P_f}{P_f}-\dfrac{\varDelta P}{P}$

9　両辺を自然対数変換して、時間 t で微分したもの。

Check I-14 ≪2006.1.5≫

今後10年間、日本では高齢化が急速に進展する。ある推計では、2005年以降、10年間で労働人口成長率は平均マイナス1.0%となる一方、人口成長率はマイナス0.1%となるとされている。すなわち、労働人口は総人口に比べ、急速に低下する。そういった状況を想定して以下の問に答えよ。

(1) GDPギャップは2005年以降の10年間でどのように変化すると考えられるか。ただし、2005年におけるGDPギャップの値は0だったとする。

(2) GDPギャップとインフレ率の間にはどのような関係があるか。また、2005年のGDPギャップの対GDP比率がほぼゼロであると仮定すると、それ以降、物価上昇率はどのように変化すると予想されるか。

Answer

(1) 総人口は緩やかにしか低下しないので、総需要により決定される現実のGDPはそれほど低下しない。一方、労働人口は急速に低下するので、潜在GDPは急速に低下する。その結果、GDPギャップの値は上昇する。

$$\underbrace{\frac{\Delta Y}{Y}}_{\text{潜在GDP成長率}} = \frac{\Delta A}{A} + \alpha \frac{\Delta K}{K} + (1-\alpha) \underbrace{\frac{\Delta N}{N}}_{\text{労働人口成長率(-1\%)}} \qquad (\text{I}-21)$$

(2) GDPギャップの値が大きくなると物価上昇は加速する。つまり、GDPギャップとインフレ率との間には正の相関関係があると考えられる。また、2005年以降、GDPギャップの値は大きくなると想定されるので、インフレ率は上昇すると予想される。

Point Check Ⅰ-15 ≪2011.1.9、2018.午後.9≫

1960年から2000年まで経済成長がどのような要因によって実現したのかを分析するために、日本経済について $Y = AK^{\alpha}L^{1-\alpha}$ というコブ・ダグラス型の生産関数を推計し下図のような結果となったとする。

この期間の平均実質経済成長率は7.0%であったが、図表Ⅰ-26の労働、資本、技術の寄与度①〜③を求めなさい。ただし、労働分配率を0.6とする。

図表Ⅰ-26　生産関係の推計結果

	1960〜1990年平均（年率）	寄与度
実質経済成長率（$\Delta Y/Y$）	7.0%	—
労働投入増加率（$\Delta L/L$）	1.0%	①
資本増加率（$\Delta K/K$）	10.0%	②
技術進歩（$\Delta A/A$）	—	③

Answer

$\Delta Y/Y = (\Delta A/A) + \alpha(\Delta K/K) + (1-\alpha)(\Delta L/L)$ に表に与えられた数値を代入する。

① 労働の寄与度は 1％×0.6＝0.6％
② 資本の寄与度は10％×(1－0.6)＝4％
③ 技術進歩の寄与度は7.0％－(0.6％＋4％)＝2.4％

マクロ・ミクロ経済学

7 新古典派経済成長モデル

　長期の経済成長プロセスに関して、カルドアは定型化された事実と呼ばれる以下の経験則を示した。

1．1人あたり産出量は長期的に成長し、しかも成長率は低下傾向を示してはいない。
2．労働者1人あたりの物的資本は長期的に成長している。
3．資本の収益率はほぼ一定である。
4．産出量に対する物的資本の比率はほぼ一定である。
5．国民所得に対する労働と物的資本の分配率はほぼ一定である。
6．労働者1人あたり産出量の成長率については、国家間に非常に大きな差異が存在している。

　定型化された事実と整合的な経済モデルとして、新古典派経済成長モデルがある。そこでは、技術進歩率、人口成長率、資本減耗率を所与として、長期均衡における経済成長経路についていくつかの結論が導出される。そこでまず、資本減耗率も技術進歩もない経済を想定して、長期均衡について説明する。

⑴ 技術進歩がないケース

　新古典派経済成長モデルでは、1次同次生産関数が用いられる。

　　生産関数　$Y = F(L, K)$　　　　　　　　　　　　　　　　（Ⅰ-22）

　　　　　　　Y：実質GDP、L：労働投入量、K：資本投入量

　この生産関数において、労働と資本の投入量（L_1, K_1）を与えると、そのとき生産量 Y_1 が対応している。

　　$Y_1 = F(L_1, K_1)$　　　　　　　　　　　　　　　　　　（Ⅰ-23）

・生産関数の1次同次性（規模に関する収穫一定）

　労働と資本の投入量を同時に h 倍すると、実質GDPも h 倍になる。

　　$h = 2$ のとき、　$2Y_1 = F(2L_1, 2K_1)$

7 新古典派経済成長モデル

・各生産要素に関する収穫逓減

① 労働投入量一定のまま資本投入量を増加させると、資本の限界生産力は逓減する。

② 資本投入量一定のまま労働投入量を増加させると、労働の限界生産力は逓減する。

・生産関数は1次同次であるから、次式のように変形できる。

$$y = f(k) \qquad y：1人あたり GDP（Y/L）、k：資本装備率（K/L）$$

$$（\text{I}-24）$$

・企業の利潤最大化行動

① 資本収益率＝資本の限界生産力（$f'(k)$）

⇒ 資本収益率は、資本装備率 k の値によって決まる。

$$k\uparrow \Rightarrow \ f'(k)\downarrow \ \Rightarrow \ 資本収益率 \ \downarrow$$

$$k\downarrow \Rightarrow \ f'(k)\uparrow \ \Rightarrow \ 資本収益率 \ \uparrow$$

② 賃金率＝労働の限界生産力

・経済成長の基本方程式

新古典派経済成長理論の技術進歩がないケースにおいて資本装備率は次の式に基づいて通時的に変化する。またそのとき、1人あたり実質GDP（$y = f(k)$）も変化する。

$$\Delta k = sf(k)-nk \qquad\qquad （\text{I}-25）$$

$$s：貯蓄率、n：人口成長率$$

◆ 長期均衡における各変数の動き

実質 GDP（潜在 GDP）Y ：人口成長率 n の率で成長

労働 L ：人口成長率 n の率で成長（外生的）

資本ストック K ：人口成長率 n の率で成長

資本装備率 k ：一定

資本の限界生産力 ：一定（$f'(k^*)$）

資本収益率 ：一定（$= f'(k^*)$）

$\Delta k = 0$ となる k^* が長期均衡における資本装備率となる。また、その資本装備率において、$sf(k^*) = nk^*$ が成立する。労働 L は n の率で増加しているので、長期均衡において、資本 K も n の率で増加することがわかる。すなわち、長期均衡では資本 K と労働 L が同率 n で増加し、k は一定となる。

資本装備率が k^* で一定となる長期均衡では、資本の限界生産力も一定となり、資本収益率も一定となる。

図表 I-27

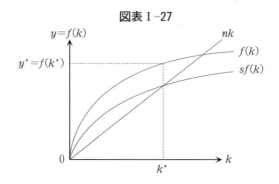

(2) 技術進歩があるケース

・技術進歩がある場合の生産関数

生産関数　$Y = F(AL, K)$　AL：効率単位労働

この式において、技術進歩（A の上昇）が生じると効率単位労働（AL）が増加して実質 GDP が増加する。また、生産関数は 1 次同次であるとすると、次式が成り立つ。

$$y = f(k_A) \quad (ただし、k_A = \frac{K}{AL}) \tag{I-26}$$

・経済成長の基本方程式

技術進歩がある場合、k_A の値は次式のように通時的に変化する。

$$\Delta k_A = sf(k_A) - (n+\alpha)k_A \tag{I-27}$$

◆ 長期均衡における各変数の動き

実質GDP（潜在GDP）Y　：（人口成長率n＋技術進歩率α）の率で成長
労働L　　　　　　　　　：人口成長率nの率で成長（外生的）
資本ストックK　　　　　：（人口成長率n＋技術進歩率α）の率で成長
資本装備率k　　　　　　：技術進歩率αの率で成長
資本の限界生産力　　　　　：一定（$f'(k_A^*)$）
資本収益率　　　　　　　　：一定（$=f'(k_A^*)$）

$\Delta k_A = 0$となるk_A^*が長期均衡における効率単位労働1単位あたりの資本ストックとなる。

$$\frac{\Delta k_A}{k_A} = \frac{\Delta k}{k} - \frac{\Delta A}{A} = 0 \qquad (\mathrm{I}\text{-}28)$$

すなわち、長期均衡において、k_Aは一定となり、資本装備率$k(=\frac{K}{L})$は技術進歩率αの率で成長する。（α：技術進歩率$=\frac{\Delta A}{A}$）

また、長期均衡では、k_Aが一定となるので、資本の限界生産力は一定（$f'(k_A^*)$）となる。このことは、長期均衡において、資本装備率kの上昇が資本の限界生産力を低下させる効果と技術進歩が資本の限界生産力を上昇させる効果が相殺し合う結果として資本の限界生産力が一定となると理解することもできる。さらに、企業の利潤最大化行動を前提とすると、資本の限界生産力に等しくなる資本収益率も、長期均衡において一定となる。

図表Ⅰ-28

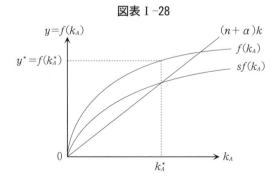

第Ⅰ章　マクロ・ミクロ経済学

Point Check　Ⅰ-16　≪2006.Ⅰ.5、2011.Ⅰ.9≫

アメリカ経済においても、日本経済においても、長期的な分析によると、カルドアの定型化された事実にあるように、「資本収益率は上向きの傾向も下向きの傾向も示さない」状況にある (ア) といえる。しかしながら、過去、資本ストックは増加してきており、資本収益率は低下して当然のようにも思える。(イ) そういった状況を踏まえて、以下の問に答えなさい。

(1)　下線部（ア）に関して、なぜ長期的な分析によると資本収益率は、上向きの傾向も下向きの傾向も示さないのか。

(2)　下線部（イ）に関して、なぜそのように考えられるのか。企業の利潤最大化行動を前提にして理由を説明せよ。

(3)　今後、高齢化が進展する中で、資本収益率は下向きの傾向を示すと考えるか。

Answer

(1)　過去の日本経済においては、資本ストックは増加してきたが、労働も通時的に増加してきた。したがって、長期の経済において資本装備率は、労働を一定とした場合と比較するとそれほど上昇せず、資本の限界生産力もそれほど低下しない。また、技術進歩は資本の限界生産力を増大させるので、その分資本収益率は上昇する。したがって、長期において、ある程度の資本装備率の上昇は資本の限界生産力を低下させたが、技術進歩による資本の限界生産力の上昇により、資本収益率には上向きの傾向も下向きの傾向も見られなかったと考えられる。

(2)　資本の限界生産力逓減の法則とは、労働投入量を一定に維持しつつ資本投入量を限界的に増加させた場合に生じる生産量の増加である資本の限界生産力が、資本投入量の増加とともに逓減することをいう。企業の利潤最大化行動を前提とすると、資本の限界生産力と利子率は一致すると考えられるから、過去において資本ストックが増加し、資本の限界生産力が低下するならば、それに一致する資本収益率は低下傾向を示す。

56

7 新古典派経済成長モデル

(3)　少子・高齢化により人口成長率が低下し、資本装備率が増大すれば、資本の限界生産力は低下する一方、技術進歩が生じれば資本の限界生産力は高まる。したがって、高齢化の進展により、資本の限界生産力に等しく決まる資本収益率が低下するとは限らない。

第Ⅰ章　マクロ・ミクロ経済学

8　財政赤字と公債残高の収束問題

　近年、財政赤字の存在が問題視され、将来財政が破綻することさえ懸念されている。そこでここでは、いかなる条件が満たされれば、将来の公債残高が一定値に収束し、財政破綻の問題が回避されるかについてみることにする。財政赤字を式で示せば、次式のようになる。

$$B_{t+1} - B_t = G_{t+1} + rB_t - T_{t+1} \qquad\qquad (\text{Ⅰ}-29)$$

　　B：公債残高、G：一般歳出等（利払費・債務償還費を除く政府支出）、
　　r：利子率、T：税収等、ただし添え字は期日を表す。

　上辺の左辺は公債の新規発行による残高の変化を示し、右辺は財政赤字を示す。したがって、（Ⅰ-29）式は、財政赤字に等しい公債の新規発行が行われ、その分だけ公債のストックが増加すると解釈できる。この式の両辺を$t+1$期の名目GDP（Y_{t+1}）で割り、変形すると次式をえる。

$$\frac{B_{t+1}}{Y_{t+1}} = \frac{G_{t+1} - T_{t+1}}{Y_{t+1}} + \frac{(1+r)B_t}{(1+g)Y_t} \qquad\qquad (\text{Ⅰ}-30)$$

　　Y：GDP、ただし、添え字は期日を表す。
　　また、経済成長率をgで一定と仮定した。$Y_{t+1} = (1+g)Y_t$

　この式から、公債残高の対名目GDP比率$\left(\dfrac{B}{Y}\right)$の変化は、（$G_{t+1} - T_{t+1}$）や経済成長率$g$、利子率$r$に依存することがわかる。
　なお、（$T_{t+1} - G_{t+1}$）は、プライマリー・バランスである。プライマリー・バランスとは、公債金収入や公債費（利払費・債務償還費）を除く財政の基礎的収支のことで、次式のように税収等から一般歳出等を控除する、あるいは公債費から公債金収入を控除することで求めることができる。

　　プライマリー・バランス＝税収等－一般歳出等
　　　　　　　　　　　　　＝公債費（利払費・債務償還費）－公債金収入

58

以下の図によれば、プライマリー・バランスがゼロ（均衡）の時には、その期の公債発行による収入（公債金収入）は、すべてその期の利払費・債務償還費に充てられ、一般歳出等は税収等だけで賄われている。一方、プライマリー・バランスがマイナス（赤字）の場合には、公債発行による収入が利払費・債務償還費を上回り、一般歳出等にも割り当てられる。

プライマリー・バランス赤字		プライマリー・バランス均衡		プライマリー・バランス黒字	
歳入	歳出	歳入	歳出	歳入	歳出
公債金収入	利払費・債務償還費	公債金収入	利払費・債務償還費	公債金収入	利払費・債務償還費
	PB赤字			PB黒字	
税収等	一般歳出等	税収等	一般歳出等	税収等	一般歳出等

（注）PBはプライマリー・バランスの略

プライマリー・バランスの定義を確認した上で、次に公債残高の収束問題を検討しよう。（I-30）式によると、プライマリー・バランスが黒字である場合、その他の条件に変化がないとすると、公債残高の対GDP比率は低下していく。一方、プライマリー・バランスが赤字の場合、公債残高の対GDP比は上昇していく。

以下では政府がプライマリー・バランスを均衡させる（＝ゼロにする）ことに成功したと仮定して、公債残高の対GDP比率の収束条件をみてみよう。すると（I-30）式のうち、右辺第1項はゼロになるため、（I-30）式は次の（I-31）式のように表現される。

$$b_{t+1} = \frac{(1+r)}{(1+g)} b_t \tag{I-31}$$

b：公債残高の対GDP比率（GDPは名目）

マクロ・ミクロ経済学

っとき、経済成長率gが利子率rを上回れば、b_{t+1}はb_tよりも小さい値となる。そのため、時間の経過とともに公債残高の対GDP比率は低下していく。また、gがrを下回るときb_{t+1}はb_tよりも大きくなる。そのため、公債残高の対GDP比率は時間とともに上昇していく。

よって、プライマリー・バランス均衡のもとでの公債残高の対GDP比率の動きは、gとrの相対的な大きさによって、以下の通りに分類される。

$g>r \Rightarrow$ 公債残高の対GDP比率は収束

$g=r \Rightarrow$ 公債残高の対GDP比率は一定

$g<r \Rightarrow$ 公債残高の対GDP比率は発散

Point Check　I-17 ≪2012.午後.2≫

(1) プライマリー・バランスの定義を述べなさい。

(2) プライマリー・バランス均衡の下で、公債残高の対GDP比率が発散しないための条件を述べなさい。

Answer

(1) 「税収等－一般歳出等」、または、「公債費（利払費・債務償還費）－公債金収入」

(2) 公債残高の対GDP比率が発散しないためには、名目経済成長率が利子率と一致するか、利子率を上回る必要がある。つまり、名目経済成長率が利子率以上になることが必要である。

《ミクロ編》

1 市場均衡と価格の自動調整機能

◆ **市場均衡**

　市場において、均衡が成立するように価格P^*と取引量Q^*が決定される。ここで均衡とは、需要量と供給量が等しくなる状態のことである。

　　P^*：均衡価格

　　Q^*：均衡数量

◆ **価格の自動調整機能**

　市場が均衡状態にないとき、価格が変化することにより、均衡での取引が実現する。

- 市場価格P_1が均衡価格P^*よりも高いとき、超過供給（S_1-D_1）が発生し、価格が下落し、均衡へと収束する。
- 市場価格P_2が均衡価格P^*よりも低いとき、超過需要（D_2-S_2）が発生し、価格が上昇し、均衡へと収束する。

図表Ⅰ-29　市場均衡と価格の自動調節機能

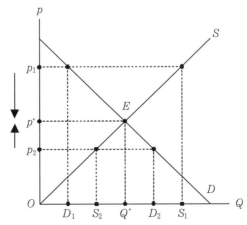

第Ⅰ章 マクロ・ミクロ経済学

②）消費者の効用最大化

⑴ 最適消費計画（2財モデル）

消費者は、予算制約（所得I）のもとで、効用Uを最大化するように消費の組合せ（x, y）を決定する。

最大化：$U = U(x, y)$ （Ⅰ-32）

予算制約式：$I = P_x x + P_y y$ （Ⅰ-33）

　　　　ここでは完全競争市場を想定しているので、消費者はプライステイカーとして行動する。すなわち、P_x：財xの価格、P_y：財yの価格は所与である。

◆ **効用最大化条件**

予算制約線と無差別曲線が接するE点（x^*, y^*）が最適消費点である。

・**最適消費の条件**

最適消費計画（x^*, y^*）では、相対価格と限界代替率が等しくなる。

$$\underbrace{相対価格 \frac{P_x}{P_y}}_{予算制約線の傾きの絶対値} = \underbrace{限界代替率 MRS}_{無差別曲線の傾きの絶対値} \left(= \frac{\partial U/\partial x（xの限界効用）}{\partial U/\partial y（yの限界効用）} \right) （Ⅰ-34)$$

$$I = P_x x + P_y y \qquad （Ⅰ-35)$$

・ここで、限界代替率とは、xの消費を一単位増加させたとき、効用を一定に維持するために必要となるyの消費の減少分のことである。

図表Ⅰ-30 最適消費計画

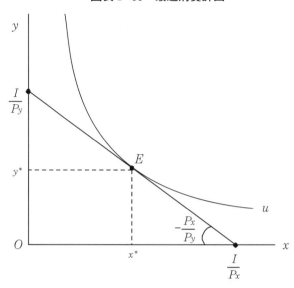

Point Check Ⅰ-18

所得100を有し、財xと財yを消費するある個人の効用関数が、次式で与えられたとする。

$$u = x^2 y^3 \tag{Ⅰ-36}$$

財x、財yの価格は、それぞれ5, 10であるとする。この個人の最適消費計画を求めよ。

第Ⅰ章　マクロ・ミクロ経済学

Answer

最適消費の条件を用いて解く。

$$\underbrace{相対価格\frac{P_x}{P_y}}_{予算制約線の傾きの絶対値} = \underbrace{限界代替率 MRS}_{無差別曲線の傾きの絶対値}\left(=\frac{\partial U/\partial x(xの限界効用)}{\partial U/\partial y(yの限界効用)}\right) \qquad ①$$

$$I = P_x x + P_y y \qquad ②$$

効用関数を x で微分して、x の限界効用 $\dfrac{\partial U}{\partial x}$ を求める。

$$\frac{\partial U}{\partial x} = 2\,xy^3$$

効用関数を y で微分して、y の限界効用 $\dfrac{\partial U}{\partial y}$ を求める。

$$\frac{\partial U}{\partial y} = 3\,x^2 y^2$$

①に x、y の限界効用とそれぞれの価格を代入すると、次式を得る。

$$\frac{2\,xy^3}{3\,x^2 y^2} = \frac{5}{10}$$

$$\frac{2\,y}{3\,x} = \frac{1}{2} \quad ①'$$

②に価格および所得を代入して、予算制約式を求める。

予算制約式

$$100 = 5\,x + 10y \quad ②'$$

①'と②'を連立して解を求める。

$$\begin{cases} x = 8 \\ y = 6 \end{cases}$$

64

(2) 所得変化と最適消費計画：所得効果

　価格を一定として所得が変化するとき、予算制約線は並行シフトし、無差別曲線との接点、すなわち最適消費計画を変更させる。所得が増加するとき、予算制約線は右シフトする。このとき、消費量が増加する財を上級財、消費量が減少する財を下級財という。

◆ **上級財と下級財**

　上級財：所得が増加（減少）するとき、消費量が増加（減少）する財。

　下級財：所得が増加（減少）するとき、消費量が減少（増加）する財。

---

(3) 価格変化と最適消費計画：価格効果

　所得Iと他の財の価格P_yを一定としてある財の価格P_xが変化するとき、予算制約線は回転するので、最適消費計画は変更される（価格効果）。ある財の価格変化は、実質所得（＝名目所得／物価）の変化と相対価格の変化を生じさせると考えることができるので、価格効果はそれぞれの変化による効果に分解される。最適消費計画の変更のうち、実質所得の変化による部分は所得効果、相対価格の変更による部分は代替効果とよばれる。

◆ **代替効果と所得効果**

・代替効果：実質所得を一定として、相対価格の変化が最適消費計画を変化
　　　　　させる効果。
　　　　　代替効果により、割安になった財の消費量が増加し、割高になった財の消費量が減少する。

・所得効果：相対価格を一定として、実質所得の変化が最適消費計画を変化
　　　　　させる効果。例えば、ある財の価格だけが下落すると、名目所得が不変であれば、実質所得は増加する。
　　　　　所得効果は、実質所得の変化と財の性質（上級財か下級財か）に依存して決まる。

総効果としての価格効果は、代替効果と所得効果の合計になる。例えば、x、yともに上級財である場合、xの価格下落が生じるとxの消費量は（代替効果と所得効果がともに増加方向に働くことから）必ず増加する。一方、yの消費量は代替効果と所得効果の相対的な大きさによって変化の方向が異なる。価格効果として、yの消費量は、代替効果が所得効果を上回る場合に減少し、代替効果が所得効果を下回る場合に増加する。

次の図はx、yともに上級財で、yについては代替効果が所得効果を上回り、価格効果としては消費量が減少するケースを示している。

xの価格効果（$x^* \rightarrow x'$）⊕＝代替効果（$x^* \rightarrow x_A$）⊕＋所得効果（$x_A \rightarrow x'$）⊕

yの価格効果（$y^* \rightarrow y'$）⊖＝代替効果（$y^* \rightarrow y_A$）⊖＋所得効果（$y_A \rightarrow y'$）⊕

図表Ⅰ-31　価格効果

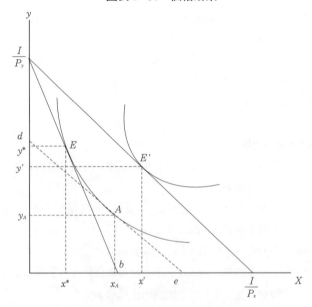

2 消費者の効用最大化

Point Check （I - 19）

消費者の余暇と労働の選択において、名目賃金率の上昇は労働供給を必ず増加させるといえるだろうか。消費者の効用最大化行動を基礎に説明しなさい。ただし、余暇は上級財であるとする。

Answer

効用最大化行動において、消費者は効用を最大にするように、余暇消費と労働によって可能となる財の消費の選択をすると考えられている。この際、賃金率は余暇消費の価格である。ここで、財の価格を一定として、名目賃金率が上昇すると余暇の相対価格が上昇し、余暇消費が減少し、労働供給が増加する（代替効果）。一方、名目賃金率が上昇すると実質所得が増加するので、上級財である余暇消費は増加し、労働供給は減少する（所得効果）。

名目賃金率が上昇するとき余暇消費が増加するか減少するか（労働供給が減少するか増加するか）は、代替効果と所得効果の相対的な大きさに依存する。名目賃金率が上昇したとき、代替効果が所得効果を上回ると余暇消費が減少し、労働供給が増加する一方、代替効果が所得効果を下回ると余暇消費が増加し、労働供給が減少する。

67

第Ⅰ章　マクロ・ミクロ経済学

3　企業の利潤最大化

　完全競争市場において企業は、消費者と同様にプライステイカーとして行動
し、利潤を最大にするように、生産要素の投入量および生産量を決定する。

・利潤の定義

　利潤は総収入から総費用を差し引いた額として定義される。

　　利潤 $\pi(y)$＝総収入 $TR(y)$－総費用 $TC(y)$　　　　　　　　　（Ⅰ-37）

・利潤最大化生産量

　利潤最大化生産量 y^* において、上式を微分するとその値は0となる。

・限界利潤 $\dfrac{d\pi(y^*)}{dy}$＝限界収入 $\dfrac{\partial TR(y^*)}{\partial y}$－限界費用 $\dfrac{\partial TC(y^*)}{\partial y}=0$　　（Ⅰ-38）

　　限界利潤：追加的に1単位生産を増加させたときの利潤の増加。

　　限界収入：追加的に1単位生産を増加させたときの総収入の増加。完全
　　　　　　　競争市場において、生産者がプライステイカーとして行動す
　　　　　　　る場合、限界収入は常に価格に等しくなる。

　　限界費用：追加的に1単位生産を増加したときの費用の増加。

> ◆　**利潤最大化条件**
>
> 　企業の利潤最大化生産量 y^* において、限界収入と限界費用が一致する。
>
> 　　　限界収入MR (y^*)＝限界費用 (y^*)　　　　　　　　　　（Ⅰ-39）
>
>
> ・完全競争市場における利潤最大化条件
>
> 　　完全競争市場において、企業の限界収入は（所与の）価格と等しく、利潤
> 最大化生産量では、価格と限界費用が一致する。
>
> 　　　価格P＝限界費用MC (y^*)　　　　　　　　　　　　　　（Ⅰ-40）

　もし、生産量が利潤最大化生産量 y^* の水準にない場合、生産量を変更する
ことで利潤を増加させることができる。生産量が y_a（$<y^*$）のとき、限界収入
MR（＝価格P）は限界費用MCを上回っているので、生産量を増加させると

利潤は増加する。一方、生産量が$y_b(>y^*)$のとき、限界収入（価格）は限界費用を下回っているので、生産量を減らすと利潤が増加する。

総収入TRから総費用TCを引いた利潤（グラフでは線分AC）が最大になる生産量y^*では、限界収入（価格P）と限界費用MCが等しくなる。

図表 I-32　企業の利潤最大化生産量

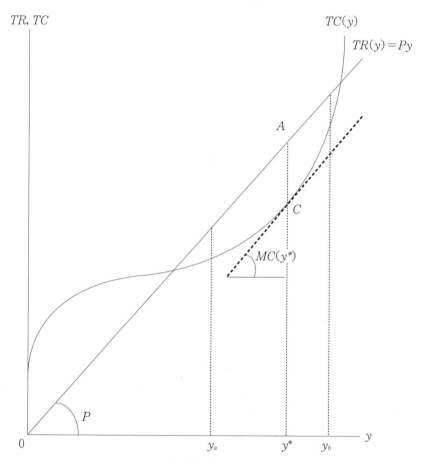

第Ⅰ章　マクロ・ミクロ経済学

Point Check　Ⅰ-20

　　完全競争市場において、財Yを供給する企業の利潤最大化生産量を求めよ。
ただし、財Yの価格は100であるとする。

$$TC = \frac{2}{3}y^3 - 6y^2 + 118y \tag{Ⅰ-41}$$

　　TC：総費用、y：財Yの生産量

Answer

　　完全競争市場において、企業の利潤最大化生産量y^*では、価格と限界費
用が一致する。

$$価格P = 限界費用MC（y^*） \tag{Ⅰ-42}$$

この条件を用いて、企業の利潤最大化生産量を求める。

　　まず、生産関数を微分して、限界費用関数を求める。

$$MC(y) = 2y^2 - 12y + 118 \tag{Ⅰ-43}$$

利潤最大化条件に価格100とこの式を代入する。

$$100 = 2y^2 - 12y + 118 \tag{Ⅰ-44}$$

$$(y - 3)^2 = 0 \tag{Ⅰ-45}$$

$$y = 3 \tag{Ⅰ-45}$$

・生産関数

$$y = F(L, K) \tag{Ⅰ-46}$$

　　　L：労働投入量、K：資本投入量

ここでは、生産関数は１次同次関数で、各生産要素に対して限界生産力が逓
減するものであると仮定する。

労働の限界生産力$\dfrac{\partial y}{\partial L}$（＞０）：労働を追加的に１単位増加させたときの生
　　　　　　　　　　　　　　　　産量の増分
労働の限界生産力逓減（$\dfrac{\partial^2 y}{\partial^2 L} < 0$）：労働の限界生産力は、労働投入量が
　　　　　　　　　　　　　　　　　増加するにつれて減少する。

70

資本の限界生産力$\dfrac{\partial y}{\partial K}$（＞0）：資本を追加的に1単位増加させたときの生

産量の増分

資本の限界生産力逓減（$\dfrac{\partial^2 y}{\partial^2 K}$＜0）：資本の限界生産力は、資本投入量が

増加するにつれて減少する。

・利潤最大化生産要素投入量

利潤π＝総収入TR－総費用TC　　　　　　　　　　　　　　（I-47）

$\pi = PF(L, K) - (wL + rK)$　　　　　　　　　　　　　　（I-48）

ここで、企業はプライステイカーとして行動するので、生産要素価格であるw（名目賃金率）およびr（利子率）は一定である。

・労働投入に関する利潤最大化条件

利潤が最大となっているとき、労働の限界生産力と実質賃金率は等しくなっている。

$$\frac{\partial \pi}{\partial L} = P\frac{\partial F(L^*, K^*)}{\partial L} - w = 0 \qquad （I-49）$$

$$\underbrace{\frac{\partial F(L^*, K^*)}{\partial L}}_{\text{労働の限界生産力}} = \underbrace{\frac{w}{P}}_{\text{実質賃金率}} \qquad （I-50）$$

・資本投入に関する利潤最大化条件

利潤が最大となっているとき、資本の限界生産力と実質利子率が等しくなっている。

$$\frac{\partial \pi}{\partial K} = P\frac{\partial F(L^*, K^*)}{\partial K} - r = 0 \qquad （I-51）$$

$$\underbrace{\frac{\partial F(L^*, K^*)}{\partial K}}_{\text{資本の限界生産力}} = \underbrace{\frac{r}{P}}_{\text{実質利子率}} \qquad （I-52）$$

Check I-21

ある企業は、次式の生産関数のもとで生産を行っているとする。

$$Y = K^{\frac{1}{2}} L^{\frac{1}{2}} \qquad Y：生産量 \qquad (\text{I}-53)$$

また、この企業は利潤最大化生産を行うべく、資本Kを25単位、労働Lを81単位投入しているとする。このとき成立している実質利子率（資本の実質レンタルプライス）と実質賃金率はそれぞれどれだけであるか。

Answer

・労働投入に関する利潤最大化条件

$$\underbrace{\frac{\partial F(L^*, K^*)}{\partial L}}_{労働の限界生産力} = \underbrace{\frac{w}{P}}_{実質賃金率} \qquad (\text{I}-54)$$

生産関数をLで微分し、$K=25$、$L=81$を代入すると、労働の限界生産力を求めることができる。また、利潤最大化条件より、この値は実質賃金率に一致する。

$$\frac{\partial Y}{\partial L} = \frac{1}{2} K^{\frac{1}{2}} L^{-\frac{1}{2}} = \frac{1}{2} \left(\frac{K}{L}\right)^{\frac{1}{2}} = \frac{5}{18} \qquad (\text{I}-55)$$

・資本投入に関する利潤最大化条件

$$\underbrace{\frac{\partial F(L^*, K^*)}{\partial K}}_{資本の限界生産力} = \underbrace{\frac{r}{P}}_{実質利子率} \qquad (\text{I}-56)$$

生産関数をKで微分し、$K=25$、$L=81$を代入すると、資本の限界生産力を求めることができる。また、利潤最大化条件より、この値は実質利子率（資本の実質レンタルプライス）に一致する。

$$\frac{\partial Y}{\partial K} = \frac{1}{2} K^{-\frac{1}{2}} L^{\frac{1}{2}} = \frac{1}{2} \left(\frac{L}{K}\right)^{\frac{1}{2}} = \frac{9}{10} \qquad (\text{I}-57)$$

実質賃金率：$\frac{5}{18}$、実質利子率：$\frac{9}{10}$

4 異時点間消費モデル：ライフサイクル仮説

(1) 消費および貯蓄の決定

◆ **ライフサイクル仮説**：生涯予算制約のもとでの生涯効用 $U(C_0, C_1)$ の最大化。異時点間を考慮した消費理論である。

現在：$C_0 + S = Y_0$ （Ⅰ-58）
（若年期）
　C_0：現在（若年期）消費、S：貯蓄（または借入）、
　Y_0：現在（若年期）所得

将来[10]：$C_1 = Y_1 + (1+r)S$ （Ⅰ-59）
（老年期）
　C_1：将来（老年期）消費、Y_1：将来（老年期）所得、
　r：実質利子率

▶ **生涯所得の予算制約式**[11]：$C_1 = -(1+r)C_0 + \{(1+r)Y_0 + Y_1\}$ （Ⅰ-60）

$\quad C_1 = -(1+r)(C_0 - Y_0) + Y_1$ （Ⅰ-61）

$\quad C_0 + \dfrac{1}{1+r}C_1 \quad = \quad Y_0 + \dfrac{1}{1+r}Y_1$ （Ⅰ-62）

　　生涯消費の現在価値　　**生涯所得の現在価値（人的資本）** Y_L

	現在（若年期）	将来（老年期）
所得	Y_0	Y_1
消費	C_0	C_1
貯蓄(借入)と その取崩(返済)	$S = Y_0 - C_0$	$(1+r)S$

10　個人の生涯は「将来」で終わることを仮定しており、「将来」において貯蓄（**遺産**）も借入（次世代が返済という借入契約）もない。子供の世代に**遺産** B を残すという選択がある場合には、以下のように設定が変わる。

$\quad C_1 + B = Y_1 + (1+r)S$

11　（Ⅰ-58）式を $S = Y_0 - C_0$ と変形する。これを（Ⅰ-59）式の S に代入し、整理すると、（Ⅰ-60）式の傾き $-(1+r)$、切片 $\{(1+r)Y_0 + Y_1\}$ の直線を求めることができる。縦軸切片 $(1+r)Y_0 + Y_1$ は、現在と将来の所得の**将来価値**、つまり**生涯所得の将来価値**を表している。また、（Ⅰ-61）式から、予算制約線が常に現在と将来の所得流列を表す点 F (Y_0, Y_1) を通る（図表Ⅰ-33）ことがわかる。

第Ⅰ章 マクロ・ミクロ経済学

図表Ⅰ-33

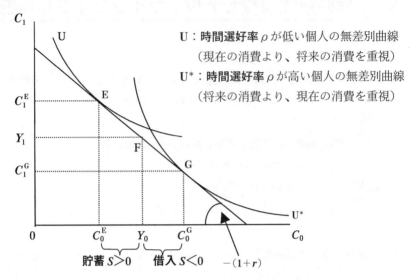

ケインズ型消費関数では、現在の所得が現在の消費を説明する上で重要な役割を果たしていた。これに対してライフサイクル仮説は、個人が生涯所得を制約として消費計画を立てる長期的視点に立った消費理論である。この消費理論にとって金融市場の存在が重要である。なぜなら金融市場（資本市場、資産市場）の存在によって、個々の経済主体は、現在から将来に、あるいは将来から現在に消費（支出）を移動させることが可能となる。例えば、現在資金を貸して（貯蓄 $S>0$）将来返してもらうことによって、現在は所得 Y_0 以下の消費 C_0 を行うことになるが、将来は貸し付けた資金（貯蓄）の元利合計 $(1+r)S$ が加わり所得 Y_1 以上の消費 C_1 が可能である（図表Ⅰ-33のE点）。現在資金を借りて（借入 $S<0$）将来返済する場合には、現在は所得 Y_0 以上に消費 C_0 を行うことが可能であるが、将来は借入金の元利合計分を返済するため所得 Y_1 以下の消費 C_1 を行うことになる（図表Ⅰ-33のG点）。もちろん、貯蓄も借入もせずに（$S=0$）消費を行うことも可能である（図表Ⅰ-33のF点）。このように、金融市場の存在によって、所得が異なる期間で変動していても、個人は効用を最大にする消費計画を立てることにより、消費水準は**平準化**（smoothing）される傾向がある（**消費の平準化メカニズム**）。

4 異時点間消費モデル：ライフサイクル仮説

この消費の平準化メカニズムは、**一時的な所得の変化**（将来所得は不変で現在の所得のみ変化するケース）に対しても働く。例えば、何らかの災害で所得が一時的に減少する（現在所得のみが減少する）と、借金（あるいは貯蓄の取り崩し）を行い、将来返済することで消費を平準化することになる。

Point Check I - 22 ≪2010. I .1≫

個人消費に関するライフサイクル仮説について以下の問いに答えなさい。

(1) 通常のライフサイクル仮説に従う個人の消費行動を説明しなさい。ただし「勤労期」、「引退期」、「貯蓄」のキーワードを用いること。

(2) ライフサイクル仮説に基づけば、人口の少子高齢化が進行するとマクロでみた家計貯蓄率はどのように推移していくと予想されるか、説明しなさい。

Answer

(1) 通常のライフサイクル仮説では、勤労期の所得が引退期の所得を上回り、個人は生涯を通じた効用を最大化するように、現在と将来の消費水準を平準化すると考えられている。したがって、個人は、若年期には引退後に備えるために消費を抑制して貯蓄を行い、引退期にその貯蓄を取り崩して消費を行う。

(2) 少子高齢化が進行すると、貯蓄を行う若年期の割合が低下し、貯蓄を取り崩す引退期の割合が上昇することから、マクロの家計貯蓄率（＝各期の貯蓄／同じ期の所得）は低下していく。

75

第Ⅰ章　マクロ・ミクロ経済学

⑵　生涯所得の変化と消費および貯蓄の変化

　実質利子率 r を一定とした場合、生涯所得の割引現在価値合計（（Ⅰ-62）式）が増加（減少）した（予算制約線の右上方（左下方）シフト）とき、現在消費・将来消費はともに増加（減少）する[12]（**所得効果・資産効果**）。このとき、将来所得に対する予想の変化でも消費に影響することにも注意してほしい。

　時間選好率が低い個人と比較して、時間選好率が高い個人は、消費を現在行うことにより高い価値を与えるため、同じ生涯所得制約の下でも、現在消費はより大きく、将来消費はより小さくなる。図表Ⅰ-33の G 点からわかるように、時間選好率の高い個人は借入れを行い（$S<0$）、将来にはそれを返済するので将来消費は将来所得水準以下になることがある[13]。

12　以降、現在の消費と将来の消費はともに上級財（所得が上昇するときに需要が増加する財）であると仮定する。

13　他方、時間選好率の低いタイプの個人は、現在消費はより小さく、将来消費がより大きくなる、すなわち現在消費をあきらめてその分を貯蓄（$C_0<Y_0$, $S>0$）し、それを将来消費にあてることになる（図表Ⅰ-33の E 点）。

(3) 実質利子率rの変化と消費および貯蓄の変化

◆ **総効果＝代替効果＋所得効果**

代替効果：実質利子率の変化によって現在消費と将来消費の**相対価格**（１＋利子率）が変化することによる消費（需要）への効果。実質利子率上昇によって現在消費の相対価格が上昇し、その結果現在消費が減少（貯蓄は増加）し、将来消費が増加する。

所得効果：実質利子率の変化による**実質的な所得**の変化がもたらす消費（需要）への効果。貯蓄をしている場合、実質利子率の上昇は実質生涯所得（資産）の上昇となり、その財の消費（需要）を増加させる。借入をしている場合、実質利子率の上昇は実質生涯所得（資産）の減少となり、その財の消費（需要）を減少させる。

　実質利子率 r の変化がもたらす今期の消費への影響を考える。実質利子率 r が上昇したとき（$r \rightarrow r'$）、予算制約線は点 $F(Y_0, \ Y_1)$ を中心に時計回りに回転し、新しい予算制約線上で消費の組合わせが決まる。

　この利子率の変化がもたらす消費への影響（総効果）を代替効果と所得効果に分けてみよう（上記 ☐ 参照）。実質利子率 r が上昇した場合、代替効果によって現在消費は必ず減少するが、今期の消費に対する所得効果は貯蓄の有無で異なる。以下、貯蓄が正のケース、負のケース、ゼロのケースに場合分けをして説明を行うことにする[14]。なお実線が r 上昇前、破線が r 上昇後の予算制約線である。

14　これらのケースは、それぞれが図表Ⅰ-33におけるE点（貯蓄が正のケース）、G点（貯蓄が負のケース）、F点（貯蓄がゼロのケース）に対応している。

(a) **貯蓄が正のケース（図表Ⅰ-34）**

①rの上昇により、代替効果として貯蓄が増加する（E→E"）。②貯蓄が正なので、rの上昇により正の所得効果が発生して消費が増加する（E"→E'）。③代替効果が今期の消費を減少させる一方で所得効果は消費を増加させる。したがって、両者の影響の強さで今期の消費の増減が決まる。

図表Ⅰ-34 貯蓄が正（$C_0 < Y_0$, $S > 0$）のケース

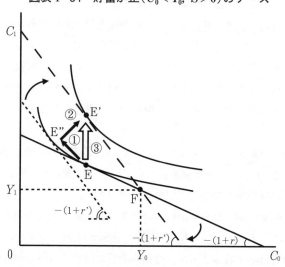

(b) 貯蓄が負のケース（図表Ⅰ-35）

①代替効果により消費が減少する（G→G"）。②貯蓄が負なのでrの上昇は負の所得効果を生じ消費を減少させる方向に働く（G"→G'）。③よって、このケースでは今期の消費は必ず減少し、貯蓄は増加（借入は減少）する。

(c) 貯蓄がゼロのケース（図表Ⅰ-36）

①代替効果は発生する（F→F'）。②貯蓄がゼロなので、実質的な所得効果は発生しない。③そのため、rの上昇により今期の消費は必ず減少し、貯蓄は増加する。

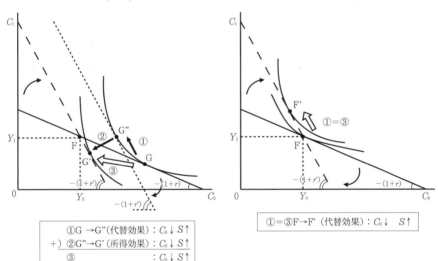

図表Ⅰ-35　貯蓄が負（$C_0 > Y_0, S < 0$）のケース　　図表Ⅰ-36　貯蓄がゼロ（$C_0 = Y_0, S = 0$）のケース

第Ⅰ章 マクロ・ミクロ経済学

5 ゲーム理論

　ゲーム理論では、意思決定をする複数の主体が、相互作用する状況を研究する。また、ゲーム理論により、それら主体の戦略的行動とそれがもたらす結果が詳細に分析される。ゲーム理論では、複数のプレーヤーが複数の戦略をもち、選ばれた戦略の組合せの結果として、各プレーヤーは利得を得ることになる。そういったゲームの構造を表現する一つの形として、次の戦略型ゲームにおける利得表がある。

　競争関係にあるN社とS社が、それぞれ新技術を開発するか旧技術を改良するかの選択を迫られているとする。そこで、次の利得表は、両者がとる戦略の各組合せにより、どれだけの利得が生じるかを示したものである。N社、S社は、互いに相手の行動を考慮しつつ、採るべき選択戦略を考える。また、両企業とも、この表の利得について完全に知っている（完備情報）が、戦略を決める際に相手と協力せず（非協力）、それぞれの戦略の決定は同時に行われると仮定する。

◆ **最適反応戦略**

　相手の選択する戦略に対して、自社の利得を最大にする戦略。

◆ **支配戦略**

　相手がどの戦略を選択しても、自社にとって最も高い利得をもたらす戦略。

◆ **ナッシュ均衡**

　相手が選択する戦略に対して、自社の選択した戦略が最適反応であり、同時に自社の選択する戦略に対して、相手の選択した戦略が最適反応である戦略の組合せ。すなわち、すべてのプレーヤーにとって、互いに最適反応になっている戦略の組合せ。ナッシュ均衡は複数存在することがある。

80

(1) 戦略型ゲーム

　すべてのプレーヤーが同時に行動するタイプのゲームは戦略型ゲームと呼ばれる。一方、何人かのプレーヤーが交互に行動するタイプのゲームは展開型ゲームと呼ばれる。戦略型ゲームは次のような利得表でゲームが記述される。

・支配戦略均衡がある場合

利得表1

S社

N社		開発	改良
	開発	(10,　5)	(12,　3)
	改良	(　6,　4)	(10,　0)

・最適反応戦略

S社　開発　⇒　N社　開発　（10＞6）

S社　改良　⇒　N社　開発　（12＞10）

N社　開発　⇒　S社　開発　（5＞3）

N社　改良　⇒　S社　開発　（4＞0）

　表下の最適反応戦略の1行目と3行目より、お互いに、相手が「開発」を選択すれば自分も「開発」を選択することがわかる。すなわち、戦略の組（N社「開発」，S社「開発」）は、ナッシュ均衡である。

　他の戦略の組は、ナッシュ均衡ではない。例えば（N社「改良」，S社「開発」）をみると、上記の4行目よりN社が「改良」を選択する下ではS社は「開発」を選択するが、逆にS社が「開発」を選択する下ではN社は「改良」を選択せず、「開発」を選択するためである（1行目より）。

　また、最適反応戦略をよく見れば、2社ともに、相手がどのような選択をしようとも、必ず「開発」を選択していることがわかる。つまり、両社にとって「開発」は支配戦略である。

　したがって、（N社「開発」，S社「開発」）は、ナッシュ均衡であるとともに、支配戦略均衡でもある。

第Ⅰ章　マクロ・ミクロ経済学

・支配戦略均衡がない場合

利得表2

S社

		開発	改良
N社	開発	(3, 　0)	(8, 　1)
	改良	(5, 　5)	(10, 　2)

・最適反応戦略

S社　開発　⇒　N社　改良　（5＞3）

S社　改良　⇒　N社　改良　（10＞8）

N社　開発　⇒　S社　改良　（1＞0）

N社　改良　⇒　S社　開発　（5＞2）

　上記の最適反応戦略より、（N社「改良」、S社「開発」）がナッシュ均衡である（1行目と4行目）。

　また、N社は支配戦略（「改良」）を持っているが、S社は相手のとる戦略によって最適反応が異なることから支配戦略を持っていない。そのため、このゲームにおいては、支配戦略均衡は存在しない。

5 ゲーム理論

・「囚人のジレンマ」ケース

利得表3

S社

		開発	改良
N社	開発	(1, 1)	(10, 0)
	改良	(0, 10)	(8, 8)

・最適反応戦略

S社　開発　⇒　N社　開発　（1 ＞0）

S社　改良　⇒　N社　開発　（10＞8）

N社　開発　⇒　S社　開発　（1 ＞0）

N社　改良　⇒　S社　開発　（10＞8）

　最適反応戦略をみると、このゲームの場合、（「開発」,「開発」）が支配戦略均衡となっている。一方、N社、S社ともに「改良」を選択すれば、ともに均衡における利得1を上回る8の利得を得ることができる。このゲームのように、潜在的には両者ともにもっと良い戦略の組（「改良」,「改良」）があるにもかかわらず、実現するナッシュ均衡（「開発」,「開発」）は、「囚人のジレンマ」のナッシュ均衡である。

83

第Ⅰ章　マクロ・ミクロ経済学

Point Check Ⅰ- 23 ≪2014.午前.9、2018.午後.1≫

　下表は、隣接して店舗展開をしている競合２社（甲社、乙社）の戦略型ゲームにおける戦略（H、L）と利得の組合せを示している。各社が有する戦略として、高めの価格を広告する戦略Hと、低めの価格を広告する戦略Lがある。ただし、（　　　）内の数値は（甲社の利得，乙社の利得）を表す。

表１

甲社＼乙社	H	L
H	(30，30)	(0，45)
L	(45， 0)	(20，20)

⑴　支配戦略の定義を説明しなさい。また、甲社、乙社に支配戦略があるか、それぞれ答えなさい。

⑵　ナッシュ均衡の定義を説明しなさい。また、ナッシュ均衡となる両者の戦略の組合せを答えなさい。

Answer

⑴　支配戦略とは、相手のプレーヤーが選択する戦略に関係なく、自分にとって最適な戦略が一つに定まる場合、その定まった戦略のことをいう。
　　甲社および乙社は、ともに支配戦略Lを有している。

⑵　ナッシュ均衡とは、他のプレーヤーの戦略を所与としたとき、どのプレーヤーも自分の戦略を変更することで、より望ましい状態になることができない戦略の組み合わせのことをいう。このゲームのナッシュ均衡は、甲社がLを選択し、乙社もLを選択する組合せである。

Point Check I-24 ≪2012.Ⅱ.2≫

複占市場において、クールノー・モデルが以下のように与えられているとする。

　　企業Aの費用関数　$C_A = 10X_A$
　　企業Bの費用関数　$C_B = 10X_B$
　　市場の需要曲線　$D = 20 - P$

　　C_A：企業Aの総費用、X_A：企業Aの生産量、
　　C_B：企業Bの総費用、X_B：企業Bの生産量、
　　D：需要、P：価格

(1) 企業A、企業Bの最適反応関数を求めなさい。
(2) クールノー・ナッシュ均衡における企業A、および企業Bの生産量を求めなさい。

Answer

　複占市場における企業間競争の均衡を、ナッシュ均衡の考え方を基にして求める問題である。寡占（複占）市場において、各企業が数量を戦略変数とするモデルは、クールノー・モデルと呼ばれる。**クールノー・モデル**では、企業が選択できる数量は、数直線上に連続的に存在すると考えられるので、**反応曲線**から最適生産量を求めることになる。ここでの反応曲線とは、相手の選択する数量を所与としたときに、自社の利潤が最も大きくなる数量を表す曲線であり、2社の反応曲線の交点となるクールノー均衡においては、各社とも生産量を変更する誘引（インセンティブ）を持たなくなる。このため、クールノー均衡は「クールノー＝ナッシュ均衡」とも呼ばれる。

(1) まず、需要関数を価格Pについて解く。

第Ⅰ章 マクロ・ミクロ経済学

$$D=20-P \quad \Leftrightarrow \quad P=20-D \qquad (Ⅰ-63)$$

この式のDに市場全体の需要量、すなわち産業全体の生産量（X_A+X_B）を代入すると、以下のようになる。

$$P=20-(X_A+X_B)=20-X_A-X_B \qquad (Ⅰ-64)$$

各社の利潤は（総収入－総費用）であり、総収入は（価格×各社の生産量）であるから、各社の利潤は以下のようになる。

企業Aの利潤：
$$\begin{aligned}\pi_A &=PX_A-C_A \qquad (Ⅰ-65)\\ &=(20-X_A-X_B)X_A-10X_A \\ &=-X_A^2-X_B\ X_A+10X_A \qquad (Ⅰ-66)\end{aligned}$$

企業Bの利潤：
$$\begin{aligned}\pi_B &=PX_B-C_B \qquad (Ⅰ-67)\\ &=(20-X_A-X_B)X_B-10X_B \\ &=-X_B^2-X_A\ X_B+10X_B \qquad (Ⅰ-68)\end{aligned}$$

次に、相手の生産量を所与とした上で、自社の利潤が最大となる生産量を求める。具体的には、各企業の利潤関数を自社の生産量で微分し、ゼロとおいて計算すればよい。

企業Aの利潤最大化生産量：$\dfrac{\partial \pi_A}{\partial X_A}=-2X_A-X_B+10=0 \quad (Ⅰ-69)$

これを企業Aの生産量について解くと、

$$X_A=-\frac{1}{2}X_B+5 \quad \textbf{……企業Aの反応関数} \qquad (Ⅰ-70)$$

同様にして、企業Bの利潤最大化生産量を計算すると、以下のようになる。

86

企業Bの利潤最大化生産量：$\dfrac{\partial \pi_B}{\partial X_B} = -2X_B - X_A + 10 = 0$　（Ⅰ-71）

これを企業Bの生産量について解くと、

$$X_B = -\dfrac{1}{2}X_A + 5 \quad \text{……企業Bの反応関数} \quad （Ⅰ\text{-}72）$$

(2)　企業Aの反応関数と企業Bの反応関数を連立させて解くと、企業A、企業Bの最適生産量は $(X_A,\ X_B) = \left(\dfrac{10}{3},\ \dfrac{10}{3}\right)$ となる。

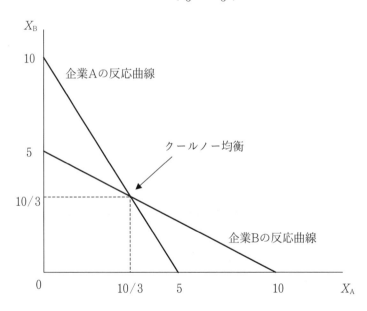

第Ⅰ章　マクロ・ミクロ経済学

⑵　展開型ゲーム

　支配戦略がない場合のゲームをもう一度取り上げよう。ここでは、戦略が同時に決定されるのではなく、同じ利得構造の中で、N社が先にS社が後にという具合に、順番に戦略が決定されると仮定する。このようなゲームは、展開型ゲームと呼ばれ、次のようなツリーによって表現される。

　先に戦略を決定するN社は、自社の選択に対してS社がどのように行動するかを予想して行動する。その結果、均衡は（「開発」、「改良」）となる。この結果は、同じ利得構造を持つ戦略型ゲームにおける均衡（「改良」、「開発」）と異なる結果となっている。

図表Ⅰ-37

```
 ( 3,   0)    ( 8,  1)    ( 5,   5)    (10,   2)

 開発        改良      開発          改良
      S社                      S社

       開発                  改良

                  N社
```

・N社が「開発」を選択する場合、S社は「改良」を選択するので、N社の利得は8。

・N社が「改良」を選択する場合、S社は「開発」を選択するので、N社の利得は5。

　　⇒N社は「開発」を選択し、それを受けてS社は「改良」を選択する。
　　　均衡は（開発，改良）となる。

・コミットメント

　自分の将来の行動、選択を絞ったり、狭めたりすることはコミットメントと呼ばれる。先の展開型ゲームの例は、N社が先に行動することで、「開発」するという選択がコミットメントとなったと解釈できる。それによって、N社は同時決定のときと比較して高い利得を得ることができた。

　一方、S社の利得は同時決定のときと比較すると、5から1に低下している。このような場合、S社は、N社の決定にさきがけて「絶対に「改良」は選択しない」と宣言するとする。そしてそれがN社に信用され、宣言がコミットメントとして機能すれば、均衡は（「改良」、「開発」）となり、S社の利得は1から5に改善される。

　しかしながら、N社にとってS社の宣言が信頼に足るものでないと、この均衡は実現しない。したがって、S社は、必ず「開発」を選択するとN社に信じさせる必要がある。方法として、「開発」を行うと宣伝する、旧技術の設備を廃棄し実際に「改良」という選択肢を放棄するなどの方法がある。

Point Check Ⅰ-25 ≪2016.午後.2≫

下図は、競合関係にあるN社とS社が行う展開形ゲームを示している。N社は戦略aとbを有し、S社はcとdを有している。図の右端の（　　）内の左側の数値はN社の利得、右側の数値はS社の利得を表す。

(1) このゲームでは、N社が先に、S社が後に戦略を選択する。このとき、このゲームの均衡として、N社とS社はそれぞれどの戦略を選択するか答えなさい。
(2) ゲーム理論におけるコミットメントの意味を説明しなさい。

図

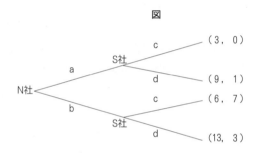

Answer

(1) N社がaを選択し、S社がdを選択する。

解法）
- N社がaを選択するとした場合、S社はより高い利得が得られるdを選択するため、N社の利得は9となる。
- N社がbを選択するとした場合、S社はより高い利得が得られるcを選択するため、N社の利得は6となる。

以上のことから、N社はより大きな利得が得られるaを選択する。したがって均衡において、N社はaを選択し、S社はdを選択する。

(2) 意味：自分の選択肢をわざと絞ることをコミットメントという。例えば、

将来の行動について拘束力のある契約を結び、契約を破ったらペナルティ
を負う仕組みを作る。

(3) オークション

オークションは、多くの潜在的購入者がいるなかで、販売できる財の数量が
限られている場合に、誰にいくらでその財を売るかを決定するメカニズムであ
るといえる。オークションで売買される財を落札しようと考える参加者は、ラ
イバルの行動を考慮しながら、自分の行動を考える必要がある。

参加者たちは、それぞれできる限り低い価格で商品を落札したいと考えるだ
ろうが、あまり低い価格で入札するとライバル参加者が商品を落札する可能性
が高くなる。このような状況の中、参加者は、ライバルの行動を予測しながら、
どの程度の価格で入札するべきなのかを考えていく必要がある。

・オークションの種類

オークションには、オープン・オークション（公開オークション）とシール
ドビッド・オークション（封印オークション）の2つの形式がある。

オープン・オークションでは、他者の入札額が常に開示され、その情報のも
とに意思決定が行われる。また、オープン・オークションには、イングリッシュ・
オークションとダッチ・オークションがある。イングリッシュ・オークション
は、価格が競り上がる形で落札者が決まるオークションである。一方、ダッチ・
オークションは、価格が競り下がる形で落札者が決まるオークションである。
一方、シールドビッド・オークションでは、参加者が入札価格を紙に封印して
競り人に渡し、開封したときに一番高い値段を付けた参加者が落札する。

・シールドビッド・オークション

シールドビッド・オークションには、落札価格が一番高い価格を書いた入札
者自身の入札額になるファーストプライス・オークションと落札額が二番目に
高い入札額となるセカンドプライス・オークションがある。

第Ⅰ章　マクロ・ミクロ経済学

> ◆ **ファーストプライス・シールドビッド・オークション**
> ・利得＝最大限支払ってもよいと考える額−実際に支払う額
> ・落札者が支払う価格は、自身が提示した価格となる。
> ・各参加者の入札価格は、自分が最大限支払ってもよいと考える額よりも低くなる。
> ・自分が最大限支払ってもよいと考える価格を下回る額で入札することが均衡になる。
>
> ◆ **セカンドプライス・シールドビッド・オークション**
> ・利得＝最大限支払ってもよいと考える額−実際に支払う額
> ・落札者が支払う価格は、二番目に高い入札価格となる。
> ・各参加者の入札額は、自分が最大限支払ってもよいと考える額に等しい。
> ・自分が最大限支払ってもよいと考える価格で入札することが均衡になる。

◆ ファーストプライス・シールドビッド・オークション

　ファーストプライス型の場合、落札者が提示した価格が支払価格となる。そのため、オークションにかけられている財に対して自分が最大限支払ってもよいと考える価格で入札してしまうと、落札できたとしても利得がゼロになってしまう（利得＝最大限支払ってもよいと考える額−実際に支払う額）。このため、どの参加者も自分が最大限支払ってもよいと考える価格よりも低い額で入札することになる。

　また、入札者が入札価格を低くすると、落札したときの利得は大きくなるが落札できる確率が低くなる。一方、入札者が入札価格を高くすると、落札確率は上昇するが、落札した際の利得は小さくなる。

　以上のことから入札者は、落札できる確率と（落札できた場合の）支払額とのトレード・オフを考慮して入札価格を決めることになる。結果として、自分が最大限支払ってもよいと考える価格を下回る額で入札することが均衡になる。

5 ゲーム理論

◆ セカンドプライス・シールドビッド・オークション

　セカンドプライス型の場合、入札者は自分が落札したとしても支払う価格は二番目に高い入札価格になるので、最大限支払ってもよいと考える価格で入札することができる。また、入札価格を高くした場合、落札確率は上昇するが、落札価格は二番目に高い入札価格になるので、ファーストプライス型の場合と比較して、落札価格が上昇する可能性は低い。

　では、入札者に、入札価格を最大限支払ってもよいと考える額を上回る価格や下回る額にするインセンティブは、働くであろうか。入札価格を自分が最大限支払ってもよいと考える額よりも低い額へと下げて落札できたとしても、支払額は二番目に高い入札価格になるので、そうすることで落札確率が下がることを考慮すると、入札者にそのような行動をするインセンティブは働かない。一方、最大限支払ってもよいと考える価格で落札できない可能性を考えて、それよりも高い価格で入札した場合、二番目の入札価格はそれを上回り、落札価格は自分が最大限支払ってもよいと考える額を超える可能性がある。したがって、入札者にはこの行動をとる積極的なインセンティブが働かない。

　結局、セカンドプライス型の場合、自分が最大限支払ってもよいと考える価格で入札することが均衡になる。

第Ⅰ章 マクロ・ミクロ経済学

Point Check　Ⅰ-26　≪2012.午後.2≫

　　ある会社が、シールドビッド・オークションを開催して、最も高い価格で入札した参加者に商品を販売することになった。オークションには、ファースト・プライス型とセカンド・プライス型があるが、この会社はどちらを選択するについて検討している。そこで、次の問に答えなさい。なお、各参加者は商品に対して独立した評価をもっているとする。

(1)　ファースト・プライス型を採用した場合、参加者が入札の際により高い価格を提示すると落札確率と落札した際の支払価格にどのような効果があると考えられるか。

(2)　セカンド・プライス型を採用した場合、参加者が入札の際により高い価格を提示すると落札確率と落札した際の支払価格にどのような効果が考えられるか、ファーストプライス型と比較して答えなさい。

(3)　ファースト・プライス型を採用した場合とセカンド・プライス型を採用した場合とで、各参加者の提示価格に相違はあるか、理由を付して答えなさい。

Answer

(1)　ファースト・プライス型では、高い価格を入札するほど落札確率が高まるが、落札したときの支払額が増加し利益が減少するという効果がある。

(2)　セカンド・プライス型では、ファースト・プライス型と同様、高い価格を入札するほど落札確率が高まるという効果はある。一方、セカンド・プライス型の場合、ファースト・プライス型と異なり、支払額が増大し落札したときの利益が減少する効果はない。

(3)　ファースト・プライス型を採用した場合、入札者は評価額よりも低い価格を提示する。一方、セカンド・プライス型を採用した場合、入札者は評価額と価格を提示する。したがって、ファースト・プライス型を採用した場合、セカンド・プライス型を採用した場合と比較して、各参加者が提示する価格は低い。

6 情報の経済学

売り手と買い手といった経済主体間に情報の非対称性がある場合、市場メカニズムが十分機能せず、非効率な状況が起こる可能性がある。情報の非対称性が引き起こす問題には、逆選択とモラルハザードの2つがある。

(1) 逆選択

① 逆選択とは

中古車市場の例で考える。中古車の売り手は自分の車の品質についてよく理解しているが、買い手は外見だけでは品質の良い車と悪い車を区別することができない。買い手は質の悪い車を買ってしまうリスクもあるので、そのリスクを考慮して購入希望価格を決めることになる。この買い手の購入希望価格が品質の良い車の所有者が希望する売却価格よりも低い場合、品質の良い車は売りに出されなくなって、結局市場に残るのは品質の悪い車ばかりになってしまう可能性がある。さらに買い手がこの状況を予想して購入希望価格を引き下げれば、ますます良質の車は淘汰されてしまい、最終的には市場そのものが成立しなくなる可能性がある。

このように、取引対象について、一方が他方よりも少ない情報しか持っていないために、効率的な取引が行われなくなる問題を**逆選択**という。

② 逆選択が生じる条件

以下では、上記のような中古車市場を基にして逆選択の条件式を求める。

市場には高品質と低品質の2種類の中古車が存在し、市場全体における高品質車の存在比率はπ（$0 < \pi < 1$）、低品質車の存在比率は$1 - \pi$であるとする。

買い手が車から得られる効用は、高品質車ではP^H、低品質車ではP^Lとなる。なお、これらはそれぞれの車を購入するのにあたって、買い手が支払ってもよいと考える上限の価格を示していると考える。

買い手は個々の中古車の品質は分からないが、市場全体における高品質車と低品質車の存在比率は知っているものとする。このとき、買い手の提示する購入希望価格は、中古車を購入した場合の期待効用に等しくなると考える。

第Ⅰ章　マクロ・ミクロ経済学

この期待効用は、各タイプの存在比率に効用をかけた合計である〔$\pi P^{\mathrm{H}}+(1-\pi)P^{\mathrm{L}}$〕となる。この〔$\pi P^{\mathrm{H}}+(1-\pi)P^{\mathrm{L}}$〕が高品質車の売り手が希望する最低販売価格$q^{\mathrm{H}}$よりも低くなる場合、高品質車は中古車市場で取引されなくなる。その結果として、中古車市場では、低品質車のみが取引されることとなる。

すなわち、以下の式が逆選択が生じる条件式を示す。

$$\pi P^{\mathrm{H}}+(1-\pi)P^{\mathrm{L}}<q^{\mathrm{H}} \tag{Ⅰ-73}$$

③　逆選択の回避

逆選択を回避する方法として、シグナリングとスクリーニングが重要である。

・シグナリング

シグナリングとは、当事者間の情報の非対称性において、情報をより多くもっている側が、情報をもっていない側に、何らかのシグナルを流すことである。このシグナルによって、情報の非対称性が軽減または解消されれば、資源配分の非効率も解消または軽減される可能性がある。

ただし、シグナリングが機能するためには、発せられたシグナルが情報の信憑性を高め、情報の非対称性が解消または軽減されるための仕掛けが必要となる。

・スクリーニング

スクリーニングとは、情報の非対称性において、情報をもっていない側が、もっている側から情報を引き出すことをいう。このスクリーニングによって、情報の非対称性が軽減または解消されれば、資源配分の非効率も解消または軽減される可能性がある。

ただし、スクリーニングが機能するためには、情報をより多くもっている側が、少なくもっている側に対して、真実の情報を伝えることが有利になる状況を作り出す仕掛けが必要となる。

6 情報の経済学

Point Check　I - 27

　次の数値例において、逆選択が生じない中古車市場に占める高品質車の割合を求めよ。

- 購入者が中古車に支払ってもよいと考える上限
  高品質：500万円、低品質：400万円
- 販売者が考える販売額の下限
  高品質：450万円、低品質：150万円

Answer

　逆選択が生じる条件

$$\pi P^H + (1 - \pi) P^L < q^H \qquad (\text{I}-74)$$

したがって、逆選択が生じない条件は、次式で示される。

$$\pi P^H + (1 - \pi) P^L \geqq q^H \qquad (\text{I}-75)$$

この式に、問題で与えられた金額を代入する。

$$500 \pi + 400(1 - \pi) \geqq 450 \qquad (\text{I}-76)$$

$$\pi \geqq 0.5$$

　中古車市場において、高品質の車が50%以上存在すれば、逆選択は生じない。（高品質の車が50%未満しか存在しない場合、高品質車は取引されず、市場では低品質車のみが販売される。）

97

第Ⅰ章　マクロ・ミクロ経済学

Point Check　　Ⅰ-28　≪2010.Ⅰ.7≫

　　情報の非対称性がある場合に、企業が借入を行う際に発生する問題を考える。企業が行う投資は p（$0<p<1$）の確率で成功し、R のキャッシュをもたらすものとする。企業によって p と R の値は異なるが、どの企業も $pR=100$ を満たすと仮定する。すなわち、どの企業の期待収益も100である。情報の非対称性があり、貸し手は個々の企業の p と R の大きさはわからない。さらに、借入を行うのは、R が借入返済額 X を上回る企業とする。なお、各企業の純資産はゼロとする。

(1)　$X=200$ のとき、借入を行うのはどのような企業か。成功確率 p の不等式の形で答えなさい。

(2)　借入返済額 X が200よりも高い場合、借入を行えなくなるのはどのような企業か。成功確率 p を用いて述べなさい。

Answer

(1)　$p<0.5$ となる企業。

　　借入を行うのは収益 R は返済額 $X=200$ を上回る企業であるから、不等式で表すと、

$$R>200 \qquad\qquad\qquad\qquad（Ⅰ-77）$$

である。条件式 $pR=100$ を変形すると、$R=100/p$ である。これを不等式に代入すると

$$100/p>200 \qquad\qquad\qquad\qquad（Ⅰ-78）$$

したがって、

$$p<100/200=0.5 \qquad\qquad\qquad\qquad（Ⅰ-79）$$

すなわち、成功確率 p が0.5（50％）よりも小さい企業が借入を行う。

(2)　返済額 X が大きくなるほど、より成功確率 p が高い企業が借入をあきらめる。

　　$pR=100$、$R>X$ を考慮すると、借入が行える企業は $100/p$（$=R$）$>X$ の条件を満たす企業ということになる。

$$P < \frac{100}{X} \quad \text{(この条件を満たす企業は借入を行うことができる。)}$$

（Ⅰ-80）

一方、$p \geqq 100／X$ となる企業はキャッシュが返済額以下になり借入を行えない。したがって、返済額 X が大きくなるほど、より成功確率が高い企業が借入をあきらめることになる。

例えば、返済額 X が1000のとき、成功確率が10％以上の企業は借入をあきらめる。

Point Check （Ⅰ-29）≪2010.Ⅰ.7、2014.午後.2≫

①情報の非対称性のために、市場において、質の良い財の取引が行われなくなり質の悪い財のみが取引されるようになる現象を何というか。また、②この問題を回避しうる方法として、シグナリングとスクリーニングがある。それぞれ簡潔に説明しなさい。

Answer

① 逆選択

② **シグナリング**とは、当事者間の情報の非対称性において、情報をより多くもっている側が、情報をもっていない側に、何らかのシグナルを流すことである。このシグナルによって、情報の非対称性が軽減または解消されれば、資源配分の非効率も解消または軽減される可能性がある。

スクリーニングとは、情報の非対称性において、情報をもっていない側が、もっている側から情報を引き出すことをいう。このスクリーニングによって、情報の非対称性が軽減または解消されれば、資源配分の非効率も解消または軽減される可能性がある。

第Ⅰ章 マクロ・ミクロ経済学

⑵ モラルハザードとエージェンシー問題

① エージェンシー問題とは

情報の非対称性が存在すると、人々は当初期待されていた行動をとらない可能性があり、その場合モラルハザードの問題が生じる。このモラルハザードの問題は、プリンシパル・エージェント・モデルのフレームワークで考えることができる。例えば、エージェント（代理人）としての企業経営者は、プリンシパル（依頼人）としての株主の利得を最大化せず、自身の利益になる経営を行う可能性がある。これがエージェンシー問題である。

この問題は、経営者自身の利益と会社（株主）の利益が異なることにより生じると考えることができる。したがって、経営者が一定比率以上の株式を保有していれば、経営者は自身の利益は株主の利益と整合的になり、エージェンシー問題は生じないであろう。

以下では、エージェンシー問題が生じないための経営者による株式の所有比率について、簡単な例を用いて説明しよう。

② エージェンシー問題の発生と回避（数値例）

経営者に与えられた選択枝は、大規模な設備投資を行うか、小規模の設備投資を行うか２つに１つだとしよう。大規模な設備投資の場合、株主の得る利益は100、小規模の設備投資は200だとする。一方、それとは別に経営者には別の私的利益が発生し、これは大規模な設備投資の場合は60で、小規模設備投資の場合は０だとする。以上を表にまとめると、次のようになる。

	株主利益	経営者の私的利益
大規模設備投資	100	60
小規模設備投資	200	0

ここで、経営者の保有株式が何％以上であるとエージェンシー問題が発生しないかを求めるとする。

経営者の保有株式割合をX％とすると、大規模設備投資と小規模設備投資を行った場合の経営者の利得総額は、それぞれ$100X+60$、$200X$となる。表の例において、株主利益は小規模設備投資を行ったときの方が高いので、経営者が自らの利益を追求して行動する結果、小規模設備投資が実行されるな

100

らば、その行動は株主利益と相反するものではないので、エージェンシー問題は生じない。こうなるためには、次式が満たされればよい。

$$100X + 60 < 200X \qquad (\text{I}-81)$$
$$X > 0.6$$

つまり、経営者の保有株式割合が60%以上であると、エージェンシー問題は発生しないことになる。

一方、別の投資プロジェクトとして次のような例を考えよう。

	株主利益	経営者の私的利益
大規模設備投資	100	30
小規模設備投資	200	0

この例は前の例と比較して、経営者の私的利益の大きさだけが異なることに注意しよう。この例においてエージェンシー問題が生じないための経営者による株式の保有割合は30パーセントである。

$$100X + 30 < 200X \qquad (\text{I}-82)$$
$$X > 0.3$$

以上のことから、経営者が一定割合以上の株式を保有することによりエージェンシー問題は発生しないことが理解されよう。また、その割合は投資プロジェクト間で異なる経営者の私的利益の相対的な大きさによることが理解できよう。また、数値例は示していないが、投資プロジェクト間で異なる株主利益の相対的な大きさにも依存することが知られている。

③ インセンティブ契約

これまで、経営者の利益と株主の利益の乖離が引き起こす、エージェンシー問題の発生とその対策について考えてきた。しかしながら、そのような事態は、経営者と株主の間における情報の非対称性が存在しないならば、比較的容易に解決できる問題であろう。例えば、株主の利益に反する行動をするならば、経営者にペナルティを与えることで、エージェンシー問題が解決する

第Ⅰ章　マクロ・ミクロ経済学

可能性がある。

　一方、経営者と株主の間に情報の非対称性が存在する場合、エージェンシー問題の解決は難しくなる。このような場合、株主が経営者と何らかの契約を結ぶことで、モラルハザードの問題を回避できる可能性がある。そのような契約は、インセンティブ契約と呼ばれる。

　例えば、インセンティブ契約として、ストックオプションがついた報酬契約を結べば、経営者に、株価を上昇させ利得を得ようとするインセンティブが働き、モラルハザードの問題を回避できる可能性がある。

　特に、ストックオプションというインセンティブ契約の利点は、株主が監視しなくても、経営者が自身の報酬を高めるために、会社の業績を高める努力をすることにある。

102

章末問題

章末問題

問題 1.1 以下の問1と問2に答えなさい。

問1 以下の図表は、2017年度の「国民経済計算年次推計」のうち「国内総生産勘定」を示したものである。この図表に関して、以下の(1)～(4)に答えなさい。

図表 2017年度の国内総生産勘定

項目名	金額（兆円）
民間最終消費支出	303
政府最終消費支出	107
総固定資本形成	131
在庫変動	1
財貨・サービスの輸出	98
財貨・サービスの輸入	93
雇用者報酬	276
営業余剰・混合所得	108
①	121
生産・輸入品に課される税	45
補助金	3
海外からの所得	32
海外に対する所得	12

（注）簡単化のため、統計上の不突合を無視している。
　　　このことより、実際の数値の一部を調整している。
（資料）内閣府ホームページ

(1) 図表より、2017年度のＧＤＰ（国内総生産）の値を求めなさい。

(2) 図表の中の空欄①は、減価償却費に相当する項目であり、総概念である
ＧＤＰ（国内総生産）に含まれる。この空欄①の項目名を答えなさい。

(3) 図表より、雇用者報酬が要素費用表示の国民所得に占める割合である

第Ⅰ章　マクロ・ミクロ経済学

「労働分配率」の値を求めなさい。なお、％表示のもとで小数点第2位を
四捨五入して小数点第1位まで求めること。

(4)　「労働分配率」は、景気後退期には上昇し、景気拡張期には低下する傾
向がある。この理由を説明しなさい。

問2　　ある年度において、政府が、増税の実施と同時に、財政支出拡大政策を
行った場合、ＧＤＰ（国内総生産）や金利や物価がどのように変化するかを
考えることとする。以下の(1)と(2)に答えなさい。

(1)　ある年度において、政府が、増税の実施と同時に、増税額と同額の財政
支出拡大政策を行った場合について、通常のＩＳ－ＬＭ分析を考える。た
だし、閉鎖経済を前提とし、租税制度としては定額税を採用し、ゼロ金利
下限は考慮しないものとする。答案用紙に、縦軸、横軸、右上がりの線分
（点線）、右下がりの線分（点線）、が示されているので、横軸、縦軸、右
上がりの線分、右下がりの線分が、それぞれ何をあらわしているかを記入
し、増税と財政支出拡大政策実施後の曲線を描き入れ、ＩＳ曲線とＬＭ曲
線の交点（均衡点）E_0がどこへ移動するかを明示して説明しなさい。

(2)　ある年度において、政府が、増税の実施と同時に、増税額と同額の財政
支出拡大政策を行った場合について、総需要・総供給分析を考える。ただ
し、閉鎖経済を前提とし、租税制度としては定額税を採用し、ゼロ金利下
限は考慮しないものとする。さらに、労働市場において、名目賃金率が硬
直的であり、非自発的失業が存在していると想定する。答案用紙に、縦軸、
横軸、右上がりの線分（点線）、右下がりの線分（点線）、が示されている
ので、横軸、縦軸、右上がりの線分、右下がりの線分が、それぞれ何をあ
らわしているかを記入し、増税と財政支出拡大政策実施後の曲線を描き入
れ、ＡＤ曲線（総需要曲線）とＡＳ曲線（総供給曲線）の交点E_0がどこ
へ移動するかを明示して説明しなさい。

章末問題

問1

(1) 2017年度のＧＤＰ（国内総生産）：547兆円
(2) ①の項目名：固定資本減耗
(3) 労働分配率：68.3％
(4) 企業収益は、産出量の変動に対して敏感に反応するのに対して、企業は雇用者数や賃金をあまり大きく変動させないため、国民所得の景気変動よりも雇用者報酬が硬直的となるため。

問2

(1)

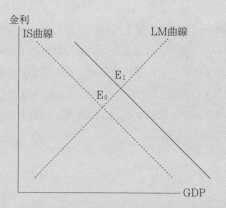

説明：政府が、増税の実施と同時に、増税額と同額の財政支出拡大政策を行った場合、増税の乗数効果による総需要の減少分よりも、財政支出拡大政策の乗数効果による総需要の増加分の方が大きいので、ＩＳ曲線が右方にシフトし、均衡点がE_0からE_1に移動する。このとき、ＧＤＰは増加し、金利は上昇する。

(2)

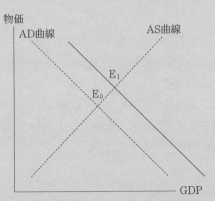

説明：政府が、増税の実施と同時に、増税額と同額の財政支出拡大政策を行った場合、増税の乗数効果による総需要の減少分よりも、財政支出拡大政策の乗数効果による総需要の増加分の方が大きいので、ＡＤ曲線が右方にシフトし、ＡＤ曲線とＡＳ曲線の交点がＥ₀からＥ₁に移動する。このとき、ＧＤＰは増加し、物価は上昇する。

解説

問1

(1) ＧＤＰ（国内総生産）は、支出面からみると、
　　ＧＤＰ＝民間最終消費支出＋政府最終消費支出＋総固定資本形成
　　　　　＋在庫変動＋財貨・サービスの輸出
　　　　　－財貨・サービスの輸入
と示される。このため、2017年度のＧＤＰ（国内総生産）は、
　　ＧＤＰ＝303＋107＋131＋1＋98－93＝547（兆円）
と求められる。

なお、ＧＤＰ（国内総生産）を分配面からみると、簡単化のため統計上の不突合を無視した場合、

ＧＤＰ＝雇用者報酬＋営業余剰・混合所得＋固定資本減耗
　　　　＋生産・輸入品に課される税－補助金

と示される。これより、2017年度のＧＤＰ（国内総生産）は、

ＧＤＰ＝276＋108＋121＋45－3＝547（兆円）

と求められる。

(2) ＧＤＰ（国内総生産）は、総概念であり、減価償却費に相当する「固定資本減耗」を含んでいる。

(3) 要素費用表示の国民所得は、

要素費用表示の国民所得＝雇用者報酬＋営業余剰・混合所得
　　　　　　　　　　　　＋海外からの所得－海外に対する所得

と示される。このため、2017年度の要素費用表示の国民所得は、

要素費用表示の国民所得＝276＋108＋32－12＝404（兆円）

と求められる。

これより、雇用者報酬が要素費用表示の国民所得に占める割合である「労働分配率」は、

$$労働分配率＝\frac{雇用者報酬}{要素費用表示の国民所得}＝\frac{276}{404}＝0.6831\cdots＝68.31\cdots\%$$
$$≒68.3\%$$

と求められる。

(4) 労働分配率は、所得が賃金と資本にどのように分配されたのかを測る指標だが、景気変動や経済構造の変化の影響を受ける。日本の労働分配率の景気変動との関係をみると、景気拡張期には労働分配率は低下し、景気後退期には上昇する傾向がある。この理由としては、企業収益が産出量の変動に対して敏感に反応するのに対して、企業は雇用者数や賃金をあまり大きく変動させないためと考えられる。たとえば、好況になり国民所得が増加しても、雇用者報酬は硬直的となるため、労働分配率は低下することとなる。

第Ⅰ章　マクロ・ミクロ経済学

問2

(1)　縦軸に金利、横軸にGDP（国内総生産）をとった平面上において、通常、ＩＳ曲線は右下がりの形状となり、ＬＭ曲線は右上がりの形状となる。また、ＩＳ曲線とＬＭ曲線の交点（均衡点）のもとで、GDPと金利が決定される。

　　ＩＳ曲線は、金利以外の要因により総需要が増加するとき、右方にシフトする。ある年度において、政府が、増税の実施と同時に、増税額と同額の財政支出拡大政策を行った場合、増税の乗数効果と財政支出拡大政策の乗数効果により総需要（GDP）が変化する。このとき、増税の乗数効果による総需要（GDP）の減少分よりも、財政支出拡大政策の乗数効果による総需要（GDP）の増加分の方が大きいので、増税と、増税額と同額の財政支出拡大政策を同時に実施した場合、最終的に総需要は増加し、ＩＳ曲線は右方にシフトする。このため、均衡点は右上方に移動するので、GDPは増加し、金利は上昇する。

(2)　縦軸に物価、横軸にGDP（国内総生産）をとった平面上において、通常、ＡＤ曲線（総需要曲線）は右下がりの形状となる。一方、労働市場において、名目賃金率が硬直的であり、非自発的失業が存在していると想定すると、ＡＳ曲線（総供給曲線）は右上がりの形状となる。また、ＡＤ曲線とＡＳ曲線の交点のもとで、GDPと物価が決定される。

　　ＡＤ曲線は、物価以外の要因により総需要が増加するとき、右方にシフトする。ある年度において、政府が、増税の実施と同時に、増税額と同額の財政支出拡大政策を行った場合、増税の乗数効果と財政支出拡大政策の乗数効果により総需要（GDP）が変化する。このとき、増税の乗数効果による総需要（GDP）の減少分よりも、財政支出拡大政策の乗数効果による総需要（GDP）の増加分の方が大きいので、増税と、増税額と同額の財政支出拡大政策を同時に実施した場合、最終的に総需要は増加し、ＡＤ曲線は右方にシフトする。このため、ＡＤ曲線とＡＳ曲線の交点は右上方に移動するので、GDPは増加し、物価は上昇する。

問題 1.2 IS-LM分析は、財政政策や金融政策がマクロ経済に与える効果を分析する代表的なモデルである。IS-LM分析に関する以下の問いに答えなさい。

問1 政府が、公共事業などを積極化し、支出を増加させると、IS曲線、LM曲線や利子率、GDPにどのような変化が生じますか。次の図に実線を書き加え、説明しなさい。

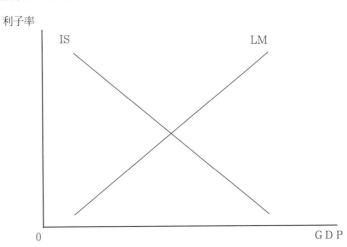

問2　2012年12月下旬に発足した自民党新政権は、経済活動に刺激を与えるため、問1のような支出増加を行った。また、中央銀行による大胆な金融緩和政策も同時に行われた。この状況について、次の①、②の問に答えなさい。
① 中央銀行はどのような政策手段を用いて、どのような政策を行うか、説明しなさい。
② 中央銀行が、このような政策を行うことにより、GDPおよび利子率はどのように変化するか。問1の解答の際に使用した図に点線を書き加え、説明しなさい。

問3　AD-AS（総需要‐総供給）分析は、一国のGDPと物価の決定を説明するモデルである。政府が問2にあるような大胆な金融緩和を行うことで円安が進行し、輸入原材料価格が上昇する可能性が指摘されている。そこでもし、輸入原材料価格が上昇すると、物価およびGDPはどのように変化するか、AD‐AS分析を用いて答えなさい。なお、次の図に、輸入原材料価格がAD曲線、AS曲線にどのような変化を及ぼすかを点線で書き加え、その変化と物価およびGDPの変化について説明しなさい。

〔総需要・総供給分析　図〕

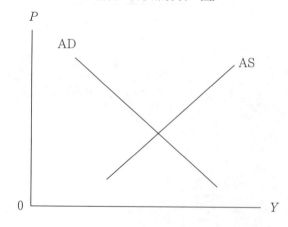

解答

問1

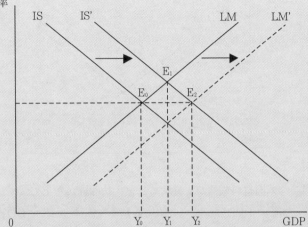

財政支出が増加すると、IS曲線が右方向にシフトする（IS→IS'）。これによって、LM曲線との交点は、E_1となり利子率は上昇、GDPは増加する。

問2

① 中央銀行は、公開市場操作として買いオペレーションを行う。

② 中央銀行が大胆な金融緩和を実施すると、マネーストックが増加し、LM曲線が右方向にシフトする（LM→LM'）。この結果、IS'との交点はE_2となり、政府支出の増加により上昇した利子率は低下し、クラウディング・アウト効果は相殺される。また、政府支出の増加により増加したGDPは、さらに増加する。

問3 〔総需要・総供給分析 図〕

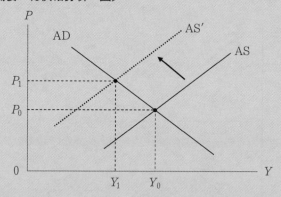

説明：輸入原材料価格が上昇すると総供給曲線が左上方にシフトする。AD曲線とSA曲線の交点で決定される物価は上昇し、GDPは減少する。すなわち、スタグフレーションが発生する。

解説

問1 IS-LM分析において、政府が財政支出を増加させると、利子率を一定としてGDPが増加するので、IS曲線は右方向にシフトする。このとき、LM曲線が右上がりである場合、GDPの増加と利子率の上昇が生じる。

問2 利子率に上昇圧力がある場合、中央銀行は利子率の上昇による景気後退やデフレーションを防ぐために、金融緩和を行うことがある。中央銀行は金融緩和において、公開市場で国債などを買う（買いオペ）ことで、マネタリーベースを増加させ、マネーストックを増加させる必要がある（①）。このとき、LM曲線は右方向にシフトし、GDPの増加をもたらす。

問3 一般物価の動向をモデル分析する場合、一般に総需要・総供給分析が用いられる。物価が継続的に上昇するインフレーションの発生要因について、総需要要因と総供給要因に分けて理解しておくとよい。

章末問題

　総需要－総供給分析によると、以下の要因によって（一般）物価水準
は上昇する。

○総需要要因（総需要曲線を右上方にシフトさせる要因）
　・将来所得増加期待による生涯所得の増加が引き起こす消費増加
　・景気拡大予想による投資増加
　・政府支出増加
　・マネー・サプライ増加
○総供給要因（総供給曲線を左上方にシフトさせる要因）
　・生産性低下
　・生産要素価格上昇
　・輸入原材料の市況逼迫による価格上昇（石油価格上昇）
　・円安

問題 1.3 日本経済の動向に関する以下の問いに答えなさい。

図表1 物価上昇率（四半期ベース・前年同期比）の推移

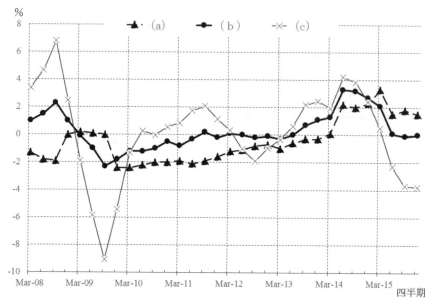

（資料）内閣府・総務省・日本銀行ホームページ

図表2 原油価格（WTI）の推移

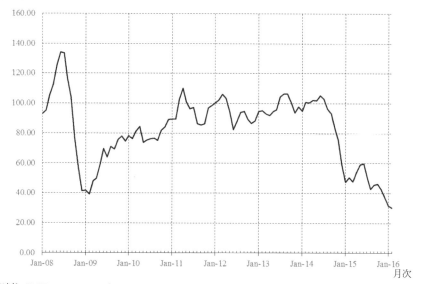

（資料）IMFホームページ

問1 図表1は、消費者物価指数（生鮮食品を除く総合）、GDPデフレーター、国内企業物価指数（総合）の四半期ベースで見た前年同期比の推移を示したものである。

(1) 折れ線(a)、(b)、(c)は、消費者物価指数、GDPデフレーター、国内企業物価指数のどれを示しているか書きなさい。

(2) 2010年以降について折れ線(a)と(b)を比較すると、概して折れ線(a)は(b)を下回って推移している。しかし、2015年に入ると折れ線(a)は(b)を上回って推移するようになった。なぜこのような変化が起きたのかを説明しなさい。

問2 図表2は、原油価格（WTI）の推移を示したものである。

(1) 原油価格の下落により、2015年には、図表1に示されている物価上昇率（前年同期比）の値はどれも低下している。原油価格の下落による物価下落は、一般的に実質GDP（国内総生産）に対してどのような影響を与えるかを、総需要・総供給曲線（AD－AS曲線）を使って説明しなさい。

第Ⅰ章　マクロ・ミクロ経済学

　　　　図には、横軸、縦軸が何を表すかを示し、物価下落前の曲線は実線で描き、曲線の名称を示すこと。さらに、物価下落後の曲線は点線で描くこと。

(2)　交易条件とは何かを簡潔に説明して、原油価格の下落が、日本の交易条件にどのような影響をもたらすかを述べなさい。なお、他の条件に変化がないとする。

（問3）　2015年6月30日に閣議決定された「経済財政運営と改革の基本方針2015～経済再生なくして財政健全化なし～」（いわゆる骨太方針）において、財政健全化目標として、「国と地方のプライマリーバランスを2020年度までに黒字化、その後の債務残高対名目GDP比の安定的な引下げを目指すこと（当面の財政健全化に向けた取組等について－中期財政計画（2013年8月8日閣議了解））」を堅持することとなった。

(1)　国のプライマリーバランスの定義を簡潔に説明しなさい。

(2)　プライマリーバランス均衡の下で債務残高対名目GDP比が安定的に低下するためには、どのような条件が必要か、「プライマリーバランス」、「名目金利」、「名目経済成長率」という用語を用いて説明しなさい。

（問4）　近年の日本では、総人口が減少するなかで、高齢化率（＝総人口に占める65歳以上人口の割合）が上昇している。国立社会保障・人口問題研究所の「日本の将来推計人口（2012年1月推計）」の出生中位・死亡中位仮定による推計結果では、2050年には総人口が約9700万人、高齢化率が38.8％に達すると見込まれている。このような動向は、将来の日本のGDPや物価にどのような影響を与えるかを、供給サイドおよび需要サイドの変化をそれぞれ考えて説明しなさい。

解答

問 1

(1) (a) GDPデフレーター
　　(b) 消費者物価指数
　　(c) 国内企業物価指数

(2) ラスパイレス型物価指数である消費者物価指数(b)は、パーシェ型物価指数であるGDPデフレーター(a)よりも、通常、上回って推移する。しかし、原油価格など資源価格が急落する場合、輸入デフレーターの大幅な低下によりGDPデフレーターは上昇するが、エネルギーコストや運輸コストの低下などを通じて、消費者物価指数は低下する。このため、2015年の原油価格の急落により、GDPデフレーターが消費者物価指数を上回って推移するようになった。

問 2

(1)
図：

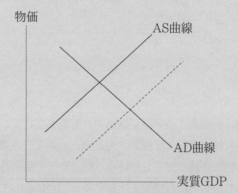

説明：原油価格の下落により右上がりのAS曲線が右下にシフトする。このため、物価の下落とともに、実質GDPが増加する。

(2) 交易条件は、輸出価格を輸入価格で除したものである。原油価格の下落による輸入価格の低下は、交易条件を改善する。

第Ⅰ章　マクロ・ミクロ経済学

問3

(1)　国のプライマリーバランスとは、国債費（債務償還費と利払費等）から公債金収入を控除した差額のこと。

(2)　プライマリーバランス均衡の下では、債務残高は毎年利払費分だけ増加する。名目経済成長率が名目金利に等しければ、債務残高は名目GDPと同率で増加するので、債務残高対名目GDP比は一定で推移する。プライマリーバランス均衡の下で、債務残高対名目GDP比が低下するためには、名目経済成長率が名目金利を上回る必要がある。

問4

　総人口が減少するなかで、高齢化率が上昇すると、労働力人口が減少する。この労働力人口の減少は、将来の日本のGDP（総供給）を減少させると考えられる。ただし、総人口の減少は労働力人口の減少よりも緩やかなものとなるため、総人口の減少による総需要の減少は、労働力人口の減少による総供給（GDP）の減少よりも小さなものとなる。このため、将来的に、総需要が総供給を上回るので、物価は上昇すると考えられる。

解説

問1

(1)　折れ線(c)は、図表2の原油価格動向の影響を受けており、物価上昇率の変動も折れ線(a)や(b)と比較して大きいことから、企業間で取引される財に関する物価変動を測定している「国内企業物価指数」であることが分かる。折れ線(a)と折れ線(b)を比較すると、全体として折れ線(b)が折れ線(a)を上回って推移しているが、原油価格などの資源価格が低下し、国内企業物価指数が急落している時期（2009年および2015年）には、折れ線(a)が折れ線(b)を上回って推移している。これらの特徴から、折れ線(a)がGDPデフレーター、折れ線(b)が消費者物価指数と判断できる。

118

(2) 消費者物価指数の上昇率（前年同期比）とGDPデフレーターの上昇率（前年同期比）を比較すると、ラスパイレス型物価指数である消費者物価指数の上昇率（前年同期比）は、パーシェ型物価指数であるGDPデフレーターの上昇率（前年同期比）よりも、概して上回って推移している。ただし、原油価格など資源価格が急落する場合、輸入デフレーターの大幅な低下によりGDPデフレーターは上昇するが、エネルギーコストや運輸コストの低下などを通じて、消費者物価指数は低下する。このため、2015年の原油価格の急落により、GDPデフレーターの上昇率（前年同期比）が消費者物価指数の上昇率（前年同期比）を上回って推移するようになった。

問2

(1) 原油価格の下落により右上がりのAS曲線（総供給曲線）が右下にシフトするため、右下がりのAD曲線（総需要曲線）との交点が右下に移動し、物価の下落とともに、実質GDPが増加する。

(2) 交易条件は、

交易条件＝輸出価格÷輸入価格

と示すことができ、輸出財による所得でどれだけの輸入財が得られるかをあらわしている。輸出価格が自国通貨建て、輸入価格が相手国通貨建てで契約されているとすると、

交易条件＝輸出価格÷（自国通貨建て為替レート×輸入価格）

と示される。このため、原油価格の下落による輸入価格の低下は、交易条件を改善する。

問3

(1) 国のプライマリーバランスとは、国債費（債務償還費と利払費等）から公債金収入を控除した差額のことであり、租税及び印紙収入等から基礎的財政収支対象経費を控除した差額に等しい。

(2) プライマリーバランス均衡の状態とは、その年度の政策的経費（基礎的財政収支対象経費）を新たな借金（公債金収入）に依存することなく、その年度の税収等ですべて賄うことができている状態を意味する。ただし、プライマリーバランスが均衡していても、利払費等相当分（＝国債

（×名目金利）だけ債務残高は増加するため、「債務残高対名目GDP比」も上昇する。一方、名目経済成長率の分だけ名目GDPが増加するので、「債務残高対名目GDP比」は低下する。これらのことより、プライマリーバランス均衡の下で、「債務残高対名目GDP比」が低下するためには、名目経済成長率が名目金利を上回る必要がある。

問4 総人口が減少するなかで、高齢化率が上昇すると、労働力人口が減少する。この労働力人口（生産要素の投入量）の減少は、供給サイドから将来の日本のGDPを減少させると考えられる。ただし、総人口の減少は労働力人口の減少よりも緩やかなものとなるため、総人口の減少による総需要の減少は、労働力人口の減少による総供給（GDP）の減少よりも小さなものとなる。このため、将来的に、総需要が総供給を上回るので、物価は上昇すると考えられる。

問題 1.4 以下の問1と問2に答えなさい。

問1 2つの企業（企業1と企業2）により同質の財が供給される複占市場において、消費者は価格受容者であり、市場需要関数が、

$$P = 21 - D$$

と示されるとする。ただし、P は価格、D は市場全体の需要量を表す。さらに、企業1と企業2の総費用関数が、C_1 を企業1の総費用、C_2 を企業2の総費用、X_1 を企業1の生産量、X_2 を企業2の生産量とするとき、それぞれ、

$$C_1 = 2X_1$$
$$C_2 = 4X_2$$

と示されるとする。

(1) この複占市場に財を供給している2つの企業（企業1と企業2）が価格支配力を持ち、価格が両企業の生産量の合計から決定されると想定する。このとき、企業1の利潤を最大にする生産量 X_1 を X_2 の式で表した反応関数を求めなさい。

(2) この複占市場のクールノー均衡における2つの企業（企業1と企業2）

の生産量の合計 X、および、価格 P を求めなさい。

(3) 市場需要関数をもとにして、クールノー均衡における需要の価格弾力性（絶対値）ε の値を求めなさい。

(4) 一般に、完全競争市場の均衡と不完全競争市場の均衡には、生産者余剰、消費者余剰、総余剰について、どのような違いがあるかを説明しなさい。なお、限界費用は逓増的であり、消費財は正常財である状況を想定する。

問2 2つの企業（企業1と企業2）により同質の財が供給される複占市場について、ゲームの理論を用いて、各企業の行動を分析することとする。ここで、企業1は戦略Aか戦略Bのいずれかを選択し、企業2は戦略Cか戦略Dのいずれかを選択するものとする。このゲームにおける、2社の選択する戦略と利得の関係が、下の表のようになっている。なお、表の括弧内の左側の数値が企業1の利得を、右側の数値が企業2の利得を、それぞれ示している。この利得表をもとにして、以下の問に答えなさい。

企業1 ＼ 企業2	戦略C	戦略D
戦略A	(55、45)	(20、35)
戦略B	(60、20)	(25、25)

(1) 両企業が同時に戦略を決定するとき、ナッシュ均衡において、企業1および企業2が選択する戦略をそれぞれ答えなさい。

(2) (1)で求めたナッシュ均衡における戦略の組合せがパレート最適になっているか否かを説明しなさい。

(3) 支配戦略とは何かを説明しなさい。さらに、企業ごとに、支配戦略が存在する場合にはその戦略名を、支配戦略が存在しない場合には「支配戦略なし」と明記するとともに、どちらの場合にも、そのように判断する簡単な理由を付けて答えなさい。

(4) 企業1が先に戦略を選択し、その結果を見て企業2が戦略を選択する状況を考えるとき、企業1および企業2が選択する戦略をそれぞれ答えなさい。

問1

(1) 企業1の反応関数：$X_1 = 9.5 - 0.5X_2$

(2) 企業1と企業2の生産量の合計：$X = 12$
クールノー均衡価格：$P = 9$

(3) 需要の価格弾力性：$\varepsilon = 0.75$

(4) 不完全競争市場の均衡では、完全競争市場の均衡と比較して、一般的に、生産者余剰は大きくなり、消費者余剰は小さくなり、総余剰は小さくなる。

問2

(1) 企業1の選択＝戦略B、企業2の選択＝戦略D

(2) ナッシュ均衡での企業1と企業2の利得の組合せは、企業1が戦略Aを選択し、企業2が戦略Cを選択するときの利得の組合せよりも両社ともに劣っているので、このゲームでのナッシュ均衡はパレート最適ではない。

(3) ・支配戦略の説明：相手の企業が選択する戦略に関係なく、自社にとって最適な戦略が一つに定まる場合、その定まった戦略が支配戦略である。

・企業1の支配戦略：戦略B
理由：企業2が戦略Cを選択しても、戦略Dを選択しても、企業1にとって戦略Bが最適となっているため。

・企業2の支配戦略：支配戦略なし
理由：企業1が戦略Aを選択するとき、企業2にとって戦略Cが最適となる。一方、企業1が戦略Bを選択するとき、企業2にとって戦略Dが最適となる。このように企業2の最適な戦略は、企業1が選択する戦略によって変わるため、企業2には支配戦略がない。

(4) 企業1の選択＝戦略A、企業2の選択＝戦略C

問1

(1) 市場需要関数
$$P = 21 - D$$
において、市場全体の需要量 D を、企業1と企業2の生産量の合計 $X_1 + X_2$ に置き換えると、逆需要関数が、つぎのように求められる。
$$P = 21 - (X_1 + X_2) \Leftrightarrow P = 21 - X_1 - X_2$$

この逆需要関数を用いると、企業1の収入 R_1 が、つぎのように求められる。
$$\begin{aligned} R_1 &= P \times X_1 \\ &= (21 - X_1 - X_2) \times X_1 \\ &= 21X_1 - X_1^2 - X_2 \times X_1 \end{aligned}$$

この企業1の収入 R_1 を、企業1の生産量 X_1 で微分すると、企業1の限界収入 MR_1 が、つぎのように求められる。
$$MR_1 = \frac{dR_1}{dX_1} = 21 - 2X_1 - X_2$$

また、企業1の総費用関数
$$C_1 = 2X_1$$
を、企業1の生産量 X_1 で微分すると、企業1の限界費用 MC_1 が、つぎのように求められる。
$$MC_1 = \frac{dC_1}{dX_1} = 2$$

企業1の利潤は、企業1に関する限界収入 MR_1 と限界費用 MC_1 が等しくなるとき、最大となるので、
$$MR_1 = MC_1 \Rightarrow 21 - 2X_1 - X_2 = 2 \Leftrightarrow 2X_1 = 19 - X_2$$
より、企業1の反応関数は、つぎのように示される。
$$X_1 = 9.5 - 0.5X_2$$

123

第Ⅰ章　マクロ・ミクロ経済学

(2) (1)と同じようにして、企業2の収入 R_2 が、つぎのように求められる。

$$R_2 = P \times X_2$$
$$= (21 - X_1 - X_2) \times X_2$$
$$= 21X_2 - X_1 \times X_2 - X_2^2$$

この企業2の収入 R_2 を、企業2の生産量 X_2 で微分すると、企業2の限界収入 MR_2 が、つぎのように求められる。

$$MR_2 = \frac{dR_2}{dX_2} = 21 - X_1 - 2X_2$$

また、企業2の総費用関数

$$C_2 = 4X_2$$

を、企業2の生産量 X_2 で微分すると、企業2の限界費用 MC_2 が、つぎのように求められる。

$$MC_2 = \frac{dC_2}{dX_2} = 4$$

企業2の利潤は、企業2に関する限界収入 MR_2 と限界費用 MC_2 が等しくなるとき、最大となるので、

$$MR_2 = MC_2 \quad \Rightarrow \quad 21 - X_1 - 2X_2 = 4 \quad \Leftrightarrow \quad 2X_2 = 17 - X_1$$

より、企業2の反応関数は、つぎのように示される。

$$X_2 = 8.5 - 0.5X_1$$

企業1の反応関数と企業2の反応関数より、つぎの連立1次方程式が示される。

$$X_1 + 0.5X_2 = 9.5 \quad \cdots\cdots(1)$$
$$0.5X_1 + X_2 = 8.5 \quad \cdots\cdots(2)$$

ここで、式(1)を2倍したものから、式(2)を引くと、

$$1.5X_1 = 10.5$$

を得る。これより、複占市場のクールノー均衡における企業1の生産量 X_1 は、

$$X_1 = \frac{10.5}{1.5} = 7$$

となる。さらに、この $X_1=7$ を企業 2 の反応関数に代入すると、企業 2 の生産量 X_2 は、

$$X_2=8.5-0.5\times7=5$$

となる。これらより、クールノー均衡における企業 1 と企業 2 の生産量の合計 X は、

$$X=X_1+X_2=7+5=12$$

となる。さらに、価格 P は、逆需要関数に、$X_1=7$、$X_2=5$ を代入することで、

$$P=21-X_1-X_2=21-7-5=9$$

と得られる。

(3) 需要の価格弾力性（絶対値）ε は、価格の変化率に対する需要の変化率の比率の絶対値で定義され、

$$\varepsilon=\left|\frac{\dfrac{dD}{D}}{\dfrac{dP}{P}}\right|=\frac{P}{D}\times\left|\frac{dD}{dP}\right|$$

と示される。市場需要関数は、

$$P=21-D \quad\Leftrightarrow\quad D=21-P$$

とあらわされるので、

$$\left|\frac{dD}{dP}\right|=|-1|=1$$

と求められる。さらに、(2)より、クールノー均衡における価格は $P=9$、需要量（＝生産量の合計）は $D=X=12$ と求められているので、クールノー均衡における需要の価格弾力性（絶対値）ε の値は、

$$\varepsilon=\frac{P}{D}\times\left|\frac{dD}{dP}\right|=\frac{9}{12}\times1=0.75$$

と求められる。

(4) 不完全競争市場の均衡では、完全競争市場の均衡と比較して、市場供給量は少なくなり、価格は高くなる。限界費用が逓増的であり、市場供給曲線が右上がりの形状となる場合、価格が高くなるほど生産者余剰は

第Ⅰ章　マクロ・ミクロ経済学

大きくなるため、不完全競争市場の均衡での生産者余剰は、完全競争市場の均衡での生産者余剰と比較して、大きくなる。一方、消費財が正常財であり、市場需要曲線が右下がりの形状となる場合、価格が高くなるほど消費者余剰は小さくなるため、不完全競争市場の均衡での消費者余剰は、完全競争市場の均衡での消費者余剰と比較して、小さくなる。さらに、総余剰は完全競争市場の均衡において最大となるので、それよりも市場供給量が少ない不完全競争市場の均衡においては、完全競争市場の均衡と比較して、総余剰は小さくなる。

問2

(1)　2つの企業（企業1と企業2）が同時に戦略を決定するとき、以下の手順①～④によって、各企業にとっての最適な戦略を、相手の企業の選ぶ戦略を所与としたもとで求めることができる。

①　企業2が戦略Cを選択することを所与とした場合、企業1にとって、戦略Bが最適な戦略となる。

②　企業2が戦略Dを選択することを所与とした場合、企業1にとって、戦略Bが最適な戦略となる。

③　企業1が戦略Aを選択することを所与とした場合、企業2にとって、戦略Cが最適な戦略となる。

④　企業1が戦略Bを選択することを所与とした場合、企業2にとって、戦略Dが最適な戦略となる。

ナッシュ均衡は、企業2が選択した戦略を所与としたもとで、企業1が最適な戦略を選び、同時に、企業1が選択した戦略を所与としたもとで、企業2が最適な戦略を選ぶ状態であるため、手順①～④によって、このゲームにおけるナッシュ均衡は、企業1が戦略B、企業2が戦略Dを選ぶ戦略の組合せとなる。

(2)　企業1が戦略Bを選択し、企業2が戦略Dを選択するナッシュ均衡での企業1と企業2の利得の組合せ（25、25）を、企業1が戦略Aを選択し、企業2が戦略Cを選択するときの企業1と企業2の利得の組合せ（55、45）と比較すると、ナッシュ均衡での利得の組合せの方が両社とも

に劣っているので、このゲームでのナッシュ均衡はパレート最適ではない。

(3) (1)の手順①と②より、企業1の支配戦略（相手がとる戦略にかかわらず定まる望ましい戦略）は戦略Bと判断できる。一方、手順③と④より、企業2には支配戦略がないことが分かる。

(4) 企業1が先に戦略を選択し、企業2が企業1の決定を見てから戦略を決定する状況の場合、企業1が戦略Aを選択すると、企業2は自分の利得が大きくなる戦略Cを選択するため、企業1の利得は55となる。同じようにして、企業1が戦略Bを選択するとき、企業2は自分の利得が大きくなる戦略Dを選択するため、このときの企業1の利得は25となる。

　これらのことより、企業1の利得が大きくなるのは、企業1が戦略Aを選択したときである。このため、企業1が戦略Aを選択したのちに、企業2が戦略Cを選択することとなる。

問題 1.5　以下の問1と問2に答えなさい。

問1　2つの企業（企業1と企業2）により同質の財が供給される複占市場について、ゲームの理論を用いて、各企業の行動を分析することとする。ここで、企業1は戦略Aか戦略Bのいずれかを選択し、企業2は戦略Cか戦略Dのいずれかを選択するものとする。このゲームにおける、2社の選択する戦略と利得の関係が、下の表のようになっている。なお、表の括弧内の左側の数値が企業1の利得を、右側の数値が企業2の利得を、それぞれ示している。この利得表をもとにして、以下の問に答えなさい。

企業2 企業1	戦略C	戦略D
戦略A	（40、60）	（20、50）
戦略B	（60、20）	（30、40）

(1) 両企業が同時に戦略を決定するとき、ナッシュ均衡において各社はどの

第 I 章　マクロ・ミクロ経済学

ような戦略を選択するのか、各社が選択する戦略名を（企業1の選択＝　　、企業2の選択＝　　）という形で答えなさい。

(2)　(1)で求めたナッシュ均衡における戦略の組合せがパレート最適になっているか否かを説明しなさい。

(3)　支配戦略とは何かを説明しなさい。さらに、企業2について、支配戦略が存在する場合にはその戦略名を、支配戦略が存在しない場合には「支配戦略なし」と明記するとともに、どちらの場合にも、そのように判断する簡単な理由を付けて答えなさい。

(4)　企業1が先に戦略を選択し、その結果を見て企業2が戦略を選択する状況を考えるとき、各社はどのような戦略を選択するのか、各社が選択する戦略名を（企業1の選択＝　　、企業2の選択＝　　）という形で答えなさい。

問2　労働者は、高い努力水準 H か、低い努力水準 L のどちらかを選択する。高い努力水準 H を選択した場合には、確率0.8で良い成果 G を実現し、確率0.2で悪い成果 B を実現する。一方、低い努力水準 L を選択した場合には、確率0.2で良い成果 G を実現し、確率0.8で悪い成果 B を実現する。

企業は、労働者の努力水準を観察することはできないが、成果を観察することはでき、成果に応じた賃金契約（W_G、W_B）を作成することができる。ここで、W_G は成果 G に対する賃金、W_B は成果 B に対する賃金である。

労働者の効用 U は、

$$U = \sqrt{W} - C$$

と示され、W は賃金 W_G または W_B のどちらかをとる。また、C は努力の費用をあらわし、高い努力水準 H を選択した場合には $C=30$、低い努力水準 L を選択した場合には $C=0$ とする。

(1)　高い努力水準 H を選択した場合の労働者の期待効用 E_H を、W_G と W_B を用いた数式で示しなさい。

(2)　低い努力水準 L を選択した場合の労働者の期待効用 E_L を、W_G と W_B を用いた数式で示しなさい。

(3)　労働者が高い努力水準 H を選択するためには、$\sqrt{W_G} - \sqrt{W_B}$ がいくら以

上である必要があるかを求めなさい。

(4) 労働者は期待効用を最大化し、企業が提示した賃金契約から得られる期待効用が20以上でなければ契約に応じないとする。企業が、$(W_G、W_B) = (2,500、0)$ という賃金契約を提示したとき、労働者は、契約に応じて、自発的に高い努力水準Hを選択するかどうかを、理由を付けて答えなさい。

(5) 労働者が、契約に応じたものの、低い努力水準Lを選択してしまうとき、どのような情報の非対称性の問題が生じると考えられるか、その名称を答えなさい。

第Ⅰ章　マクロ・ミクロ経済学

問1

(1) 企業1の選択＝戦略B、企業2の選択＝戦略D

(2) ナッシュ均衡での企業1と企業2の利得の組合せは、企業1が戦略Aを選択し、企業2が戦略Cを選択するときの利得の組合せよりも両社ともに劣っているので、このゲームでのナッシュ均衡はパレート最適ではない。

(3) ・支配戦略の説明：相手の企業が選択する戦略に関係なく、自社にとって最適な戦略が一つに定まる場合、その定まった戦略が支配戦略である。
　　・企業2の支配戦略：支配戦略なし
　　・理由：企業1が戦略Aを選択するとき、企業2にとって戦略Cが最適となる。一方、企業1が戦略Bを選択するとき、企業2にとって戦略Dが最適となる。このように企業2の最適な戦略は、企業1が選択する戦略によって変わるため、企業2には支配戦略がない。

(4) 企業1の選択＝戦略A、企業2の選択＝戦略C

問2

(1) $E_H = 0.8\sqrt{W_G} + 0.2\sqrt{W_B} - 30$

(2) $E_L = 0.2\sqrt{W_G} + 0.8\sqrt{W_B}$

(3) $\sqrt{W_G} - \sqrt{W_B} \geq 50$

(4) 労働者が高い努力水準Hを選択して、契約に応じる条件は、$0.8\sqrt{W_G} + 0.2\sqrt{W_B} \geq 50$となるので、企業が、$(W_G, W_B) = (2500, 0)$という賃金契約を提示したとき、労働者は、契約に応じない。

(5) 名称：モラルハザード

問1

(1) 2つの企業（企業1と企業2）が同時に戦略を決定するとき、以下の手順①〜④によって、各企業にとっての最適な戦略を、相手の企業の選ぶ戦略を所与としたもとで求めることができる。

　① 企業2が戦略Cを選択することを所与とした場合、企業1にとって、戦略Bが最適な戦略となる。

　② 企業2が戦略Dを選択することを所与とした場合、企業1にとって、戦略Bが最適な戦略となる。

　③ 企業1が戦略Aを選択することを所与とした場合、企業2にとって、戦略Cが最適な戦略となる。

　④ 企業1が戦略Bを選択することを所与とした場合、企業2にとって、戦略Dが最適な戦略となる。

　ナッシュ均衡は、企業2が選択した戦略を所与としたもとで、企業1が最適な戦略を選び、同時に、企業1が選択した戦略を所与としたもとで、企業2が最適な戦略を選ぶ状態であるため、手順①〜④によって、このゲームにおけるナッシュ均衡は、企業1が戦略B、企業2が戦略Dを選ぶ戦略の組合せとなる。

(2) 企業1が戦略Bを選択し、企業2が戦略Dを選択するナッシュ均衡での企業1と企業2の利得の組合せ（30、40）を、企業1が戦略Aを選択し、企業2が戦略Cを選択するときの企業1と企業2の利得の組合せ（40、60）と比較すると、ナッシュ均衡での利得の組合せの方が両社ともに劣っているので、このゲームでのナッシュ均衡はパレート最適ではない。

(3) (1)の手順③と④より、企業2には支配戦略がないことが分かる。

(4) 企業1が先に戦略を選択し、企業2は、企業1の決定を見てから戦略を決定する状況を考える場合、企業1が戦略Aを選択するとき、企業2は自分の利得が大きくなる戦略Cを選択するため、このときの企業1の利得は40となる。同じようにして、企業1が戦略Bを選択するとき、企業2は自分の利得が大きくなる戦略Dを選択するため、このときの企業

第Ⅰ章　マクロ・ミクロ経済学

1の利得は30となる。

　これらのことより、企業1の利得が大きくなるのは、企業1が戦略A を選択したときである。このため、企業1が戦略Aを選択したのちに、 企業2が戦略Cを選択することとなる。

問2

(1) 高い努力水準Hを選択した場合、確率0.8で良い成果Gを実現し、確率 0.2で悪い成果Bを実現するので、高い努力水準Hを選択した場合の労働 者の期待効用E_Hは、

$$E_H = 0.8 \times (\sqrt{W_G} - 30) + 0.2 \times (\sqrt{W_B} - 30) = 0.8\sqrt{W_G} + 0.2\sqrt{W_B} - 30$$

と示される。

(2) 低い努力水準Lを選択した場合、確率0.2で良い成果Gを実現し、確率 0.8で悪い成果Bを実現するので、低い努力水準Lを選択した場合の労働 者の期待効用E_Lは、

$$E_L = 0.2\sqrt{W_G} + 0.8\sqrt{W_B}$$

と示される。

(3) 労働者が高い努力水準Hを選択するための条件は、

$$E_H \geqq E_L$$

となるので、(1)の結果と(2)の結果より、

$$0.8\sqrt{W_G} + 0.2\sqrt{W_B} - 30 \geqq 0.2\sqrt{W_G} + 0.8\sqrt{W_B}$$

となる。これを変形すると、

$$0.6\sqrt{W_G} - 0.6\sqrt{W_B} \geqq 30$$

となるので、この両辺を0.6で割ると、労働者が高い努力水準Hを選択す るためには、

$$\sqrt{W_G} - \sqrt{W_B} \geqq 50$$

となる必要がある。

(4) (3)より、労働者が高い努力水準Hを選択するための条件は、

$$\sqrt{W_G} - \sqrt{W_B} \geqq 50$$

であり、企業が、$(W_G, W_B) = (2500, 0)$という賃金契約を提示した

とき、労働者は、高い努力水準Hを選択する。ただし、労働者が高い努力水準Hを選択して、契約に応じる条件は、

$$E_H \geq 20$$

となるので、(1)の結果より、

$$0.8\sqrt{W_G} + 0.2\sqrt{W_B} - 30 \geq 20$$

となる。これを変形すると、

$$0.8\sqrt{W_G} + 0.2\sqrt{W_B} \geq 50$$

となる。企業が、$(W_G、W_B) = (2500、0)$という賃金契約を提示したとき、

$$0.8\sqrt{W_G} + 0.2\sqrt{W_B} = 0.8\sqrt{2500} + 0.2\sqrt{0} = 40$$

となり、労働者は、契約に応じない。

(5) 労働者が、契約に応じたものの、低い努力水準Lを選択してしまう状況は、「モラルハザード」に該当する。

133

第Ⅱ章

金融経済

出 題 傾 向

過去の出題内容

2016年　量的・質的金融緩和政策、時間軸政策

2017年　配当割引モデル、金利の期間構造、テイラー・ルール

2018年　動学的不整合性、フォワードガイダンス、イールドカーブ

2019年　配当割引モデル、貨幣供給と物価、金融政策と為替レート

2020年　資産価格（地価）の決定、量的・質的金融緩和政策、金利の期間構造

傾向と対策

　金融経済に関する論点は、最も出題頻度が高いといってよいであろう。その中でも特に、「量的金融緩和政策」、「量的・質的金融緩和政策」などのいわゆる非伝統的金融緩和政策とその効果に関する出題が目立つ。

　これらの問題にアプローチするには、金利の期間構造の決定仮説である「純粋期待仮説」や資金運用者の最適ポートフォリオ選択などの理論モデルの基礎を理解しておくことが大切である。

　「配当割引モデル」を用いた株価決定や収益還元モデルを用いた地価の決定と金融政策との関連問題の出題についてもみられる。これらについても、資産価格決定の理論モデルを理解した上でアプローチすべき問題であるといえよう。

論　点	2016年	2017年	2018年	2019年	2020年	重要度
金融政策						
貨幣供給（金融政策）	●	●	●	●	●	A
金利の期間構造	●	●	●		●	A
景気動向と株価		●	●	●	●	B

ポイント整理

1 金融政策のフレームワーク

　日本銀行は物価の安定（通貨価値の維持）や信用秩序の維持を中心とする**最終目標（政策目標）**を掲げて金融政策を運営している。このような最終目標を実現するために公定歩合操作や公開市場操作、準備率操作という政策手段を用いて、インターバンク市場金利、預金準備、ハイパワード・マネーなどに働きかけている。金融政策において、中央銀行が政策手段を用いて直接働きかける対象となるこれらの変数を**操作目標**という。

　中央銀行は、操作目標と最終目標の間に**中間目標**をおき、中間目標の達成を通して最終目標の達成を図ることもある。中間目標を経由する運営方法を2段階アプローチ、経由しない運営方法を誘導型アプローチといい、日銀は誘導型アプローチを採用している。

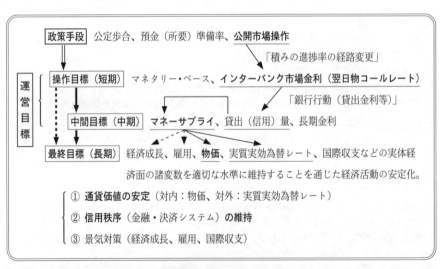

2 マネタリーベースとマネーストック

◆ マネタリーベース

　金融政策において、中央銀行が直接コントロールするマネーを、**マネタリーベース（ハイパワードマネーあるいはベースマネー）**と呼ぶ。

　マネタリーベース＝「日本銀行券発行高」＋「貨幣流通高」＋「日銀当座預金」

　　　　　　　　　　　　　　「流通現金」

　日銀当座預金とは、金融機関が日銀に保有している当座預金である。日銀当座預金が果たしている役割は、①金融機関相互間や、日銀、国と取引する際の決済手段、②個人や企業に払う現金通貨の支払準備、③準備預金制度の下での準備預金、の3点である。

　ただし、③の準備預金は、準備預金制度適用金融機関（銀行、信用金庫など）に限定された役割である。日銀当座預金には準備預金制度が適用されない金融機関（証券会社、短資会社など）の当座預金も含まれており、この意味で日銀当座預金は準備預金よりも広い概念である。

◆ マネーストック（通貨残高）

　マネーストック（通貨残高）は、「金融部門から経済全体に供給されている通貨の総量」のことである。具体的には、一般法人、個人、地方公共団体などの通貨保有主体（金融機関・中央政府以外の経済主体）が保有する通貨量の残高を表している[1]。

　日本銀行ではマネーストックを、対象とする通貨の範囲に応じて、M1、M2、M3、広義流動性の4つの指標で集計している。

1　日本銀行がマネーストックという統計名称を用いるようになったのは2008年からであり、それ以前はマネーサプライと呼ばれていた。海外でも、当初はMoney supply（通貨供給量）という統計名称が使われていたが、経済全体に流通している通貨量は、金融機関の与信行動と企業や家計などの通貨需要の相互作用によって決まるとの認識から、次第に、Money stock（通貨残高）、Monetary aggregates（通貨集計量）といった統計名称で呼ばれるようになった。このような国際的な潮流に対応して、日本銀行も2008年からマネーストックという統計名称を用いるようになっている。

137

第Ⅱ章　金融経済

　M1は、最も容易に決済手段として用いることができる現金通貨と預金通貨から構成されている。M2は、金融商品の範囲はM3と同様であるが、預金の預け入れ先が限定されている。すなわち、M2における預金は「国内銀行等に預けらえた預金」であるのに対して、M3は「全預金取扱機関に預けられた預金」となっている。例えば、ゆうちょ銀行が取り扱う預金は、「国内銀行等に預けられた預金」には含まれない（したがってM2に含まれない）が、「全預金取扱機関に預けられた預金」には含まれる、といった違いがある。

図表Ⅱ-1　マネーストックの構成

M1	＝ **現金通貨＋預金通貨（預金通貨の発行者は、全預金取扱機関）** 現金通貨：日本銀行券発行高＋貨幣流通高 預金通貨：要求払預金（当座、普通、貯蓄、通知、別段、納税準備） －調査対象金融機関保有小切手・手形 全預金取扱機関：M2対象金融機関、ゆうちょ銀行、その他金融機関（全国信用協同組合連合会、信用組合、労働金庫連合会、労働金庫、信用農業協同組合連合会、農業協同組合、信用漁業協同組合連合会、漁業協同組合）
M2	＝ **現金通貨＋預金通貨＋準通貨＋CD** **（預金通貨、準通貨、CD の発行者は、国内銀行等）** 対象金融機関：日本銀行、国内銀行＜除くゆうちょ銀行＞、外国銀行在日支店、信金中央金庫、信用金庫、農林中央金庫、商工組合中央金庫
M3	＝ **現金通貨＋預金通貨＋準通貨＋CD** **（預金通貨、準通貨、CD の発行者は、全預金取扱機関）**
広義流動性	＝ **M3＋金銭の信託＋投資信託＋金融債＋銀行発行普通社債** **＋金融機関発行CP＋国債＋外債** 通貨発行主体は、日本銀行、および全預金取扱機関

（注）　上記は、いずれについても、居住者のうち、一般法人、個人、地方公共団体などの保有分。

（出所）「マネーストック統計の解説」（日本銀行）

138

3 貨幣乗数

◆

$$M = mH \qquad (M = C + D、H = C + R) \qquad (\text{II} - 1)$$

$$\therefore \quad m = \frac{M}{H} = \frac{C+D}{C+R} = \frac{\dfrac{C}{D} + \dfrac{D}{D}}{\dfrac{C}{D} + \dfrac{R}{D}} = \frac{\alpha + 1}{\alpha + \beta} \qquad (\text{II} - 2)$$

M：マネーストック（マネーサプライ）、H：ハイパワード・マネー、

m：貨幣乗数、C：現金通貨、D：預金通貨、

R：準備預金（民間銀行の中央銀行預け金）、α：現金・預金比率（$=C/D$）、

β：預金準備率（$=R/D$）

貨幣乗数（信用乗数） m は M/H で定義される。貨幣乗数が安定的であれば、中央銀行が**ハイパワード・マネー（ベースマネー、マネタリーベース）**を増加させると、その貨幣乗数倍のマネーサプライの増加がもたらされる[2]。

2　金融政策の貨幣乗数アプローチでは、中央銀行が貨幣乗数の値を予測可能であり、かつハイパワードマネーを完全にコントロールできるとき、中央銀行はマネーサプライをコントロールできると考えられている。

第Ⅱ章　金融経済

◆ **現金預金比率 α と準備率 β と貨幣乗数 m の関係**：（Ⅱ-2）式より

$$m=\underbrace{\frac{\alpha+1}{\alpha+\beta}}_{①}=\frac{\alpha+\beta+1-\beta}{\alpha+\beta}=1+\underbrace{\frac{1-\beta}{\alpha+\beta}}_{②} \qquad (\text{Ⅱ}-3)$$

（①より）**準備率 β** が上昇すれば貨幣乗数は低下する。

（②より）**現金預金比率 α** が上昇すれば貨幣乗数は低下する。

◆ **変化率**

$$M=mH \;\rightarrow\; \frac{\varDelta M}{M}=\frac{\varDelta m}{m}+\frac{\varDelta H}{H} \qquad (\text{Ⅱ}-4)$$

中央銀行が金融緩和政策としてマネタリーベース H を増加させても、貨幣乗数 m の水準が低下する、つまり m の伸び率がマイナスとなる場合、マネーストック M の増加率はマネタリーベース H の増加率を下回る。

3 貨幣乗数

図表 II-2 マネー指標の動向

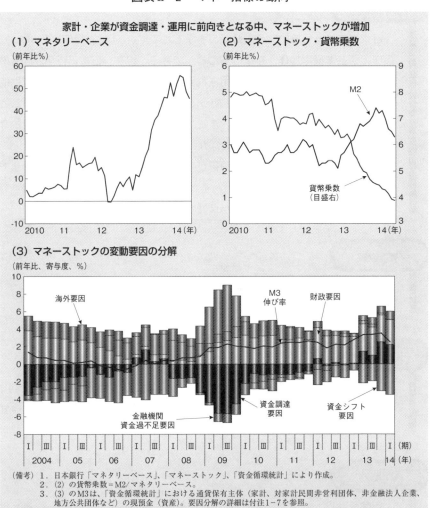

(出所)『平成26年版 経済財政白書』

第Ⅱ章　金融経済

Point Check　Ⅱ-1　≪2011.Ⅰ.1、2014.午後.2≫

　日本における伝統的な金融政策の手段として、（　①　）操作、（　②　）操作、預金準備率操作、を挙げることができる。現在、日本銀行が民間金融機関に対して貸出を行う際に適用される金利である（　②　）操作は補助的な役割となり、（　①　）操作を使ってインターバンク金利を誘導することが金融政策の中心となっている。また、もともと預金準備率操作は裁量的な金融政策にはあまり使用されてこなかった。

　通貨量の操作において、日本銀行が直接操作できるのは（　③　）の量である。（　③　）を増減させると、それに応じて民間銀行が貸出を増減させることによって（　④　）の量が増減すると考えられている。

Answer

①　公開市場　　②　公定歩合
③　マネタリーベース（ハイパワードマネー）　　④　マネーストック

Point Check　Ⅱ-2

　2013年において、マネーストック（M2）が増加しているにもかかわらず、貨幣乗数の値が低下している。そこで、貨幣乗数について説明した後、なぜ貨幣乗数の値が低下したのか、理由を説明しなさい。

Answer

　貨幣乗数は、マネーストック（M2）をマネタリーベースで除した値と定義されている。2013年度の4月から、日本銀行が質的・量的金融緩和政策を導入することで、マネタリーベースの増加率が大幅に高まった。一方銀行の貸出が、それと比較して低い伸びにとどまった。すなわち、マネタリーベースは、マネーストック（M2）の増加率を上回って増加した。このため、貨幣乗数の値が低下した。

4 金融調節

◆ **簡略化した日銀のバランスシート**

日銀のバランスシート

資産	負債
対外純資産	現金通貨発行高
政府向け信用	日銀当座預金
民間銀行向け信用	政府預金等
インターバンク市場資産	

日銀信用 ← 民間銀行向け信用、インターバンク市場資産

現金通貨発行高、日銀当座預金 → ハイパワード・マネー

資金合計と負債合計が等しいことから、ストック・ベースで以下の関係が成り立つ。

日銀当座預金 = - (a) [現金通貨発行高]
　　　　　　 + (b) [対外純資産＋政府向け信用－政府預金等]
　　　　　　 + (c) [民間銀行向け信用＋インターバンク市場資産]

$$(\text{II}-5)$$

これを各期（年、四半期、月など）のフロー・ベースに変形して若干の調整をほどこしたものが、以下の**資金需給式（準備方程式）**である[3]。

◆ **資金需給式**

日銀当座預金増（減）

= (a) [日銀券還流（発行）] + (b) [財政資金支払（受取）] + (c) [日銀信用増（減）]

= (a) [**銀行券要因**]　　　 + (b) [**財政等要因**]　　　 + (c) [**日銀信用**]

[資金過不足]

$$(\text{II}-6)$$

3　正確には、「(a) 現金通貨発行高＝発行銀行券残高＋補助貨幣発行額」ではあるが、ここでは議論を簡略化するため、「補助貨幣発行額＝0」とおいて、「現金通貨発行高＝発行銀行券残高」と仮定する。

第Ⅱ章　金融経済

　資金需給式において資金の過不足を生じさせる外生的要因として、銀行券要因と財政等要因がある。

・銀行券要因

　個人や企業が金融機関から現金を引き出すと（預け入れると）、金融機関は減少（増加）した手持ち現金を元の水準に戻すために、日銀当座預金から現金を引き出す（へ現金を預け入れる）ので、日銀当座預金残高は減少（増加）する。

・財政等要因

　政府と個人や企業の間の財政資金の受け払いの過程で、金融機関の日銀当座預金と政府預金の間で決済が行われるため、日銀当座預金残高が変化する。財政資金の支払い（公共事業代金の支払い、外国為替市場での自国通貨売り介入など）が行われると、政府預金残高が減少して日銀当座預金残高が増加する。一方、財政資金の受取り（納税、外国為替市場での自国通貨買い介入など）が行われると、政府預金残高が増加して日銀当座預金残高が減少する。

◆　**資金の過不足とインターバンク金利**

インターバンク市場

ⅰ）資金過剰　⇒　供給超過　⇒　短期金利下落

ⅱ）資金不足　⇒　需要超過　⇒　短期金利上昇

◆　**操作目標と金融調節**

ⅰ）操作目標がインターバンク金利の場合

・資金過剰による金利下落圧力に対して、インターバンク金利が安定化するように日銀は売りオペなどにより余剰資金を吸収する

・資金不足による金利上昇圧力に対して、インターバンク金利が安定化するように日銀は買いオペなどにより不足資金を供給する

ⅱ）操作目標が日銀当座預金の場合

　買いオペ（日銀当座預金増加）、売りオペ（日銀当座預金減少）などによって、目標として設定したレンジに日銀当座預金残高をコントロールする。

4 金融調節

　日銀当座預金残高が、家計や企業、政府の経済行動などの外生的要因によって変動すると、一般に、金融機関に資金過不足が生じる。資金過剰となった金融機関が多くなれば、インターバンク市場の需給は緩和して短期金利（コールレート）には低下圧力が働く一方、資金不足となった金融機関が多くなれば市場の需給は逼迫して短期金利（コールレート）には上昇圧力が働くことになる。

　日銀は、金融政策における操作目標を設定し、金融調節を行う。例えば、操作目標が短期金利（コールレート）で当面その水準を一定に維持するとしていた場合、日銀は、資金余剰や資金不足に対して次のような対応を採る。インターバンク市場において資金余剰が発生し短期金利（コールレート）に低下圧力が働くとき、日銀は市場において売りオペを行い余剰資金を吸収し、短期金利を一定に維持しようとする。一方、インターバンク市場において資金不足が発生し短期金利（コールレート）上昇圧力が働くとき、日銀は市場において買いオペを行い不足資金を供給し、短期金利（コールレート）を一定に維持しようとする。

　図表Ⅱ-3は、日本銀行の実際の資金過不足と金融調節を示したものである。

第Ⅱ章　金融経済

図表Ⅱ-3　日銀当座預金増減要因と金融調節（資金需給表）

（単位：兆円）

年・四半期中	銀行券要因 Banknotes	財政等要因 Treasury Funds and Others	外国為替資金 Foreign Exchange	資金過不足 Surplus/ Shortage of Funds	金融調節 BOJ Loans and Market Operations	当座預金増減 Net Change in Current Account Balances
1990	−2.38	4.96	−1.91	2.59	−1.85	0.74
1991	−0.08	−13.90	−0.21	−13.99	12.94	−1.05
1992	0.86	−1.37	−0.69	−0.51	−0.41	−0.92
1993	−2.60	8.50	2.62	5.90	−6.02	−0.12
1994	−1.25	−0.99	2.20	−2.25	2.29	0.04
1995	−3.36	−5.49	4.75	−8.85	9.33	0.48
1996	−4.43	5.47	2.72	1.04	−0.91	0.13
1997	−4.00	−4.56	−2.21	−8.56	8.61	0.05
1998	−1.20	12.11	−0.94	10.91	−10.05	0.86
1999	−9.54	−27.91	8.45	−37.45	52.10	14.65
2000	2.01	−26.87	2.94	−24.86	9.54	−15.33
2001	−5.61	−27.59	2.93	−33.20	41.99	8.79
2002	−6.47	−67.83	3.66	−74.30	78.24	3.95
2003	−1.44	−39.88	19.83	−41.31	51.78	10.47
2004	−1.05	−62.13	15.15	−63.17	66.32	3.15
2005	−1.31	−41.72	0.00	−43.03	42.72	−0.31
2006	−0.57	−39.50	0.00	−40.07	17.61	−22.46
2007	−1.44	−37.00	0.00	−38.44	38.15	−0.29
2008	−0.20	−36.81	−0.55	−37.01	42.08	5.07
2009	0.52	−40.41	−0.54	−39.89	45.03	5.15
2010	−1.36	−38.07	2.01	−39.43	41.74	2.31
2011	−1.68	−15.70	11.27	−17.38	31.26	13.88
2012	−2.66	−40.22	−3.09	−42.88	53.59	10.71
2013	−3.49	−91.71	2.38	−95.20	155.03	59.83
2014	−2.93	−124.01	−0.52	−126.95	198.01	71.06
2015	2.04	−76.55	−0.54	−74.51	126.43	51.93
2016	−4.03	−124.98	−0.86	−129.01	206.23	77.21
2017	−4.26	−113.16	0.85	−117.42	155.68	38.26
2018	−3.65	−97.84	−0.40	−101.48	122.00	20.52
2019	−2.38	−80.18	0.03	-82.56	94.10	11.54

（出所）日本銀行

4 金融調節

【参考】金融取引表（フロー表）2018年度

(単位：億円)

	金融機関 1		非 金 融 法人企業 2		一般政府 3		家計 4		対家計 民間非営利団体 5		海外 6	
	資産(A)	負債(L)	資産(A)	負債(L)	資産(A)	負債(L)	資産(A)	負債(L)	資産(A)	負債(L)	資産(A)	負債(L)
現金・預金	236,865	440,626	74,835			-45,744	191,885			-7,689	7,197	16,723
財政融資資金預託金	5,562	-4,946		-285	-10,223							
貸出	224,784	127,034	14,213	214,472	58,028	-36,999	293	46,112	630	4,505	104,808	47,632
日銀貸出金	11,280	11,280										0
コール・手形	-7,480	48,541	1,687		54,334							
民間金融機関貸出	219,779	74,576		124,039		-6,686		45,716		3,604		-21,470
住宅貸付	66,503							66,503				
消費者信用	-11,914							-11,914				
企業・政府等向け	165,190	74,576		124,039		-6,686		-8,873		3,604		-21,470
公的金融機関貸出	-62,750	-30,239	15,336		-48,873			268		901		-143
うち住宅貸付	1,126							1,126				
非金融部門貸出金		9,441	12,467	27,256	13,088	15,833	293	282	630	0	48,413	22,079
割賦債権	9,681	1,533	-878	6,838		0		-154				586
現先・債券貸借取引	54,274	11,902	937	41,003	-9,394	2,727			0	0	56,395	46,580
債務証券	63,541	49,770	7,026	30,403	-13,992	202,716	10,196		-480		216,598	
国庫短期証券	-129,035	0	0		-5	-40,000			0		89,040	
国債・財投債	121,610	-22,803	347		-17,801	235,059	8,823		305		98,972	
地方債	10,007		-516	0	123	8,271	-1,208		-1,578		1,443	
政府関係機関債	-8,047	5,577	539	-2,164	5,243	-69	489		939		4,181	
金融債	-8,589	-9,755	-1,367		208		-7		0			
事業債	23,091	20,758	357	723	-1,604		-80		-146		-137	
居住者発行外債	20,284	24,194	-2	19,323	10	-545					22,680	
CP	21,734	6,135	-3,077	12,521	-1							
信託受益権	4,304	9,523	3,180		-140		2,179					
債権流動化関連商品	8,182	16,141	7,565		-25		0				419	
株式等・投資信託受益証券	181,003	95,248	-30,895	21,499	-755	-203	-37,155		469	0	3,877	
保険・年金・定型保証	-13,782	29,303	-308	-10,598			32,795					
金融派生商品・雇用者ストックオプション	0		0	552			552	0			0	0
預け金	-6,159	-18,841	-7,027	4,352	5,993	709	380			-1	-14,521	-7,553
企業間・貿易信用	-1,603	392	56,726	59,531	2,959	-3,591	-1,442	-248	6		-2,489	-1,927
未収・未払金	16,876	38,293	7,898	-4,758	-4,244	5,065	20,563	3,627	1,089	69	18,677	18,563
対外直接投資	22,831		198,139									220,970
対外証券投資	120,539		82,322		76,520		1,922					281,303
その他対外債権債務	16,174	69,837	2,921	2,538	2,852	281					72,656	21,947
その他	27,744	30,666	4,591	-5,373	706	15,585	3,699	-1,603	1,733	-802	0	0
資金過不足		36,993		97,538		-111,463		175,800		-8,013		-190,855
合計	894,375	894,375	410,156	410,156	72,100	72,100	223,688	223,688	-4,242	-4,242	406,803	406,803

（参考）外貨準備　33,461

（出所）日本銀行

第II章　金融経済

Point Check　II-3

　以下はマネタリーベースに関する問題である。⑴および⑵の問いに答えなさい。

⑴　日本銀行政策委員会は、2001年 3 月19日の金融政策決定会合において、金融市場調節方式を変更し、金融調節の主たる操作目標を、従来の「金利（無担保コールレート・オーバーナイト物）」に代えて「資金量（日本銀行当座預金残高）」とすることを決定した。日銀当座預金とは何か、説明しなさい。ただし、準備預金との違いについても触れること。

⑵　下記の「簡略した日銀のバランスシート」の各勘定科目を使って、日銀当座預金が増加する要因について具体例を挙げて説明しなさい。

簡略した日銀のバランスシート

資産		負債	
A	対外純資産	E	現金通貨
B	民間銀行向け信用	F	民間銀行預り金
C	政府向け信用	G	政府預金
D	インターバンク市場資産		

Answer

(1) 日銀当座預金とは、金融機関が日銀に保有している当座預金（出し入れ自由な無利子の預金）のことである。日銀当座預金が果たしている役割は、①金融機関相互間や、日銀、国と取引する際の決済手段、②個人や企業に払う現金通貨の支払準備、③準備預金制度のもとでの準備預金、である。以上より、「日銀当座預金」は「準備預金」よりも広い概念であり、準備預金制度適用金融機関については準備預金を含む当座預金がその対象である。また、準備預金制度が適用されない金融機関（証券会社、短資会社など）の当座預金もこれに含まれることになる。

(2) マネタリーベース＝$[A+(C-G)]+[B+D]$（＝$[E+F]$）　（Ⅱ-7）

　　財政等要因＝$[A+(C-G)]$

　　日銀信用＝$[B+D]$

- 為替介入として円売り・ドル買い介入が行われると、政府預金Gの減少と日銀当座預金Fの増加が生じる。
- 国債を対象とした買いオペを実施すると、政府向け信用Cの増加と日銀当座預金Fの増加が生じる。
- 民間非金融部門の現金需要が減少すると、現金通貨Eの減少と日銀当座預金Fの増加が生じる。
- 政府による公共事業に関する支払いが行われると、政府預金Gの減少と日銀当座預金Fの増加が生じる。
- 日銀が民間銀行に貸出を行うと、民間銀行向け信用Bの増加と日銀当座預金Fの増加が生じる。

第Ⅱ章　金融経済

5　金利の期間構造

　　長期金利と短期金利は相互に密接に関連している。金利の期間構造を表すイールド・カーブの形状を説明する代表的な仮説としては以下のものがある。

◆ **イールド・カーブに関する仮説**

　純粋期待仮説（期待理論）：現在の長期金利は、現在の短期金利と将来にかけての期待短期金利の平均値に等しく決定される。

　（幾何平均）$R_{0,n} = \sqrt[n]{(1+r_{0,1})(1+E[r_{1,2}])\cdots(1+E[r_{n-1,n}])} - 1$　（Ⅱ-8）

　（算術平均）$R_{0,n} = \dfrac{r_{0,1}+E[r_{1,2}]+\cdots+E[r_{n-1,n}]}{n}$　（Ⅱ-9）

　　　$R_{0,n}$：現在からn年満期の長期金利（現在の長期金利）
　　　$r_{0,1}$：現在から1年満期の短期金利（現在の短期金利）
　　　$E[r_{1,2}]$：1年後の1年満期の期待短期金利
　　　$E[r_{n-1,n}]$：$n-1$年後の1年満期の期待短期金利

　リスク・プレミアム仮説：経済主体は危険回避的であり、不確実性の存在により長期金利にはリスク・プレミアムが要求される。

　　　$R_{0,n} = \dfrac{r_{0,1}+E[r_{1,2}]+\cdots+E[r_{n-1,n}]}{n} + RP$　（Ⅱ-10）

　　　RP：リスク・プレミアム

　市場分断仮説：経済主体は自己の選好に適合する市場でのみ取引を行うので、長短市場での裁定取引は起こりにくい（純粋期待仮説は成立しない）。

150

期待仮説に基づくと、長短金利関係（イールド・カーブ）は、現行の短期金利と将来の期待短期金利との関係でその形状が決まると考えられる。例えば、短期金利が将来上昇していくと予想されるとき、イールド・カーブは右上がりの形状を示す。一方、短期金利が将来下落すると予想されるとき、イールド・カーブは右下がりの形状を示す。また、将来にわたって短期金利に変化がないと予想されるとき、イールド・カーブは水平の形状を示す。

図表Ⅱ-4　短期金利の将来予想とイールド・カーブ

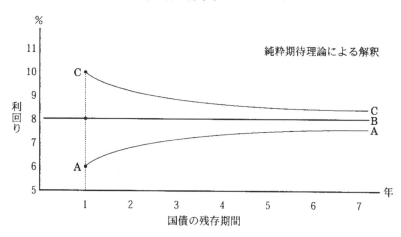

（注）A：先行き短期金利上昇が予想されている時期の利回り曲線
　　　B：先行き短期金利が変化しないと予想されている時期の利回り曲線
　　　C：先行き短期金利低下が予想されている時期の利回り曲線

また、実際のイールド・カーブは右上がりの形状を示すことが比較的多い。このことは、純粋期待仮説にリスク・プレミアムを考慮したリスク・プレミアム仮説で考えるとうまく説明できる。一般に、残存期間が長いほど高いリスク・プレミアムが要求されるので、実際のイールド・カーブは、右上がりの形状となりやすいと考えられる。

Point Check Ⅱ-4 ≪2008.Ⅰ.1／2013.午後.2≫

次の景気に関するAおよびBの状況において、イールド・カーブはいかなる形状となるか、図に示しなさい。状況Aのカーブは実線で、状況Bのカーブは点線で示すこと。また、両イールド・カーブの水準の違いについて説明しなさい。

A：景気の山付近
B：景気の谷付近

Answer

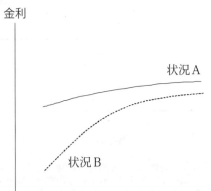

（時点Aのイールド・カーブは逆イールドでもよい。）

説明：政策金利に左右される短期金利は、景気の底付近にある状況Bよりも景気の山付近にある状況Aのほうが、高いと考えられる。期待仮説に基づくと、長期金利は現行の短期金利および将来の短期金利の平均値に等しい。そのため、長期金利は、短期金利に比べると変動が小さい。ただし、状況Aにおいては、状況Bと比較すると、市場が経済成長に関して楽観的な見通しを抱いており、状況Aにおける長期金利の方が、状況Bにおける長期金利よりも高いと考えられる。

5 金利の期間構造

Point Check Ⅱ-5 ≪2010.Ⅱ.9／2013.午後.2／2017.午後.1／2018.午後.2≫

下図は現在のイールドカーブを示しているとする。このとき、中央銀行が「今後ゼロ金利政策を2年間継続し、その後政策金利を1.5%に引き上げる」とアナウンスし、それが市場で信認を得たとする。長期金利が純粋期待仮説に従って決定されるとすると、中央銀行のアナウンスの後、イールドカーブの形状はどのようになるか、図に書き込み、その形状について説明しなさい。

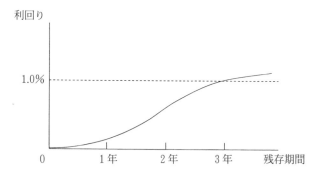

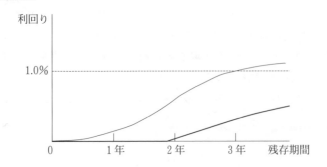

　純粋期待仮説では、長期金利は現在および将来にわたる期待短期金利の（幾何）平均として表される。

　中央銀行は「今後ゼロ金利政策を2年間継続し、その後1.5％に引き上げる」とアナウンスしている。これによる新たなイールドカーブの水準を純粋期待仮説の近似式（算術平均）で考えると、残存期間が1年と2年の金利はゼロ％になるが、3年の場合は（0％＋0％＋1.5％）／3＝0.5％、と計算される。さらに、4年の場合は（0％＋0％＋1.5％＋1.5％）／4＝0.75％、と求められる。

　このように残存期間が長くなるほどに、純粋期待仮説から求められる金利水準は徐々に上昇して1.5％へと近づいていく。

イールド・カーブは、景気循環とそれに伴う金融政策の変化を受けて、経験則的に以下のような変化をすると考えられる。

図表Ⅱ-5　イールド・カーブの経験則

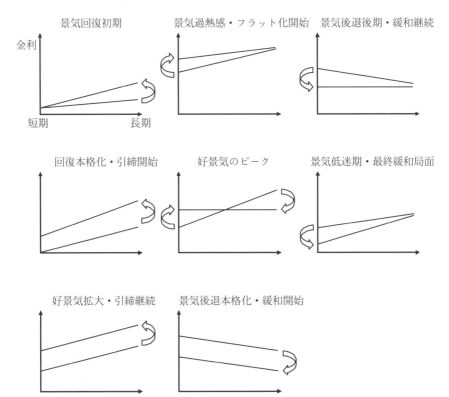

（出所）日本銀行ワーキングペーパー「財政のサステナビリティと長期金利の動向」2003年10月

金融経済

6) 金融政策と運営ルール

(1) テイラー・ルール

テイラー・ルールは、金融政策運営ルールの一つであり、中央銀行が物価や景気情勢の変動に応じて政策金利の水準を機動的に変化させることを提唱したものである。

◆ テイラー・ルール

$$i = i^* + \pi^* + \alpha(\pi - \pi^*) + \beta \times gap \qquad (\text{II}-11)$$

i：政策金利（名目）、i^*：均衡実質金利（長期的な潜在成長率）、π^*：目標インフレ率、π：インフレ率、α, β：政策反応パラメーター、gap：GDPギャップ

テイラー・ルールによると、政策金利 i は、（実質）潜在成長率に一致するとされる均衡実質金利 i^* に中央銀行の目標インフレ率 π^* を加えた水準をベースにして、現実のインフレ率の目標インフレ率からのかい離とGDPギャップに従って、コントロールされる。

例えば、現実のインフレ率が目標値を上回って上昇する場合（$\pi > \pi^*$）、あるいは景気が加速してGDPギャップがプラスになる（$gap > 0$）場合、テイラー・ルールが示す政策金利の水準は上昇する（政策反応パラメーター $\alpha, \beta > 0$ に注意）。すなわち中央銀行は金融引き締めを行うことによって、政策金利を引き上げることになる。

長期的に経済活動が安定に向かい、インフレ・ギャップもGDPギャップもゼロになれば、政策金利の水準は、概ね潜在成長率一致する実質均衡金利に目標インフレ率を加えた水準（$i = i^* + \pi^*$）で推移することになる。

また、テイラー・ルールは、実際の政策金利が、ルールに従う望ましい金利と比較してどのように推移したかを見ることで、金融政策の妥当性を評価するために用いられることもある。

図表Ⅱ-6　テイラー・ルールによる金利試算

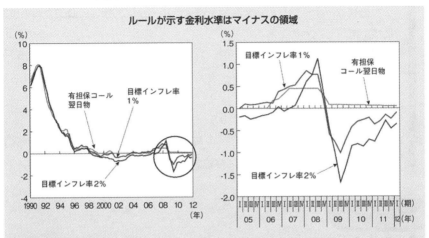

(1) 推計式

$r_t = \lambda r_{t-1} + (1-\lambda)[i_t + \alpha Y_t + \beta \Pi_t]$

r_t：有担保オーバーナイトコールレート
i_t：均衡実質金利（潜在GDP成長率）＋目標インフレ率
Y_t：GDPギャップ
Π_t：消費者物価指数の前年比と目標インフレ率との差
λ：金利スムージングの強さを表すパラメータ

(2) 推計結果（括弧内はt値）

	λ	$(1-\lambda)\alpha$	$(1-\lambda)\beta$	adj-R2	α	β
目標インフレ率 1.0%	0.80 (12.43)	0.11 (2.75)	0.17 (1.52)	0.92	0.57	0.86
目標インフレ率 2.0%	0.71 (10.71)	0.04 (0.99)	0.49 (3.84)	0.93	0.15	1.68

（備考）1．平成18年度年次経済財政報告第1-2-15図と同様の方法で推計。
2．テイラー・ルールとは、政策金利が a) 現実のインフレ率の望ましいインフレ率からの乖離、b) 現実のGDPの潜在GDPからの乖離（GDPギャップ）に対応して調整されているという考え方である。ここでは消費者物価指数（除く生鮮、消費税調整済み）と内閣府推計のGDPギャップを用いて、1.0%と2.0%の目標インフレ率を仮定し、それらについての目標金利を推計した。
3．推計期間は、1996年以降の低金利政策の期間を除いた、1983年第1四半期から1995年第4四半期。無担保コールレートではなく、長期の系列が利用可能な有担保コールレートを用いて推計したが、両者はほぼ同じ動きをしている。

（出所）内閣府『平成24年版　経済財政白書』

第Ⅱ章　金融経済

Point Check　Ⅱ-6　≪2017.午後.9≫

次の式は、よく知られる金融政策運営のルールにおける、政策金利の設定について示したものである。

名目利子率＝定数＋a×（インフレ率）＋b×（ＧＤＰギャップ）

ただし、ＧＤＰギャップ＝現実の実質ＧＤＰ－潜在ＧＤＰ、とする。

(1)　この式が示す金融政策運営のルールの名称を答えなさい。

(2)　上式における係数aおよびbの符号は、理論的に考えると、「プラス」、「マイナス」のどちらか、答えなさい。

Answer

(1)　テイラー・ルール

(2)　a：プラス、b：プラス

テイラー・ルールによると、政策金利iは、（実質）潜在成長率に一致するとされる均衡実質金利i^*に、中央銀行の目標インフレ率π^*を加えた水準をベースに、現実のインフレ率の目標インフレ率からのかい離やGDPギャップに従って、調整される。

このとき、均衡利子率と目標インフレ率を定数と考えると、現実のインフレ率が目標値を上回って上昇する場合（$\pi > \pi^*$）、あるいは景気が加速してGDPギャップがプラスになる（$gap > 0$）場合、テイラー・ルールが示す政策金利の水準は引き上げられる。したがって、与えられている式において、a、bはともにプラスの係数であると考えられる。

158

⑵　インフレーション・ターゲティング

> ◆　**インフレーション・ターゲティング**
>
> 　インフレーション・ターゲティングとは、中央銀行が最終目標としての目標インフレ率とその達成時期を設定し、それを明示して金融政策運営を行うことをいう。

インフレーション・ターゲティング政策導入の意義

- 数値で目標と責任をはっきりさせる。
- 金融政策の独立性を確保するとともに透明性と説得性を高める。
- 民間部門の政策に対する予想形成を容易にさせ、期待インフレ率を安定化させて市場の撹乱を比較的小さいものにする。

問題点

- 現実の経済において、消費者物価指数、企業物価指数、GDPデフレーターなどの物価指数があるが、どれもインフレ率を定義する物価指数として完全であるとはいい難い。
- 目標とするインフレーションの水準や達成時期の設定の合理性を判断するのが困難である。
- 経済において経済成長率や失業率、為替レートといった金融政策の視野に入るべき変数が数多くあるなかで、物価指数という単一の目標で金融政策を運営するのは危険である。

　日本銀行は、2013年1月に「物価安定の目標」として、インフレ目標数値をはじめて設定した。すなわち、インフレーション・ターゲティング政策を導入したのである。

⑶　動学的非整合性

　中央銀行などの政策当局は、一般に、一定の期間において、その目標を達成するように政策を策定してそれを実行すると考えられる。このように、政府や

第Ⅱ章　金融経済

中央銀行が、多期間において政策を行う場合に、動学的非整合性が生じる可能性がある。

　例えば、ある国の中央銀行が、現時点で、将来にわたる毎期のインフレ率を最適な水準にコントロールする計画を立てて、それを宣言して、実行するとする。そして、その計画（政策）に基づいて、毎期のインフレ率を最適な水準に操作できたと仮定する。

　ところが、将来時点において、所与の政策目標において、毎期の最適インフレ率を再検討すると、毎期の最適インフレ率が、過去に計画した最適インフレ率と異なることがある。このような場合、動学的非整合性の問題が生じているという。

　すなわち、動学的非整合性とは、多期間における政策において、その目標を達成する上で、現在では最も望ましい行動が、将来、最適な行動ではなくなり、むしろ他の行動が最適となることを意味する。

Point Check　Ⅱ-7　≪2010.Ⅱ.9、2015.午後.2≫

　インフレーション・ターゲティング政策について説明し、政策導入の意義と問題点について述べなさい。

Answer

　インフレーション・ターゲティングは中央銀行が最終目標としての目標インフレ率とその達成時期を設定し、それを明示して金融政策運営を行う一つの政策運営の枠組みである。

　その意義として、金融政策の独立性を確保するとともに透明性と説得性を高めることで、民間部門の政策に対する予想形成を容易にさせ、市場の撹乱を比較的小さいものにするとされている。

　一方、現実の経済においてインフレ率を定義する物価指数として完全なものが存在しない、物価指数という単一の目標で金融政策を運営するのは危険といった問題点が指摘されている。

7 金融政策の動向

(1) 量的金融緩和政策

◆ 量的金融緩和政策（2001年3月～2006年3月）
　操作目標：日銀当座預金
　政策手段：買いオペ（長期国債など）

　各金融機関が日銀に開設している日銀当座預金の残高を、所要準備を大幅に超えた目標水準にコントロールする政策。また、日銀は、この資金供給を消費者物価指数（全国、除く生鮮食品）の前年比上昇率が安定的に0パーセント以上となるまで継続するとアナウンスした。

図表Ⅱ-7　日銀当座預金の推移

量的緩和政策によって、日銀当座預金残高は高水準で推移

（1）日銀当座預金残高の推移

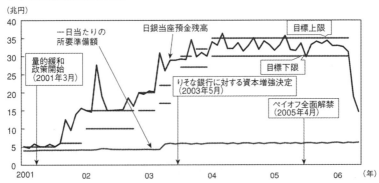

（備考）日本銀行「日本銀行勘定」「準備預金積立て状況等」より作成。

（出所）内閣府『平成18年版　経済財政白書』

第Ⅱ章 金融経済

量的金融緩和政策の下での潤沢な資金供給は、金融システムに対する不安感が強かった時期において、金融機関の流動性需要に応えることによって、金融市場の安定や緩和的な金融環境を維持する効果があったとされている。さらに、この政策を行うことにより期待される効果として、①時間軸効果、②ポートフォリオ・リバランス効果が想定された。

①**時間軸効果**とは、日本銀行が、例えば「今後2年間、今の政策を続ける」というように、将来にわたる金融政策運営の方向性を現時点でアナウンスし、約束する政策は「コミットメント（公約）」と呼ばれる。そして、このような日本銀行によるコミットメントによって、超短期の金利だけでなく、より中長期の金利が低下する効果のことを「時間軸効果」と呼ぶ。

実際、量的金融緩和政策において日本銀行が、「量的金融緩和政策を消費者物価上昇率が安定的に正の値となるまで行う」とアナウンスすることで、市場において、短期金利の低下（ゼロ金利）が当面続くと予想され、予想短期金利の平均に決まる長期金利も低下（低水準で推移）したとされている（純粋期待仮説）。このように、政策を実施する際に、現状の政策スタンスの継続やその終了の条件を予め約束（コミット）することを**フォワードガイダンス**という。

②量的金融緩和政策において、買いオペ等が行われることで、日銀当座預金という安全性が高く、リターンがゼロの資産が占める割合が増加するとポートフォリオ全体のリスク及びリターンが低下する。これに対して、金融機関が、ポートフォリオのリスク―リターン構造をもとに戻すため、相対的にリスク度の高い資産（貸出など）の保有を増やす効果のことを**ポートフォリオ・リバランス効果**という。

ただし、図表Ⅱ-9にみられるように量的緩和政策の導入後も企業向け貸出はウェイトを低下させており、量的緩和政策によるポートフォリオ・リバランス効果があったとは言い難い。

162

7　金融政策の動向

図表Ⅱ-8　債券市場における時間軸効果

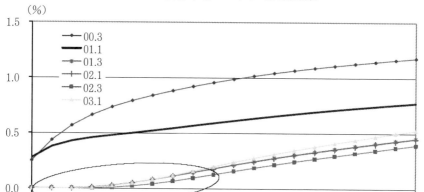

（出所）日本銀行ワーキングペーパー「長期金利の変動をどう理解するか？：マクロ経済モデルを利用した期待短期金利成分とリスクプレミアム成分の分解」2003年10月　日本銀行

第Ⅱ章 金融経済

図表Ⅱ-9 民間銀行の資産構成の変化

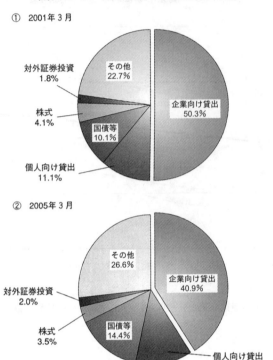

(出所) 内閣府『平成17年版 経済財政白書』

7 金融政策の動向

Point Check （Ⅱ-8） ≪2013.午後.2、2016.午前.9、2018.午後.2≫

　2001年3月より導入された量的緩和政策を通じて期待された効果の一つに、債券市場における時間軸効果がある。先の図表Ⅱ-8は量的緩和導入前後で、イールド・カーブがどのように変化したのかを分析した結果である。時間軸効果について長期金利決定理論の純粋期待仮説を用いて説明し、図表Ⅱ-8の結果を評価しなさい。

Answer

　時間軸効果とは、日銀が消費者物価上昇率に目標を設定し、その達成まで現行の金融緩和政策を継続するとのアナウンスを行うことを通じて、期待短期金利の上昇を抑えて現在の中長期金利を低下または低位安定させる効果である。

　量的緩和政策は2001年3月に導入されたが、図において量的緩和導入以前と以後でイールド・カーブの形状を比較する。すると導入以後では、イールド・カーブはフラット化しており、時間軸効果が現れていると評価できる。

165

Column

公定歩合とロンバート型貸出制度

　公定歩合は、日銀の民間銀行に対する信用供与である「日銀貸出」にかかる金利である。かつて公定歩合操作は、金融政策の基本的手段として位置付けられ、公定歩合の変更は金融政策の基本的なスタンスの変更を示すと考えられてきた。しかし1996年に、日本銀行は公定歩合が適用される日銀貸出を金融調節の手段としては用いないとの方針を明らかにしたことから、それ以降、公定歩合の政策金利としての地位が大きく低下している。また、現在では公定歩合がインターバンク市場金利（翌日物コールレート等）を上回っており、民間銀行が日銀から資金を借りるメリットが消滅しているため、公定歩合の変更よりもインターバンク市場金利誘導の重要性が高まっている。

　ただ、公定歩合の変更は日銀の政策スタンスの変化を金融機関や企業・家計に知らしめるアナウンスメント効果を有するものと考えられていることに加え、2001年3月より、金融調節の一層の円滑化を図るとともに、金融市場の円滑な機能の維持と安定性の確保に資する観点から導入した補完貸付制度（いわゆるロンバート型貸出制度）の創設によって、公定歩合には、コールレートの変動の上限を画し、短期市場金利の安定性を確保するという新しい機能が付与されることになった。

（従来のコールレートの変動）

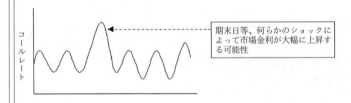

（補完貸付制度の導入後のコールレートの変動）

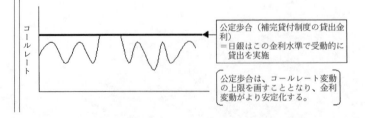

7 金融政策の動向

⑵ 量的金融緩和解除後からいわゆるリーマンショック発生前まで

◆ 操作目標はインターバンク金利へ
◆ 短期金利動向
・2006年7月：ゼロ金利政策解除（無担保コールレート：0.25％程度へ）
・2007年2月〜：2度の利上げ
　　　　　　　無担保コールレートは0.5％近辺で推移
　　　　　　　ユーロ金利（3ヶ月物）：0.7パーセント台へ
　　　　⇒　短期金利上昇の緩やかな上昇期待（市場）
◆ 中・長期金利動向
・2006年7月：ゼロ金利政策の解除により、短期金利及び予想短期金利が上
　　　　　　　昇し中期金利も上昇したが、長期金利は横ばい。
　　　　⇒　イールドカーブフラット化

167

第Ⅱ章 金融経済

図表Ⅱ-10 政策金利調整に対する市場の見方

緩やかな金利の上昇を織り込んで推移

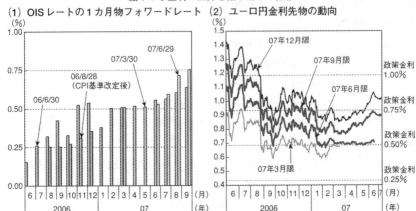

(備考) 1. Bloomberg、みずほ総合研究所資料などにより作成。
2. (2)で「政策金利〇〇％」とある系列は、当該政策金利（無担保コールレート（O／N）の誘導目標）に、無担保コールレート（O／N）とユーロ円TIBORのスプレッドが安定していた時期の平均値である0.18を加えたもの。

(出所) 内閣府『平成19年版 経済財政白書』

図表Ⅱ-11 期間別にみた金利の動向

イールドカーブはフラット化

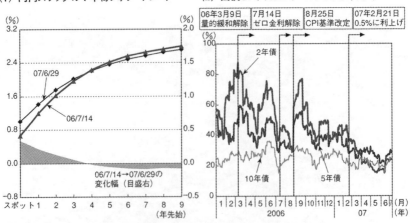

(備考) 1. Bloomberg、みずほ総合研究所資料等により作成。
2. 国債ヒストリカルイールドボラティリティは年率換算値。計測期間は20日間。

(出所) 内閣府『平成19年版 経済財政白書』

⑶ リーマンショック発生から東日本大震災前まで

◆ 金融政策の運営
・「広い意味での量的緩和」
　操作目標を無担保コールレートとしたまま潤沢な資金を金融市場に供給
　日銀当座預金残高は2002年前後の量的緩和政策期の水準にまで拡大
・「中長期的な物価安定の理解」の明確化
　金融政策決定会合において、中長期的に見て物価が安定していると理解する
　物価上昇率を、消費者物価指数の前年比2パーセント以内のプラス領域とす
　ると確認
・固定金利方式の共通担保資金供給オペレーションの金額を増額
　（10兆円→20兆円）
◆ 低金利の長期化観強まる（2009年12月以降）
・市場が予想する実質ゼロ金利政策の継続期間の長期化
・「広い意味での量的緩和」や「中長期の物価安定の理解」の明確化により、
　低金利の長期化観測は強まる。

第Ⅱ章 金融経済

図表Ⅱ-12 日銀当座預金残高とイールドカーブ

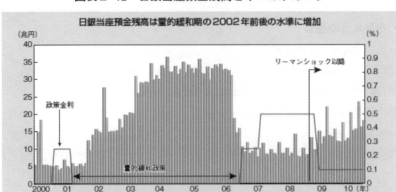

(備考) 1. 日本銀行により作成。
2. 日本銀行は、2001年3月19日に調整目標を「無担保コールレート」から「日銀当座預金残高」へ変更、残高目標を「5兆円程度」とした。その後、順次目標額を切り上げ、2003年5月には「27〜30兆円程度」とした。

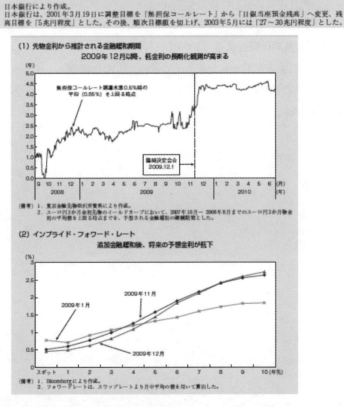

(出所) 内閣府『平成22年版 経済財政白書』

⑷ 東日本大震災と金融政策

◆ 金融緩和と金利動向

- 金融緩和

  金融市場の安定確保のための資金供給オペレーションおよびリスク性資産の

  購入等基金の増額の実施

- 短期金利の低下

  無担保コールレート（オーバーナイト物）が0.1%を下回る水準に低下

- 長期金利水準は低位安定

  実質的なゼロ金利政策のもとで長期金利は低位で推移

  震災後の復旧・復興のための資金需要が予想されるなか、長期金利は抑制さ

  れ推移

第Ⅱ章　金融経済

⑸　デフレ脱却に向けた金融政策のレジーム転換（2013年1月〜）

◆「物価安定の目標」の導入

- 日本銀行は、「**物価安定の目標**」を消費者物価の前年比上昇率2％と設定し、2年程度の時間的視野を念頭に置いて、できるだけ早期に実現することを明示（**インフレーション・ターゲティング政策**の導入）。
- 経済主体のインフレ期待形成に働きかけて、**予想物価上昇率を引き上げる**効果が期待できる。
- 「物価安定の目標」の導入により、日本銀行は金融政策をわかりやすく伝えることができ、**政策の透明性と説明責任の強化**が確保される。

◆　政府と日本銀行の政策連携強化

- デフレからの早期脱却と物価安定の下での持続的な経済成長の実現に向け、政府および日本銀行の政策連携を強化し、一体となって取り組む。
- 日本銀行は、「物価安定の目標」の下、金融緩和を推進し、できるだけ早期に実現することを目指す。
- 日本経済の競争力の強化に向けた取組みの具体化と財政運営に対する信任を確保するため、政府による持続可能な財政構造の確立に向けた取組みを推進する。
- 経済財政諮問会議において「物価安定の目標」に照らした物価の現状と今後の見通しの検証などを行い、定期的に金融政策を検証する。

(6) 量的・質的金融緩和の導入（2013年4月～）

日本銀行は、消費者物価の前年比上昇率2％の「物価安定の目標」を、2年程度の期間を念頭に置いて、できるだけ早期に実現するために、異次元金融緩和ともいわれる「量的・質的金融緩和」を導入した。

◆ **金融調節の操作目標をマネタリーベースに変更**

金融調節の操作目標を無担保コールレート（翌日物）からマネタリーベースに変更し、年間60兆～70兆円に相当するペースで増加するように金融調節を行うこととした。

◆ **資産買入れ**

・長期国債の買入れ額の拡大と年限拡大

長期国債の保有残高が年間約50兆円に相当するペースで増加するよう買入れた。

長期国債の買入れ対象を全ゾーンの国債とした（40年債を含む）。

買入れの平均残存期間を現状の3年弱から7年程度に延長した。

・ETF（上場投資信託）とJ-REIT（上場不動産投資信託）の買入れ額の拡大

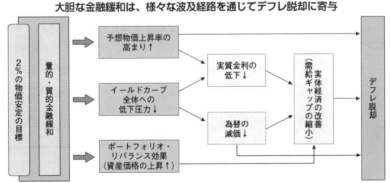

図表Ⅱ-13　大胆な金融緩和と主な波及経路

(備考) 1. 内閣府作成。
2. なお、今回の金融政策のレジーム転換は為替レートの操作を目的としたものではない。
3. 金融緩和の波及経路を簡便に示したものであり、全ての波及経路を示したものではない。

(出所) 内閣府「平成25年版　経済財政白書」

⑺ マイナス金利付き量的・質的金融緩和の導入（2016年1月〜）

　日本銀行は、2%の「物価安定の目標」をできるだけ早期に実現するため、「マイナス金利付き量的・質的金融緩和」を導入した。この政策は、金融市場調節の対象としてのマネタリーベースの増加の「量」、買入れする資産の「質」に加え、「金利」においても、次元の異なる金融緩和であるとされている。

◆ マイナス金利の適用

　金融機関が保有する日本銀行当座預金の一部に対して**▲0.1%のマイナス金利**を適用

◆ 量的・質的金融緩和における「量」と「質」を維持

　マネタリーベースが、年間約80兆円に相当するペースで増加するよう金融市場調節を行う。

　長期国債について、保有残高が年間約80兆円に相当するペースで増加するよう買入れを行う。

　買入れの**平均残存期間**は7年〜12年程度とする。

◆「マイナス金利付き量的・質的金融緩和」の継続

　2%の「物価安定の目標」が実現し、安定的に継続するために必要な時点まで、「マイナス金利付き量的・質的金融緩和」を継続することとした。

◆ マイナス金利付き量的・質的金融緩和に期待される効果

　期待される効果として、**①イールドカーブの押下げ**、**②ポートフォリオ・リバランス**、**③予想物価上昇率の上昇**が挙げられている。マイナス金利の適応には、これらのうち、特に、イールドカーブの起点の引き下げ、金利全般により強い下押し圧力を加え得るというイールドカーブの押下げ効果が期待されている。

7 金融政策の動向

図表Ⅱ-14 マネタリーベースと国債購入

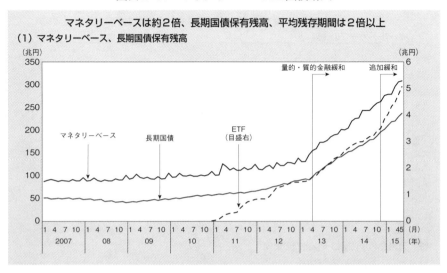

マネタリーベースは約2倍、長期国債保有残高、平均残存期間は2倍以上
(1) マネタリーベース、長期国債保有残高

第Ⅱ章　金融経済

図表Ⅱ-15　イールドカーブ、実質金利の動向

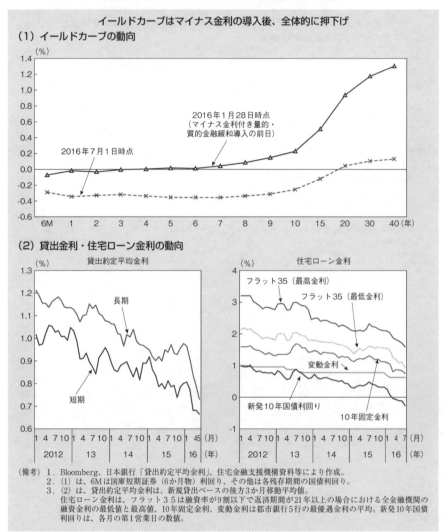

(出所)　内閣府『平成28年版　経済財政白書』

7 金融政策の動向

図表Ⅱ-16 ポートフォリオ・リバランスの動向

ポートフォリオ・リバランスは緩やかに進展

(1) 日本銀行以外の主体による投資フロー

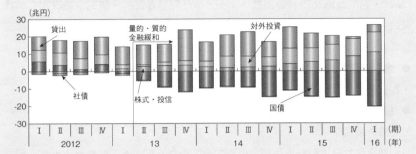

(2) 国内銀行の資産残高と構成比

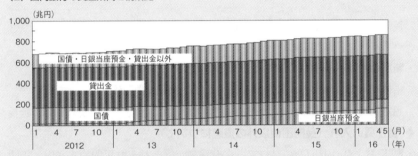

(3) 国内銀行の国債・日銀当座預金残高以外の資産

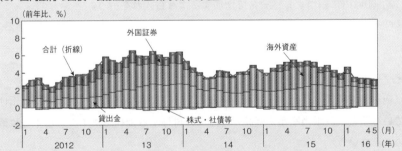

(備考) 1. 日本銀行「民間金融機関の資産・負債」、「資金循環統計」により作成。
2. (1)は、資金循環統計でカバーされる全ての主体を含む。国債は、国債・財融債と国庫短期証券の合計。対外投資は、国内部門による対外直接投資と対外証券投資の合計。数字は、四半期フローの後方4期移動平均。
3. (2)および(3)は、国内銀行の銀行勘定(平残)および海外支店(末残)。現金、預け金、金銭の信託、国債、地方債、短期社債、社債、株式、外国証券、貸出金、外国為替、海外資産(海外店の貸出金および有価証券)。時価ベース(為替や株価などの変動による影響も受ける)。

(出所) 内閣府『平成28年版 経済財政白書』

第Ⅱ章　金融経済

⑻ 「長短金利操作付き量的・質的金融緩和」の導入（2016年9月〜）

　日本銀行は、2％の「物価安定目標」をできるだけ早期に実現するため、「量的・質的金融緩和」および「マイナス金利付き量的・質的金融緩和」の政策的枠組みを強化する形で、「長短金利操作付き量的・質的金融緩和」を導入した。

◆ 金融調整の操作目標は長短金利へ

・操作目標は、マネタリーベースから長短金利へ変更された。

◆ 長短金利操作（イールドカーブ・コントロール）

・金融市場調整

　　短期金利：日本銀行当座預金のうち政策金利残高に▲1％のマイナス金利を
　　　　　　　適応する。

　　長期金利：10年物国債金利が概ね現状程度（ゼロ％程度）で推移するよう、
　　　　　　　長期国債の買入れを行う。

・新型オペレーションの導入

　　指値オペ：日本銀行が指定する利回りによる国債買入れ

　　固定金利の資金供給オペレーション期間を延長：現行の1年から10年に延長

◆ 資産買い入れ（長期国債以外の資産について）

・ETFおよびJ-REITについて、保有残高が、それぞれ年間約6兆円、年間約900億円に相当するペースで増加するよう買入れを行う。

・CP等、社債等について、それぞれ約2.2兆円、約3.2兆円の残高を維持する。

・マイナス金利と銀行収益

　我が国で導入されたマイナス金利政策とは、民間金融機関が日本銀行に預けている預金（日銀当座預金残高）の一部に付与する金利をマイナスとする政策のことをいう。

　民間銀行は資金を短期で調達して長期で運用する傾向があり、その収益は、短期金利と長期金利の金利差に影響を受ける。このとき、マイナス金利政策が導入され、短期の市場金利がマイナスになった場合でも、民間銀行が資金調達を行う預金金利をマイナスにすることは困難である。このため、マイナス金利

178

政策が導入されるとイールドカーブ全体が下方シフトするが、民間銀行の資金調達金利はゼロに近いところで止まり、長短金利差が縮小することから、その収益が悪化する。

以上のように、マイナス金利政策が銀行の収益を悪化させる可能性が指摘されている。反対に、マイナス金利政策を実施している状態から、イールドカーブが上方シフトする場合、長短金利差が拡大し、銀行の収益は改善すると考えられる。

図表Ⅱ-17　マイナス金利と預貸スプレッド（日欧比較）

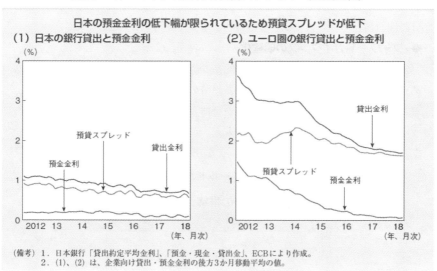

（出所）内閣府『平成30年版　経済財政白書』

(9) 政策金利のフォワードガイダンスの導入とその明確化（2018年7月～）

　日本銀行は、オーバーシュート型コミットメントとして、2％の「物価安定の目標」が実現し、安定的に持続するために必要な時点まで、「長短金利操作付き量的・質的金融緩和」を継続すると明示した。

◆ フォワードガイダンスの導入

　2018年7月には、2％の物価安定目標の達成に向けて、強力な金融緩和を粘り強く続けていく観点から、政策金利のフォワードガイダンスが導入された。このフォワードガイダンスの導入において、日本銀行は、2019年10月に予定されていた消費税率引き上げの影響を含めた経済・物価の不確実性を踏まえ、当分の間、現在のきわめて低い長短金利の水準を維持するとした。

◆ フォワードガイダンスの明確化

　2019年4月、日本銀行は、「海外経済の動向や消費税率引き上げの影響を含めた経済・物価の不確実性を踏まえ、当分の間、少なくとも2020年春頃まで、現在のきわめて低い長短金利の水準を維持すること」を想定する、政策金利のフォワードガイダンスの明確化を行った。

図表Ⅱ-18　イールドカーブの推移

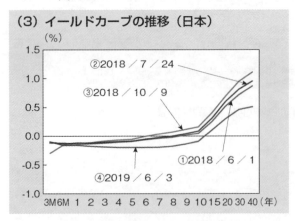

（出所）内閣府『令和元年版　経済財政白書』

7 金融政策の動向

図表Ⅱ-19 過去の主要な金融緩和

	量的緩和政策	包括的な金融緩和政策	量的・質的金融緩和
導入時期	2001年3月19日	2010年10月5日	2013年4月4日
概要	消費者物価（除く生鮮食品）の前年比上昇率が安定的にゼロ％以上となるまで、日本銀行当座預金残高を操作目標として資金供給	市場金利やリスク・プレミアムに幅広く働きかけるために、バランスシート上に「資産買入等の基金」を創設	「物価安定の目標」の早期実現のために、マネタリーベース及び長期国債・ETF等の保有額を2年間で2倍に拡大し、長期国債買入れの平均残存期間を2倍以上に延長
インフレ目標	なし	なし	採用 （2年程度を念頭にできるだけ早期に消費者物価の前年比上昇率2％を実現）
金融市場調節の操作目標	日本銀行当座預金残高	無担保コールレート翌日物	マネタリーベース
緩和期間（時間軸）	消費者物価（除く生鮮食品）の前年比上昇率が安定的にゼロ％以上となるまで継続	物価の安定が展望できる情勢になったと判断するまで継続 →当面、消費者物価の前年比上昇率1％を目指して、それが見通せるようになるまで強力に金融緩和を推進	「物価安定の目標」を安定的に持続するために必要な時点まで継続
長期国債 銀行券ルール	適用	適用 （資産買入等の基金は対象外）	一時的に停止
長期国債 買入れ規模	※2006年2月末の実績： 64.6兆円［残高］	資金買入等の基金： 2013年末の目途 44兆円［残高］ 　（2012年12月20日増額後） 2014年初め以降 月間2兆円程度 買入れ　（2013年1月22日決定） ※2013年3月末の実績：91.3兆円［残高］ （通常の国債買入れ・資産買入等の基金合計）	2014年末の見通し 190兆円［残高］ （年間約50兆円に相当するペースで増加）
長期国債 毎月のグロスの買入れ額の見込み	1.2兆円 （2002年10月30日増額）	4兆円程度 （うち通常の国債買入れ： 月間1.8兆円） （2013年3月末時点）	7兆円強
長期国債 買入れ国債の平均残存期間	（保有国債の平均残存期間） 4～5年	3年弱 （2013年3月末時点）	7年程度
その他 ETFの買入れ	なし	2013年末の目途 2.1兆円［残高］ （2012年10月30日増額後）	2014年末 3.5兆円［残高］
その他 J－REITの買入れ	なし	2013年末の目途 1,300億円［残高］ （2012年10月30日増額後）	2014年末 1,700億円［残高］

（備考）1. 日本銀行、中澤・吉川（2011）などにより作成。
　　　　2. 銀行券ルールとは、日本銀行が保有する長期国債の残高は、銀行券発行残高を上限とするとの考え方。
　　　　3. 日本銀行は、「資金買入等の基金」以外にも、年間21.6兆円（2009年3月18日決定）の国債買入れを行っている。

（出所）内閣府『平成25年版　経済財政白書』

181

第Ⅱ章　金融経済

Point Check Ⅱ-9 ≪2014.午後.2、2015.午後.1≫

　　日本で採用された量的金融緩和政策や量的・質的金融緩和政策などは、非伝統的金融政策と呼ばれる。これらの政策において期待された効果に、ポートフォリオ・リバランス効果がある。これについて説明しなさい。

Answer

　　日銀が採用した量的金融緩和政策や量的・質的金融緩和政策において、日本銀行は長期国債の買いオペを行い、積極的にマネタリーベースの供給を行った。これにより、民間銀行の資産において、相対的にリターンとリスクが高い長期国債のストックが減少し、リターンとリスクが低い日銀当座預金残高が増加することで、ポートフォリオ全体のリターンとリスクがともに低下した。このポートフォリオ全体のリターンとリスクの低下を受けて民間銀行が貸し出しなどのリスク資産を取得するなど、ポートフォリオをリバランスする効果のことをポートフォリオリバランス効果と呼ぶ。この効果により、総需要が増加し、景気回復が期待された。

8 景気動向と株価

(1) 株価決定モデル：定率成長モデル（定率成長型配当割引モデル）

　株主が株式を保有して得られる利益は現在から将来へと続く配当所得の予想総額のはずだから、そうした予想総額の**現在価値**を求めれば、それが株式の価値になるはずであるという考え方を**配当割引モデル**（DDM：Dividend Discount Model）と呼び、これは、株価の「ファンダメンタル価格」（理論値、あるいは適正価格）を決定する基本公式と位置づけられる。

　株式は、企業の生み出す利益に対する持分権であり、理論株価は株式を保有することによって将来にわたって得られる配当の割引現在価値合計として表される。

$$P_s = \frac{D}{1+k} + \frac{D}{(1+k)^2} + \frac{D}{(1+k)^3} + \cdots = \frac{D}{k}$$

（Ⅱ-12）

　P_s：株価、D：今期の予想配当額、k：割引率

　ただし、株式の場合、企業業績の変動等による配当等の収益に不確実性を考慮する必要がある。一般に、株式は債券よりもリスクの大きい資産である。このため、将来の配当を割引く際の割引率 k は、一般に、長期債の利子率 r にリスク・プレミアム δ を加えた値となる。

$$k = r + \delta$$

　株価は次式のように決まる。

$$P_s = \frac{D}{r+\delta}$$

（Ⅱ-13）

第Ⅱ章　金融経済

定率成長型配当割引モデル

　成長する経済において、企業業績の成長が期待され、配当が成長していくことが見込まれる。配当成長率を g とすると、各期の配当は D、$D(1+g)$、$D(1+g)^2$、と時間の経過とともに増加していくことになる。

$$
\begin{array}{ccccccc}
& D & (1+g)D & (1+g)^2D & & (1+g)^{n-1}D & \\
\hline
0 & 1 & 2 & 3 & \!\!)\!\!) & n & \!\!)\!\!) \quad \text{期日}
\end{array}
$$

D：今期の予想配当額、g：配当成長率　　　　　　　　　　　　　（Ⅱ-14）

　理論株価 P_s は、将来の予想配当の割引現在価値合計と考えることができるので、次の式のように示される[4]。

$$
P_s = \frac{D}{1+k} + \frac{D(1+g)}{(1+k)^2} + \frac{D(1+g)^2}{(1+k)^3} + \cdots + \frac{D(1+g)^{n-2}}{(1+k)^{n-1}} + \frac{D(1+g)^{n-1}}{(1+k)^n}
$$

$$
\text{（ただし、} 0 < g < k \text{）}
$$

$$
P_s = \frac{D}{k-g} = \frac{D}{r+\delta-g} \tag{Ⅱ-15}
$$

P_s：株価、k：割引率、r：長期債の利子率、δ：リスク・プレミアム

　この式において、株価は、株式を取得した期の予想配当 D の水準、予想される配当成長率 g、長期債の利子率 r、リスク・プレミアム δ の4要因によって決定されることが分かる。

　配当割引モデルの式から、株の理論価格は、予想配当、配当成長率が上昇（下落）すると上昇（低下）し、長期債の利子率、リスク・プレミアムが上昇（低下）すると下落（上昇）することが分かる。

4　次式は、初項 $\dfrac{D}{1+k}$、公比 $\dfrac{1+g}{1+k}$ の無限等比級数の和である。

$$
P_s = \frac{\dfrac{D}{1+k}}{1-\dfrac{1+g}{1+k}} = \frac{D}{(1+k)-(1+g)} = \frac{D}{k-g}
$$

8 景気動向と株価

株価の変動要因と理論価格の関係

要因	変化		株価
予想配当 D	上昇	⇒	上昇
	下落	⇒	下落
配当成長率 g	上昇	⇒	上昇
	下落	⇒	下落
長期金利 r	上昇	⇒	下落
	下落	⇒	上昇
リスク・プレミアム δ	上昇	⇒	下落
	下落	⇒	上昇

Point Check Ⅱ-10 ≪2013.午後.2／2017.午後.1≫

(1) 配当割引モデルを用いて、今期首の理論株価を求める式を示しなさい。
ただし、長期金利 r、配当成長率 g、リスク・プレミアム δ、今期末に得られる予想配当 D とすること。

(2) 他の要因を一定とすると、長期金利と理論株価はどのような関係にあるか、説明しなさい。

Answer

(1) 理論株価 $= \dfrac{D}{r+\delta-g}$

(2) 配当成長率 g、リスク・プレミアム δ、今期末に得られる予想配当 D を一定として、長期金利 r の水準が高い（低い）ほど理論株価は低く（高く）なる。また、長期金利 r が上昇（低下）すると理論株価は低下（上昇）する。

185

第Ⅱ章　金融経済

⑵　配当利回り

　配当利回り R は、株価 P に対する1株あたりの配当 D の割合で、以下のように定義される。

$$R=\frac{D}{P} \tag{Ⅱ-16}$$

　配当の受取に関して、事業収益等の変動による1株当たりの配当 D が一定（予想配当成長率 $g=0$）で、リスクプレミアムがゼロである場合、定率成長モデルの式は、

$$P=\frac{D}{i} \quad \therefore \quad 市場利子率\ i=\frac{D}{P} \tag{Ⅱ-17}$$

と書き換えられる。よって、（Ⅱ-16）式の配当利回り R と（Ⅱ-17）式の市場利子率 i は等しい。

⑶　株価収益率 PER（Price-earnings Ratio）

　1年後の1株あたりの企業利益を E_1、内部留保率を b（ということは、**配当性向** $d=1-b$）とすると、1年後の1株あたりの配当 D_1 は次式で示される。

　　$D_1 = 1年後の企業利益 E_1 \times（1-内部留保率\ b）= E_1 \times 配当性向\ d$

これを配当割引モデルの式に代入すると次式を得る。

$$P_0=\frac{D_1}{k-g}=\frac{E_1(1-b)}{k-g}=\frac{E_1 \cdot d}{k-g} \quad \therefore \frac{P_0}{E_1}=\frac{1-b}{k-g}=\frac{d}{k-g} \tag{Ⅱ-18}$$

この式において P_0 が実際の株価 P に一致すれば、**理論 PER** は次式で示される。

$$\frac{P}{E}=\frac{1-b}{k-g}=\frac{d}{k-g} \tag{Ⅱ-19}$$

　　（ただし、E_1 は実際の企業利益 E に置き換えてある。）

この式において、(i) 配当性向 d が高い（低い）、つまり内部留保率 b が小さい（大きい）ほど、(ii) 株式に対する期待収益率 k が小さい（大きい）ほど、(iii) 配当成長率 g が大きい（小さい）ほど、上昇（低下）する。

⑷　土地の理論価格への応用

　配当割引モデルは、資産の理論価格はその資産の将来キャッシュフローの割引現在価値合計に一致するという収益還元価格の考え方を株式に応用したものである。次式は、この考え方を土地の理論価格の決定に応用したものである。

$$P = \frac{D}{k-g} \tag{II-20}$$

　　P：土地の理論価格、D：地代、k：割引率、g：地代成長率

Point Check　II-11　≪2013.午後.2／2017.午後.1≫

　企業業績の悪化が予想され、1株あたりの利益の減少が見込まれているにも関わらず、株式市場において株価が上昇することがある。このような状況が生じる原因として、どのようなことが考えられるか、配当割引モデルを用いて説明しなさい。

Answer

　配当割引モデルにおいて株価は、1株あたりの収益と考えられる配当の割引現在価値合計に等しく決まると考えられている。割引現在価値合計を求める際の割引率は、利子率とリスクプレミアムの合計とされている。

　以上のように株価が決まるとき、企業業績が悪化すると1株あたりの配当が減少することが予想され、他の要因（利子率など）を一定とすると株価は低下する。一方、当該期において金融政策が緩和的に運営されると利子率は低下する。このとき、他の要因（配当など）を一定とすると、1株あたりの将来収益として考えられる配当の割引現在価値合計は増大し、株価は上昇する。

　企業業績が悪化する経済状況において、金融緩和が実施される可能性は高く、それによる利子率の低下も予想される。当該期において、企業業績による株価下落の効果よりも金融緩和による株価上昇の効果が大きい場合、株価は上昇する。

第Ⅱ章　金融経済

Point Check　Ⅱ-12　≪2019.午後.2≫

　　ある時、物価上昇率が恒久的に2％ポイント高まり、これによって、株式投資家の予想として、割引率と企業の配当成長率が、ともに2％ポイント上昇したとする。

　　このとき、配当割引モデルにおける理論株価は、物価上昇率が高まる以前と比較して、どのように変化するか、説明しなさい。ただし、1期後の配当をD、割引率をr、配当成長率をgとして、理論株価を式で示し、説明しなさい。また、その際、割引率rおよび配当成長率gは、物価上昇率の高まりによって同率（2％ポイント）上昇し、その後、一定となると仮定して答えなさい。ただし、r＞g、そしてリスクプレミアムは考慮しないこと（リスクプレミアムはゼロと仮定しなさい）。

Answer

　　配当割引モデルによる理論株価は、株価＝初期の配当D／（割引率r－配当成長率g）と示すことができる。この式において、割引率が2％ポイント上昇し、配当成長率の期待も2％ポイント高まると、分母の値も分子の値も変化しない。このため、配当割引モデルによる理論株価は、物価水準の上昇前後で変化しない。

章末問題

問題 2.1　次の文章を読んで、以下の問1〜問3に答えなさい。

　日本銀行は、消費者物価の前年比上昇率2％の「物価安定の目標」をできるだけ早期に実現するため、2013年4月に導入した「量的・質的金融緩和」について、累次の緩和強化策を取り入れ、2016年1月の「マイナス金利政策」の導入の決定、2016年9月の「イールドカーブ・コントロール政策」の導入と「オーバーシュート型コミットメント」の採用など、経済や物価の動向に合わせた金融緩和の取組を続けている。

問1　2016年9月の日本銀行による「総括的な検証」においては、「物価安定の目標」の実現を阻害した要因として、予想物価上昇率の動向を重視している。

(1)　「フィッシャー方程式」に基づいて、（事前の）実質金利を名目金利と予想物価上昇率で示す関係式を示しなさい。

(2)　予想物価上昇率の上昇は、実質金利の変化を通して実体経済（GDP）に影響を与えると考えられる。予想物価上昇率の上昇による実質金利の変化は、どのような経路を通して GDP に影響を与えるか、考えられる波及経路を2つ挙げて簡潔に説明しなさい。

問2　日本銀行は、2018年7月31日の金融政策決定会合で「強力な金融緩和継続のための枠組み強化」のため、「政策金利のフォワードガイダンス」を導入した。さらに、2019年4月25日の金融政策決定会合で「政策金利のフォワードガイダンスの明確化」を、2019年10月31日の金融政策決定会合で「新たな政策金利のフォワードガイダンス」を決定した。「フォワードガイダンス」とは、一般的にどのような政策か簡潔に説明しなさい。

問3　中央銀行が金融緩和政策を実施した場合、GDP（国内総生産）や金利や物価がどのように変化するかを考えることとする。以下の(1)と(2)に答えなさい。なお、金利のゼロ下限は考慮しない。

(1)　中央銀行が金融緩和政策を実施した場合について、通常の IS-LM 分析を考える。答案用紙に、縦軸、横軸、右上がりの線分（点線）、右下がりの

189

経済

分（点線）、当初の均衡点 E_0 が示されているので、横軸、縦軸、右上がりの線分、右下がりの線分が、それぞれ何をあらわしているかを記入し、金融緩和政策実施後の線分を実線で示し、均衡点 E_0 がどこへ移動するかを明示して説明しなさい。

(2) 中央銀行が金融緩和政策を実施した場合について、総需要・総供給分析を考える。ただし、労働市場において、名目賃金率が硬直的であり、非自発的失業が存在していると想定する。答案用紙に、縦軸、横軸、右上がりの線分（点線）、右下がりの線分（点線）、当初の均衡点 E_0 が示されているので、横軸、縦軸、右上がりの線分、右下がりの線分が、それぞれ何をあらわしているかを記入し、金融緩和政策実施後の線分を実線で示し、均衡点 E_0 がどこへ移動するかを明示して説明しなさい。

解答

問1

(1) （事前の）実質金利＝名目金利－予想物価上昇率

(2) ① 予想物価上昇率の上昇は、実質金利を低下させる。この実質金利の低下は、設備投資を増加させ、総需要を増加させるため、GDP が増加する。

② 予想物価上昇率の上昇による実質金利の低下は、円を減価させる。この円の減価は、輸出を増加させ、総需要を増加させるため、GDP が増加する。

問2

中央銀行が、政策目標の実現まで、もしくは、ある期間、金融緩和政策を継続することをコミットメントする政策のこと。

問 3

(1)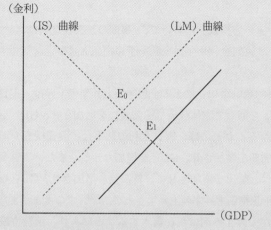

説明：中央銀行が、金融緩和政策を実施した場合、LM曲線が右下方にシフトし、均衡点（IS曲線とLM曲線の交点）がE_0からE_1に移動する。このとき、GDPは増加し、金利は低下する。

(2)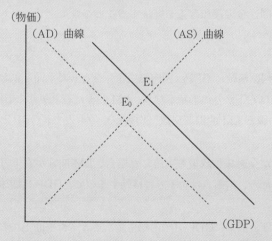

説明：中央銀行が、金融緩和政策を実施した場合、AD曲線が右上方にシフトし、均衡点（AD曲線とAS曲線の交点）がE_0からE_1に移動する。このとき、GDPは増加し、物価は上昇する。

問1

(1) 「フィッシャー方程式」において、(事前の) 実質金利は、

実質金利＝名目金利－予想物価上昇率

と示される。

(2) 「量的・質的金融緩和」による予想物価上昇率の上昇は、実質金利を低下させることを通して実体経済（総需要）を増加させ、GDPを増加させると考えられる。たとえば、実質金利の低下は、設備投資や消費を増加させて、総需要を増加させ、GDPを増加させる。また、実質金利の低下による円安は、輸出を増加させて、総需要を増加させ、GDPを増加させる。なお、予想物価上昇率の上昇にもとづき、将来のさまざまな財やサービスの価格が上昇する前に現在購入することにより、消費や設備投資が増加する場合も、総需要が増加し、GDPが増加する。

問2

「フォワードガイダンス」とは、中央銀行が、政策目標の実現まで、もしくは、ある期間、金融緩和政策を継続することをコミットメントする政策のことである。

問3

(1) 縦軸に金利、横軸にGDP（国内総生産）をとった平面上において、通常、IS曲線は右下がりの形状となり、LM曲線は右上がりの形状となる。また、IS曲線とLM曲線の交点（均衡点）のもとで、GDPと金利が決定される。

中央銀行が金融緩和政策を実施した場合、LM曲線が右下方にシフトする。このため、均衡点は右下方に移動するので、GDPは増加し、金利は低下する。

(2) 縦軸に物価、横軸にGDP（国内総生産）をとった平面上において、通常、AD曲線（総需要曲線）は右下がりの形状となる。一方、労働市場において、名目賃金率が硬直的であり、非自発的失業が存在していると想定すると、AS曲線（総供給曲線）は右上がりの形状となる。また、

AD 曲線と AS 曲線の交点（均衡点）のもとで、GDP と物価が決定される。

中央銀行が金融緩和政策を実施した場合、ＡＤ曲線は右上方にシフトする。このため、均衡点は右上方に移動するので、GDP は増加し、物価は上昇する。

第Ⅱ章　金融経済

問題 2.2　次の文章を読んで、以下の問 1 〜問 4 に答えなさい。

　米連邦準備制度理事会（FRB）は、2014年10月29日の米連邦公開市場委員会（FOMC）において、住宅ローン担保証券（MBS）の購入をやめることを決定し、2012年 9 月に開始した量的緩和第 3 弾（QE 3）を終了した。さらに、2015年12月16日の FOMC において、 9 年半ぶりの政策金利引上げを決定した。

　一方、欧州中央銀行（ECB）は、2014年 6 月 5 日に政策金利の引下げとマイナス金利政策（中央銀行預け金にマイナス金利を付利する政策）の導入を決定した。さらに、2015年 3 月 9 日に量的緩和を開始した。

　この間、日本銀行は、2013年 4 月 4 日に「量的・質的金融緩和」を導入した後、2014年10月31日には「量的・質的金融緩和」の拡大を、2015年12月18日には「量的・質的金融緩和」を補完するための諸措置の導入を行った。さらに、2016年 1 月29日には「マイナス金利付き量的・質的金融緩和」を導入することを決定し、今後、「量」・「質」・「金利」の 3 つの次元で緩和手段を駆使して、金融緩和を進めていくこととした。

問 1　欧州中央銀行（ECB）は、2014年 6 月 5 日に導入を決定したマイナス金利政策の金利水準を段階的に引下げ、2016年 3 月10日には−0.4％にした。一方、日本銀行は、2016年 2 月16日の準備預金積み期間から、日本銀行当座預金残高のうち「基礎残高」と「マクロ加算残高」を上回る部分に、−0.1％のマイナス金利を適用しはじめた。

(1)　マイナス金利政策が実施されるとイールドカーブはどのような形になるか、純粋期待仮説に基づいて、答案用紙の解答欄の図に実線で示しなさい。なお、政策実施前のイールドカーブは、答案用紙のグラフに点線で記入されている。

(2)　マイナス金利政策の効果を 1 つ挙げて説明しなさい。

(3)　マイナス金利政策のデメリットを 1 つ挙げて説明しなさい。

問 2　金融緩和政策の拡大にも関わらず、株式市場では株価が下落することがある。この理由について、「リスクフリーレート」と「リスクプレミアム」に言及して説明しなさい。

問 3　2012年 9 月の安倍自民党総裁再就任以降、円の実効為替レートは円安方向への動きが強まった。特に、実質実効為替レート（2010年＝100）は2015

年6月に67.8となり、1973年2月に円が変動相場制に完全に移行して以来、最も円安の水準となった。

図表　円の実効為替レートの推移

（資料）日本銀行ホームページ

(1) 実質実効為替レートとは何かを、実質為替レートと実効為替レートに分けて、それぞれについて説明しなさい。

(2) 最近は、名目実効為替レートと実質実効為替レートの間の乖離幅が小さくなっている。名目実効為替レートと実質実効為替レートは、どのような要因によって乖離するかを説明しなさい。

問4 円ドルレート（東京市場・スポット・中心相場）の推移をみると、2015年6月8日に1ドル＝125円35銭まで円安が進み、この時期には、「悪い円安」懸念から外国為替市場への「ドル売り円買い介入」が実施されるのでは、という憶測も生まれた。政府（国）が、介入金額1,000億円のドル売り円買いの「非不胎化介入」もしくは「不胎化介入」を実施した場合について、以下の問いに答えなさい。なお、前提として、介入と同時に非不胎化もしくは不胎化が行われるとし、日本銀行が金融調整を行うときにはT-Bill（国庫短期証券）の売買を用いるものとする。

(1) 政府と日本銀行を統合した「政府勘定」のバランスシートはどのように変化しますか。「非不胎化介入」の場合と「不胎化介入」の場合のそれぞれについて、介入の直前と直後を比べ、資産側・負債側の区別をつけずに、<u>変化する項目だけをその金額の変化とともに答えなさい</u>。なお、「政府勘定」のバランスシートの項目には、外貨、日銀当預、T-Bill（国庫短期証券）、政府預金しかないものとする。

(2) 民間金融機関のバランスシートはどのように変化しますか。「非不胎化介入」の場合と「不胎化介入」の場合のそれぞれについて、介入の直前と直後を比べ、資産側・負債側の区別をつけずに、<u>変化する項目だけをその金額の変化とともに答えなさい</u>。なお、民間金融機関のバランスシートの項目には、外貨、日銀当預、T-Bill（国庫短期証券）、個人・企業預金しかないものとする。

解答
問1

(1)

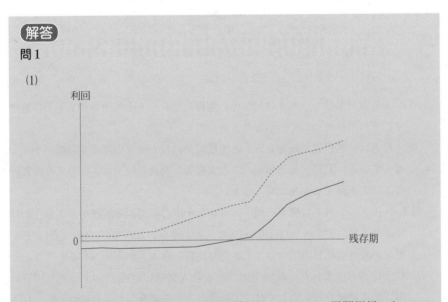

(2) 中央銀行預け金にマイナス金利が付利されることは、民間銀行にとって、中央銀行に国債を売って得た資金を預金ファシリティに置かず、民間部門への貸出に振り向けるインセンティブになるので、民間金融機関から実体

経済への信用供与拡大が期待される。

(3) 中央銀行に対して民間金融機関が保有する債券を売却するインセンティブが低下すると、量的緩和をスムーズに運営できない可能性が懸念される。

問2

金融緩和の拡大はリスクフリーレートを低下させるので、このことは株価の上昇要因となる。しかし、企業収益の悪化予想などによる投資家が要求するリスクプレミアムの上昇が、リスクフリーレートの低下を上回れば、金融緩和政策の拡大にも関わらず、株式市場では株価が下落する。

問3

(1) 円の実質為替レートとは、日本と貿易相手国における物価の動きで名目為替レートを調整した指数である。一方、実効為替レートとは、貿易相手諸国の為替レートをそれぞれの貿易ウェイトで加重平均した指数である。

(2) 名目為替レートの変化率に貿易相手国のインフレ率と日本のインフレ率の差を加えると、近似的に、実質為替レートの変化率が得られる。このため、貿易相手国のインフレ率と日本のインフレ率が同じような状況の場合、名目実効為替レートと実質実効為替レートの乖離幅が小さくなる。

問4

(1) 政府と日本銀行を統合した「政府勘定」
　　非不胎化介入：外貨が1,000億円減少し、日銀当預が1,000億円減少する。
　　不 胎 化 介 入：外貨が1,000億円減少し、T-Bill が1,000億円増加する。

(2) 民間金融機関
　　非不胎化介入：外貨が1,000億円増加し、日銀当預が1,000億円減少する。
　　不 胎 化 介 入：外貨が1,000億円増加し、T-Bill が1,000億円減少する。

問1
(1) マイナス金利政策は、純粋期待仮説に基づけば、中央銀行預け金に付利される金利をマイナス化することで、イールドカーブの起点をマイナスに引き下げるとともに、イールドカーブ全体も下方にシフトさせる。
(2) 中央銀行預け金の付利金利がマイナスに設定された場合、民間金融機関が中央銀行に国債を売って得た資金にマイナス金利分のコストが発生する。このため、マイナス金利政策は、民間金融機関にとって、このコスト増となった資金を、収益性を求めて民間部門への貸出などリスク性資産に振り向けるインセンティブになると考えられる。このことより、マイナス金利政策には、民間金融機関から実体経済への信用供与拡大を促し、ポートフォリオ・リバランス効果をより大きくすることが期待される。さらに、イールドカーブ全体を下方にシフトさせ、長期金利がより低下することで、家計や企業の消費や投資を喚起する効果があると考えられる。さらに、金利低下による株価上昇や自国通貨の減価といった効果も期待される。
(3) 欧州中央銀行（ECB）がマイナス金利政策を導入するとき、中央銀行に対して民間金融機関が保有する債券を売却するインセンティブが低下してしまい、量的緩和をスムーズに運営できなくなる可能性が懸念された。また、マイナス金利政策によって、民間金融機関の収益の低下を招いて金融仲介機能を損なうリスクも指摘されている。さらに、預金金利の低下や決済に対する手数料の引上げなどにより、現金選好が高まれば、信用収縮につながる可能性もある。

問2 配当割引モデル（効率的市場仮説）をもとにすると、株価は、

$$株価 = \frac{株式取得後最初の配当}{リスクフリーレート＋リスクプレミアム－配当の予想上昇率}$$

と示される。このため、金融緩和によってリスクフリーレート（国債利回り）が低下すれば、株価が上昇する。一方、企業収益の悪化予想などによる投資家が要求するリスクプレミアムの上昇は、株価を下落させる。

章末問題

これらのことより、金融緩和の拡大によるリスクフリーレートの低下を
リスクプレミアムの上昇が上回れば、金融緩和政策の拡大にも関わらず、
株式市場では株価が下落することとなる。

問3

(1) 円の実質為替レートとは、日本と貿易相手国における物価の動きで名
   目為替レートを調整した指数（円の実質為替レート＝円の名目為替レー
   ト×外国の物価÷日本の物価）であり、実効為替レートとは、貿易相手
   諸国の為替レートをそれぞれの貿易ウェイトで加重平均した指数である。

(2) 名目為替レートと実質為替レートの関係を、変化率で見ると、

   実質為替レートの変化率＝名目為替レートの変化率

   ＋外国のインフレ率－自国のインフレ率

   と示される。このため、外国のインフレ率と自国のインフレ率の差がな
   いほど、名目為替レートの変化率と実質為替レートの変化率は近くなり、
   名目実効為替レートと実質実効為替レートの間の乖離幅も小さくなる。

問4 政府が1,000億円のドル売り円買いの非不胎化介入を実施した場合、政
   府と日銀と民間金融機関のバランスシートは、つぎのように変化する。

① 政府は保有する外貨準備から1,000億円のドルを民間金融機関に売却す
   る。このとき、政府のバランスシートでは、資産側で、外貨（ドル）が
   1,000億円減少し、その代金の受取により政府預金が1,000億円増加する。

② 日銀のバランスシートでは、政府が民間金融機関に外貨（ドル）を1,000
   億円売却すると、負債側で、政府預金が1,000億円増加し、日銀当預が同
   額減少する。この日銀当預の減少は、マネタリーベースを減少させ、短
   期金融市場の需給を逼迫させるので、短期金利を上昇させ、自国通貨の
   増価圧力となる。

③ 民間金融機関のバランスシートでは、日銀を通して政府からドルを購
   入するので、資産側で、外貨（ドル）が1,000億円増加し、日銀当預が同
   額減少する。このため、民間金融機関は、ドル建て資産を増加させ、円
   建て資産を減少させ、為替変動に対するリスクプレミアムを上昇させる。
   このリスクプレミアムの上昇は、自国通貨の増価圧力となる。

第Ⅱ章　金融経済

　　一方、政府・日銀が1,000億円のドル売り円買いの不胎化介入を実施した場合、政府と日銀と民間金融機関のバランスシートは、つぎのように変化する。なお、日銀による金融調節は、T-Bill（国庫短期証券）の売買によるものとする。

① 　政府のバランスシートの変化は、「非不胎化介入」の場合と同じになる。

② 　日銀のバランスシートでは、政府が民間金融機関にドルを1,000億円売却すると、負債側で、政府預金が1,000億円増加し、日銀当預が同額減少する。

③ 　不胎化介入では、ドル売り円買い介入と同時期に、日銀が1,000億円のT-Bill（国庫短期証券）の買いオペレーションを実施するため、さらに日銀のバランスシートでは、資産側で T-Bill が1,000億円増加し、日銀から民間金融機関への T-Bill の代金の支払いにより、負債側で日銀当預が1,000億円増加する。

④ 　これら②と③の結果、ドル売り円買いの不胎化介入後の日銀当預の残高は、介入前と同一水準のままとなり、マネタリーベースは変化しない。

⑤ 　民間銀行のバランスシートでは、日銀を通して政府からドルを購入するので、資産側で、外貨（ドル）が1,000億円増加し、日銀当預が同額減少する。同時に、日銀に T-Bill（国庫短期証券）を売却するので、資産側で、T-Bill が1,000億円減少し、日銀当預が同額増加する。これら政府による市場介入と日銀によるオペレーションの結果、民間金融機関の資産構成において、ドル建て資産が増加し、円建て資産（T-Bill）が減少するため、民間銀行の為替変動に対するリスクプレミアムが上昇する。このリスクプレミアムの上昇は自国通貨の増価圧力となる。

章末問題

問題 2.3 次の文章を読んで、以下の問１〜問４に答えなさい。

　日本銀行は、2013年４月４日に、消費者物価の前年比上昇率２％の「物価安定の目標」を、２年程度の期間を念頭に置いて、できるだけ早期に実現するため、「量的・質的金融緩和」を導入した。「量的・質的金融緩和」では、当初、マネタリーベースおよび長期国債・ＥＴＦ等の保有額を２年間で２倍に拡大し、長期国債買入れの平均残存期間を３年弱から国債発行残高の平均並みの７年程度に２倍以上延長したが、2014年10月31日に、マネタリーベースの増加額や長期国債・ＥＴＦ等の買入れ額をさらに拡大し、同時に、長期国債買入れの平均残存期間を７年〜10年程度にさらに延長する追加緩和が発表された。

問１ 次の日本銀行の金融政策運営に関する問に答えなさい。

(1) 2006年３月に量的緩和政策を解除して以降、金融市場調節の操作目標として何を採用していましたか。

(2) 2013年４月に導入された「量的・質的金融緩和」では、金融市場調節の操作目標として何を採用していますか。

問２ 「量的・質的金融緩和」に期待される政策効果の一つとして、「ポートフォリオ・リバランス効果」がある。

(1) 「ポートフォリオ・リバランス効果」について簡単に説明しなさい。

(2) 日銀当座預金残高が積み上がることをもって、しばしば、「ポートフォリオ・リバランス効果」が出ていないとの指摘があるが、この指摘は適切ではないという意見もある。どのような場合に、この指摘が適切でないと考えられるかを説明しなさい。

問３ 「量的・質的金融緩和」において、日本銀行が国債購入額の拡大を進めると、市場が財政赤字のファイナンスに対して疑念を抱く可能性がある。

(1) このような疑念により長期金利はどのように推移すると考えられるかを簡潔に説明しなさい。

(2) 上の(1)で答えた長期金利の動向が日本経済に与える影響について２点を挙げて簡潔に説明しなさい。

問４ 日本の短期国債の利回りでは、2014年秋からマイナス金利が続いたが、2015年１月20日、長期金利の指標となる10年物国債の利回りも過去最低を更新して、一時、史上初の0.1％台に突入した。財務省の「国債金利情報」に

201

よれば、2014年12月末頃から、4年物国債の利回りもマイナス金利となっている。

図表　2015年1月20日の国債利回り

（資料）財務省「国債金利情報」

(1) 図表に示されているように中期国債の利回りがマイナス金利となっている背景について考えられることを述べなさい。

(2) 図表の利回り曲線において、短中期ゾーン（6年物まで）は低位で水平に近い形となっているが、それよりも期間が長い中長期ゾーンでは右上がりとなっている。利回り曲線がこのような形状になる理由を、純粋期待仮説に基づいて説明しなさい。

解答

問1
(1) 無担保コールレート・オーバーナイト物
(2) マネタリーベース

問2
(1) 民間保有のポートフォリオのリスクを中央銀行のオペレーションによっ

て減少させると、民間が一定のリスク許容度の範囲内で収益を最大化しようとする結果、新たなリスクテイクを行うことである。

(2) たとえば、金融機関がリスク性資産を購入した場合、その購入代金は、別の金融機関の日銀当座預金残高に振り替わるため、金融システム全体としてみた日銀当座預金残高は変化しないため。

問3

(1) 財政赤字を日銀によりファイナンスしているといった疑念は、日本の財政規律に対する信認の低下をもたらすため、リスクプレミアムの増大を通じて、長期金利を急上昇させるおそれがある。

(2) 以下から2点を指摘する。

① 政府の利払費が急増して財政の持続可能性が大きく低下する。

② 国債を大量に保有する金融機関が金利上昇によって巨額の損失を余儀なくされ、金融システム不安が発生する。

③ 企業の資金調達コストの上昇や資金繰りの悪化により企業活動が抑制される。

④ 家計の住宅ローンの返済が増加することにより家計消費が抑制される。

問4

(1) 日銀が「量的・質的金融緩和」のもとで大量の国債を買い上げているため、国内の金融機関の債券ディーラーが、マイナス金利となるような高い価格で国債を購入しても、短期間で、より高い価格で日銀に売却して利鞘が稼げると期待したため。

（これ以外の理由は、解説を参照のこと。）

(2) 純粋期待仮説によれば、長期金利は、現在の短期金利と期待短期金利（将来の短期金利の予想値）の幾何平均となる。短中期ゾーン（6年物まで）のイールドカーブがほぼゼロ％となっていることは、今後5〜6年程度は低金利政策が継続されると市場が予想していることを意味する。一方、期間6年以降、イールドカーブが明確な右上がりとなっていることは、「量的・質的金融緩和」の効果もあり、5〜6年後以降、経済成長と物価が上昇すると市場が予想していることをあらわしている。

問1

(1) 2001年3月から実施された「量的緩和政策」では、金融市場調節の操作目標として日銀当座預金残高が採用された。その後、2006年3月に量的緩和政策が解除されて以降の操作目標は、無担保コールレート・オーバーナイト物となった。

(2) 2013年4月に導入された「量的・質的金融緩和」では、金融市場調節の操作目標としてマネタリーベースが採用されている。

問2

(1) 「ポートフォリオ・リバランス効果」とは、所要準備額を大幅に超える資金を供給することにより、金融機関にとって、利子ゼロの安全資産（日銀当預）が積み上がることとなるため、金融機関が収益機会を求めて、よりリスクがある資産（＝貸出、社債、株式、外債など）への投資・運用を積極化させることを期待する効果のことをいう。

(2) 日銀当座預金残高が積み上がることをもって、しばしば、ポートフォリオ・リバランス効果が出ていない、との指摘がみられる。しかし、たとえば金融機関がリスク性資産を購入した場合、その購入代金は、別の金融機関の日銀当座預金残高に振り替わるため、金融システム全体としてみた日銀当座預金残高は変化しない。このため、日銀当座預金残高や比較的リスクが低い国債以外の資産が増加しているかどうかによって、金融機関のリスクテイクの動きが確認できると『平成26年版　経済財政白書』では指摘している。

問3

(1) 「物価安定の目標」を達成するための金融緩和政策の一環として、日本銀行が国債購入の増額を進めると、市場が財政赤字のファイナンスに対して疑念を抱く可能性がある。このような財政赤字を日銀によりファイナンスしているといった疑念は、日本の財政規律に対する信認の低下をもたらすため、リスクプレミアムの増大を通じて、長期金利を急上昇させるおそれがある。

章末問題

(2) 急激な長期金利の上昇が、日本経済に与える影響としては、①政府の利払費が急増して財政の持続可能性が大きく低下すること、②国債を大量に保有する金融機関が金利上昇（＝国債価格の下落）によって巨額の損失を余儀なくされ、金融システム不安が発生する懸念があること、③企業の資金調達コストの上昇や資金繰りの悪化により企業活動が抑制されること、④家計の住宅ローンの返済が増加することにより家計消費が抑制されること、などが挙げられる。

問4

(1) マイナス金利の国債に対する需要の背景としては、①日銀が「量的・質的金融緩和」のもとで大量の国債を買い上げているため、国内の金融機関の債券ディーラーにとって、マイナス金利となるような高い価格で国債を購入しても、短期間で、より高い価格で日銀に売却して利鞘が稼げると期待できる状況となったこと、②金利通貨スワップ市場における円調達コストが大幅なマイナスになっているため、ドイツ、フランス、スイスなど、欧州の短期国債の多くがマイナス金利となって運用難となっている欧米の投資家にとって、ユーロやドルを円に転換してマイナス金利の日本国債を購入しても利鞘が稼げる可能性が高くなったこと、③国内銀行の短期的な資金繰りにおける国債に対する担保需要、といった点が挙げられる。

(2) 純粋期待仮説によれば、長期金利は、現在の短期金利と期待短期金利（将来の短期金利の予想値）の幾何平均となる。短中期ゾーン（6年物まで）のイールドカーブがほぼゼロ％となっていることは、今後5～6年程度は低金利政策が継続されると市場が予想していることを意味する。一方、期間6年以降、イールドカーブが明確な右上がりとなっていることは、「量的・質的金融緩和」の効果もあり、5～6年後以降、経済成長と物価が上昇すると市場が予想していることをあらわしている。

205

次の文章を読んで、以下の問1〜問3に答えなさい。

　日本銀行は、2％の「物価安定の目標」の早期の実現のため、2013年4月に「量的・質的金融緩和」を導入した後、2014年10月にはその拡大を決定し、また、2016年1月には「マイナス金利付き量的・質的金融緩和」の導入を決定した。「マイナス金利付き量的・質的金融緩和」は、金融市場調節の対象としてのマネタリーベース増加の「量」、買入れする資産の「質」という観点に加え、金融機関が保有する日銀当座預金の一部について0.1％のマイナス金利を適用するという「金利」面を加えた3つの次元で金融緩和を進めていくものである。

　さらに、日本銀行は、2016年9月に「総括的な検証」を行い、その結果を踏まえて、金融緩和強化のための新しい枠組みである「長短金利操作付き量的・質的金融緩和」を導入した。この新しい政策枠組みは、①金融市場調節によって長短金利の操作を行う「イールドカーブ・コントロール」、②消費者物価上昇率の実績値が安定的に2％の「物価安定の目標」を超えるまで、マネタリーベースの拡大方針を継続する「オーバーシュート型コミットメント」、という2つの要素から成り立っている。

問1　日本銀行は、2013年4月の「量的・質的金融緩和」導入当初、金融市場調節の操作目標をマネタリーベースに変更して、デフレ脱却を目指した。しかし、ＧＤＰデフレーターの変動要因を確認すると、1990年代前半以降、マネタリーベースの増加は、「マネーストック／マネタリーベース」の低下によって大きく相殺される傾向にあり、必ずしも物価の押上げにつながらなかった。

(1)　マネタリーベースとは何かを簡潔に説明しなさい。

(2)　「マネーストック／マネタリーベース」の低下の要因を簡潔に説明しなさい。

問2　2016年9月の日本銀行による「総括的な検証」においては、「物価安定の目標」の実現を阻害した要因として、予想物価上昇率（期待インフレ率）の動向を重視している。

(1)　「フィッシャー方程式」に基づいて、実質金利を名目金利と予想物価上昇率（期待インフレ率）で示す関係式を書きなさい。なお、リスクプレミアムは考慮しなくてよい。

章末問題

(2) 予想物価上昇率（期待インフレ率）の動向がどのようにして実体経済（GDP）に影響を与えるか、考えられる波及経路を2つ挙げて簡潔に説明しなさい。

問3 「量的・質的金融緩和」に期待される政策効果には、「時間軸効果」や「ポートフォリオ・リバランス効果」もある。

(1) 「時間軸効果」について簡単に説明しなさい。

(2) 「ポートフォリオ・リバランス効果」について簡単に説明しなさい。

問4 「量的・質的金融緩和」において、日本銀行が国債購入額の拡大を進めたため、すでに日本銀行は国債の発行残高のうち4割近くの国債を保有する状況にある。このまま日本銀行が国債購入を続けると、市場が財政赤字のファイナンスに対して疑念を抱く可能性がある。

(1) このような疑念により長期金利はどのように推移すると考えられるかを簡潔に説明しなさい。

(2) 上の(1)で答えた長期金利の動向が日本経済に与える影響について2点を挙げて簡潔に説明しなさい。

解答

問1

(1) マネタリーベースとは、「流通現金（＝日本銀行券発行高＋貨幣流通高）」と「日銀当座預金」の合計のこと。

(2) 日本銀行の金融緩和によって日銀当座預金が増加したものの、それが期待されたほど貸出の増加につながらず、預金が十分に増加していないため、金融部門における準備／預金比率が上昇し、「マネーストック／マネタリーベース」（貨幣乗数）が低下したと考えられる。

問2

(1) 実質金利＝名目金利－予想物価上昇率（期待インフレ率）

(2) ① 量的・質的金融緩和による予想物価上昇率の上昇により実質金利が低下し、設備投資が増加し、GDPが増加する。

② 量的・質的金融緩和による予想物価上昇率の上昇により実質金利が

207

第Ⅱ章　金融経済

　　　　　低下し、円安になることにより輸出が増加し、ＧＤＰが増加する。

問3

(1)　量的緩和政策継続のコミットメントにより、量的緩和が長期化するとの市場の期待を強め、短期金利とともに中長期金利を低位安定させる効果のこと。

(2)　民間金融機関保有のポートフォリオのリスクを中央銀行がオペレーションによって減少させると、民間金融機関が、一定のリスク許容度の範囲内で収益を最大化しようとする結果、新たなリスクテイクを行うことを期待する効果のこと。

問4

(1)　財政赤字を日銀によりファイナンスしているといった疑念は、日本の財政規律に対する信認の低下をもたらすため、リスクプレミアムの増大を通じて、長期金利を急上昇させるおそれがある。

(2)　以下から2点を指摘する。

　　①　政府の利払費が急増して財政の持続可能性が大きく低下する。

　　②　国債を大量に保有する金融機関が金利上昇によって巨額の損失を余儀なくされ、金融システム不安が発生する。

　　③　企業の資金調達コストの上昇や資金繰りの悪化により企業活動が抑制される。

　　④　家計の住宅ローンの返済が増加することにより家計消費が抑制される。

解説

問1

(1)　マネタリーベースとは、「日本銀行が供給する通貨」のことで、市中に出回っている通貨である「流通現金」（＝「日本銀行券発行高」＋「貨幣流通高」）と「日銀当座預金」の合計値となる。

(2)　「マネーストック／マネタリーベース」とは、「貨幣乗数」のことであ

る。「貨幣乗数」は、信用創造の目安となる指標であるため、「貨幣乗数」の低下は、信用創造が収縮していることを示す。リーマンショック以降、貨幣乗数の低下傾向は、おもに金融部門における準備率（準備／預金比率）の上昇によって生じている。このことは、日本銀行の金融緩和によって日銀当座預金（準備預金）が増加したものの、それが期待されたほど貸出の増加につながらず、預金が十分に増加していないことを意味している。

問2

(1) 「フィッシャー方程式」において、名目金利は、

名目金利＝実質金利＋予想物価上昇率（期待インフレ率）

と示される。このため、実質金利は、

実質金利＝名目金利－予想物価上昇率（期待インフレ率）

と示される。

(2) 「量的・質的金融緩和」による予想物価上昇率（期待インフレ率）の上昇は、実質金利を低下させることを通して実体経済（ＧＤＰ）に影響を与える。たとえば、実質金利の低下は、設備投資や消費を増加させて、ＧＤＰを増加させる。また、実質金利の低下による円安は、輸出を増加させて、ＧＤＰを増加させる。

問3

(1) 「量的緩和政策継続のコミットメント」により、量的緩和が長期化するとの市場の期待を強め、短期金利とともに中長期金利を低位安定させる効果を「時間軸効果」という。

(2) 「ポートフォリオ・リバランス効果」とは、所要準備額を大幅に超える資金を供給することにより、金融機関にとって、利子ゼロもしくはマイナスの日銀当預が積み上がることとなるため、金融機関が収益機会を求めて、よりリスクがある資産（＝貸出、社債、株式、外債など）への投

第Ⅱ章　金融経済

資・運用を積極化させることを期待する効果のことをいう。

問4

(1)　「物価安定の目標」を達成するための金融緩和政策の一環として、日本銀行が国債購入の増額を進めると、市場が財政赤字のファイナンスに対して疑念を抱く可能性がある。このような財政赤字を日銀によりファイナンスしているといった疑念は、日本の財政規律に対する信認の低下をもたらすため、リスクプレミアムの増大を通じて、長期金利を急上昇させるおそれがある。

(2)　急激な長期金利の上昇が、日本経済に与える影響としては、①政府の利払費が急増して財政の持続可能性が大きく低下すること、②国債を大量に保有する金融機関が金利上昇（＝国債価格の下落）によって巨額の損失を余儀なくされ、金融システム不安が発生する懸念があること、③企業の資金調達コストの上昇や資金繰りの悪化により企業活動が抑制されること、④家計の住宅ローンの返済が増加することにより家計消費が抑制されること、などが挙げられる。

第Ⅲ章

国際金融論

出 題 傾 向

過去の出題内容

2016年　国際収支表、IS-LM-BP分析（小国）、金利平価

2017年　金利平価説、ポートフォリオ・バランス・アプローチ

2018年　出題なし

2019年　金利平価説、金融政策と為替レート

2020年　出題なし

傾向と対策

　「国際金融論」からは、国際収支表、ISバランス（貯蓄投資差額）、為替レート決定理論、IS－LM－BP分析が出題されている。近年は、為替レートの決定モデルである購買力平価説と金利平価説を基にした出題が目立つ。これらについて、理論式を示すものや計算問題が出題される。また、ポートフォリオ・バランス・アプローチを用いて、リスク・プレミアムと為替レートの関係に関する出題もある。基本理論をしっかりと理解して、問題にアプローチされたい。

論　点	2016年	2017年	2018年	2019年	2020年	重要度
国際金融論						
国際収支表など	●					B
経常収支、ISバランス						C
弾力性アプローチ						C
為替レート（実質為替レート、実効為替レート）と為替介入	●			●		A
為替レート決定理論（購買力平価説、金利平価説）	●	●		●		A
為替制度、最適通貨圏	●					B
IS-LM-BP分析（マンデル=フレミング・モデル、2国モデル）	●					B

第Ⅲ章　国際金融論

ポイント整理

1　国際収支

⑴　国際収支

　国際収支表とは、ある一定期間の①居住者と非居住者のすべての対外経済取引を、②発生主義のもと、③市場価格に基づき、④複式簿記の原理に従って記載したものである。また、96年に改訂された現行の国際収支表では、円建てのみが発表されている（以前は円建て、ドル建て両方が発表されていた）。

図表Ⅲ-1　国際収支表の記載方法

①居住者・非居住者の区別	国籍ではなく、その国における**経済活動の本拠地の有無**による。
②発生主義	**取引が実際に発生した時点**を記録時点とする。
③市場価格での評価	**財・サービス、資本の取引は市場価格で評価**させる。また、**輸出入ともに FOB ベースで記載**される。 ＊FOB ベース：船積みまでの費用を含み、船積み後の輸送費、保険料を含まない価格で計上する方法。
④複式簿記の原理	財・サービスや資本・金融の対外取引それ自体とその**対価の流れの両方を1つの表に記載**する。

⑵　国際収支統計の体系

・国際収支統計の体系は、大きく 3 つに分けられる。

　　①　財・サービスや所得のやりとりを記録する「経常収支」

　　②　金融資産・負債に係る対外取引が計上される「金融収支」

　　　　金融資産増加・負債減少はプラス計上：資本流出

　　　　金融資産減少・負債増加はマイナス計上：資本流入

　　③　資産の所有権移転を伴う「資本移転」と「非金融非生産資産の取得処分」が計上される「資本移転等収支」

　これらの関係は（Ⅲ-1）式のようになっている。

> 経常収支＋資本移転等収支－金融収支＋誤差脱漏＝0　　　　　　　　（Ⅲ-1）

財・サービス、および資産・負債の取引において、経常収支、資本移転等収支、および（－金融収支）の合計はゼロになるはずである。しかし、実際の統計ではゼロにならないので、国際収支表のしくみ上、調整項目として誤差脱漏が設けられている。

図表Ⅲ-2　日本の国際収支（IMF 国際収支マニュアル第 6 版準拠）の推移

（単位：億円、%）

		2013年 （平成25年）	2014年 （平成26年）	2015年 （平成27年）	2016年 （平成28年）	2017年 （平成29年）	2018年 （平成30年）	2019年 （令和元年）
貿易・サービス収支		−122,521	−134,988	−28,169	43,888	42,297	1,052	5,060
（対前年比）		(51.6)	(10.2)	(−79.1)	(−)	(−3.6)	(−97.5)	(380.9)
	貿易収支	−87,734	−104,653	−8,862	55,176	49,554	11,265	3,812
	（対前年比）	(105.4)	(19.3)	(−91.5)	(−)	(−10.2)	(−77.1)	(−66.2)
	輸出	678,290	740,747	752,742	690,927	772,855	812,263	760,309
	（対前年比）	(9.5)	(9.2)	(1.6)	(−8.2)	(11.9)	(5.1)	(−6.4)
	輸入	766,024	845,400	761,604	635,751	723,301	800,998	756,498
	（対前年比）	(15.7)	(10.4)	(−9.9)	(−16.5)	(13.8)	(10.7)	(−5.6)
	サービス収支	−34,786	−30,335	−19,307	−11,288	−7,257	−10,213	1,248
第一次所得収支		176,978	194,148	213,032	188,183	198,374	212,722	209,845
（対前年比）		(26.5)	(9.7)	(9.7)	(−11.7)	(5.4)	(2.8)	(−1.4)
第二次所得収支		−9,892	−19,945	−19,669	−21,456	−21,157	−20,031	−13,755
経常収支		44,566	39,215	165,194	210,615	219,514	193,743	201,150
（対前年比）		(−6.5)	(−12.0)	(321.3)	(27.5)	(4.2)	(−14.9)	(3.8)
資本移転等収支		−7,436	−2,089	−2,714	−7,433	−2,872	−2,105	−4,131
直接投資		142,459	125,877	161,319	145,293	168,271	147,789	231,205
証券投資		−265,652	−48,330	160,294	296,496	−59,680	100,528	93,337
金融派生商品		55,516	37,644	21,439	−16,582	34,561	1,239	3,778
その他投資		25,085	−61,306	−130,539	−136,662	6,972	−76,127	−113,305
外貨準備		38,504	8,898	6,251	−5,780	26,518	26,628	28,039
金融収支		−4,087	62,782	218,764	282,764	176,642	200,057	243,055
誤差脱漏		−41,217	25,656	56,283	79,583	−40,000	8,419	46,035

（備考）　1　四捨五入のため、合計に合わないことがある。
　　　　　2　金融収支のプラス（＋）は純資産の増加、マイナス（－）は純資産の減少を示す。
（出所）財務省

213

第Ⅲ章　国際金融論

2　経常収支

⑴　経常収支と金融収支の動向

　リーマンショック以降、日本の貿易収支の黒字が急速に減少し、日本の経常収支黒字も急速に縮小している。2011年から2014年にかけて、所得収支やサービス収支が比較的安定的に推移する中で、貿易収支は赤字となり、経常収支の黒字幅も減少している。

　その後、貿易収支は黒字に転換し、所得収支の堅調な黒字により、経常収支の黒字が拡大し、安定的に高水準で推移している。

　2019年において、貿易収支は、輸出の減少が輸入の減少を上回り、黒字が縮小している。一方、　サービス収支は、旅行収支の黒字が拡大したことに加え、その他サービス収支と輸送収支の赤字が縮小したことから黒字となった。　第一次所得収支は、その構成要素である直接投資収益が、海外子会社等からの配当金の受取額の増加したことなどによって、大幅な黒字となった。2019年における経常収支は、以上のような各項目の動きにより、その黒字幅が拡大した。

　金融収支は、その構成要素である証券投資対外資産の増加幅と対外負債の増加幅を上回り証券投資が黒字となり、また、本邦企業による積極的な企業買収などから直接投資の純資産が増加したことにより、大幅な黒字となった。

図表Ⅲ-3　経常収支と金融収支の推移

＜経常収支＞

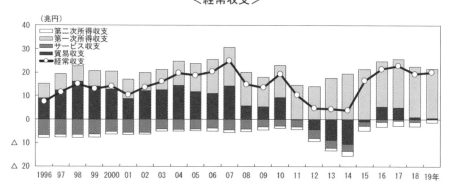

＜金融収支＞

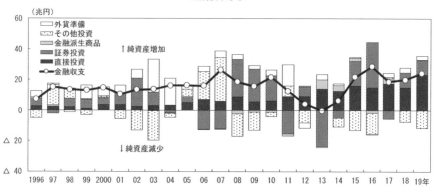

（出所）「2019年の国際収支統計および本邦対外純資産負債残高」（日本銀行）

(2) ISバランス（財蓄投資差額）の考え方

貯蓄投資差額は、（家計など）各部門における貯蓄と投資の差額である。

```
可処分所得＝所得－税及び社会保障負担
貯蓄＝可処分所得－消費
貯蓄投資差額＝貯蓄－投資
```

第Ⅲ章　国際金融論

　可処分所得の中から消費に使われず、資産の蓄積に回された分が貯蓄であり、貯蓄と投資の差額がISバランスになる。このISバランスは、部門毎の資金過不足に対応する。すなわち、貯蓄超過部門は金融面では資金余剰部門であり、同様に投資超過部門は資金不足部門となる。

分配面からみたGDP　$Y=C+S+T$

支出面からみたGDP　$Y=C+I+G+(EX-IM)$

　　　　ただし、C：消費、S：貯蓄、T：租税、G：政府支出、I：投資、EX：輸出、IM：輸入

上の2式を整理すると、以下の **IS バランス**の基本式が導出される。

経常収支　　　　　　　　　　　国内の貯蓄投資差額

$$(EX-IM) = \quad (S-I) \quad + \quad (T-G) \quad （Ⅲ-2）$$

民間の貯蓄投資差額　　　　財政収支

$$(EX-IM) = (S_H-I_H) + (S_C-I_C) + (T-G) \quad （Ⅲ-3）$$

[海外]　　　　　[家計]　　[非金融法人企業]　[一般政府]

---

(3)　わが国のISバランス

　日本の資金過不足（IS バランス）の推移において、1990年代以降、各制度部門の IS バランスは以下のように整理できる。

① 　家計部門は、引き続き資金余剰ながら、余剰幅は縮小している。

② 　企業部門は、1990年代半ば以降、資金不足から資金余剰へと転換している。

③ 　政府部門は、大幅な資金不足（＝財政赤字）になっている。

④ 　海外部門は、日本の経常収支黒字に対応して、資金不足となっている。

　①家計部門の資金余剰幅の縮小には、バブル崩壊以降の雇用・所得環境の悪化に加えて、人口構成の高齢化等が影響していると考えられる。②企業部門の資金余剰への転換は、バブル崩壊以降の長期不況の中で設備投資をキャッシュ

フローの範囲に抑制し、過剰債務を圧縮したことによると考えられる。③政府部門の資金不足拡大には、バブル崩壊、大型経済対策が相次いだことや税収が低迷したこと、人口構成の高齢化による社会保障費の増大が影響している。④海外部門の恒常的な資金不足は、日本の経常収支が黒字を続けていることと対応している。

　各制度部門のISバランスを総合すると、1990年代半ば以降、家計部門と企業部門の余剰資金によって、一般政府と海外の資金不足がファイナンスされてきたとみることができる。

図表Ⅲ-4　日本の部門別資金過不足

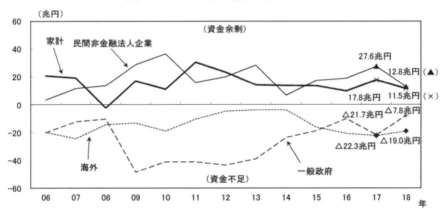

＊　年は「暦年」
（出所）日本銀行『参考図表　2019年第1四半期の資金循環（速報）』

(4) 部門別貯蓄投資差額の動向

　近年、わが国の経常収支において、海外からの投資収益等の所得収支の黒字が、比較的大きい比率を占める傾向がある。このことは、国内部門の貯蓄超過の継続が、対外直接投資や対外証券投資を通じて、対外純資産残高の増加を生じさせ、そこから得られる所得により、経常収支が黒字となるという見方もできる。

第Ⅲ章　国際金融論

図表Ⅲ-5　対外純資産残高の増加と経常収支

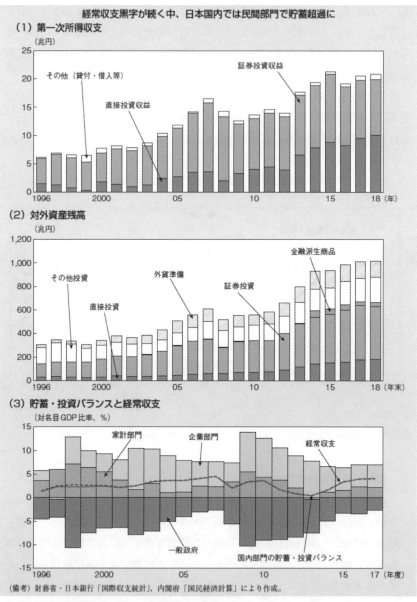

（出所）内閣府『令和元年版　経済財政白書』

2 経常収支

Point Check Ⅲ-1 ≪2010.Ⅰ.1≫

　　今後日本において少子高齢化がさらに進展すると、貯蓄投資バランスと経常収支はどのように変化すると考えられるか、ライフサイクル仮説をもとに説明しなさい。

Answer

　　ライフサイクル仮説に基づくと、人々は相対的に所得の低い老年期にはそれまでに蓄えた貯蓄残高を取り崩して生活すると考えられる。つまり、老年期の貯蓄はマイナスになると考えられる。人口構成が高齢化すれば全人口に占める貯蓄がマイナスの世代の比率が相対的に高まっていくことから、一国レベルで集計される家計貯蓄率（＝ある期の家計貯蓄／同じ期の所得）は低下していき、マイナスになることも考えられる。

　　政府部門では財政赤字の状態が長期化するものと考えると、今後の日本の貯蓄投資バランスは人口構成の高齢化とともに悪化し、マイナスになる可能性もある。また、経常収支は国内貯蓄投資バランスに等しいので、高齢化の進展に伴い経常収支は悪化（黒字は縮小）し、赤字になることも考えられる。

第Ⅲ章　国際金融論

Point Check　Ⅲ-2　≪2013.午前.9≫

グローバルインバランスに関する次の問題に答えなさい。

(1)　1980年代のグローバルインバランスと1990年代後半以降のグローバルインバランスの違いについて説明しなさい。

(2)　1990年代後半以降のグローバルインバランスについて、貯蓄投資差額の観点から説明しなさい。

Answer

(1)　1980年代のインバランスにおいて、米国の経常収支赤字の主な要因は日本に対する貿易赤字であった。一方、近年のグローバルインバランスにおける米国の経常収支赤字は、主として中国、アジア新興国、中東などの産油国などに対する貿易収支の赤字によって生じている。

(2)　米国では、財政赤字の拡大により、民間部門と政府部門の投資超過（資金不足）の合計に等しい経常収支の赤字が拡大した。一方、中国では2000年以降、貯蓄も投資も増加しているが、貯蓄の上昇幅が投資のそれを上回っている。すなわち、中国の経常黒字要因は、投資不足というよりは貯蓄過剰によるものだと考えられている。こうして生じた中国の資金余剰（貯蓄超過）により、米国の民間部門と政府部門の資金不足（投資超過）が資金調達されたと考えられる。

このような資金の国際移動により、グローバルインバランスが生じることが可能となる。

【参考】主要国の経常収支と貯蓄・投資バランス

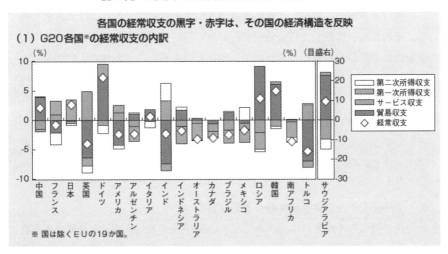

(出所) 内閣『令和元年版　経済財政白書』

第Ⅲ章　国際金融論

⑸　2 期間モデルによる国際収支構造と国際資金貸借の分析

　国内の金融取引と同様、国際間の金融取引も異時点間における経済取引である。そのため、国際間で資金貸借が行われる経済を考察するには、異時点間モデルによる分析が必要になる。以下、現在と将来から構成される 2 期間モデルを用いて、国際的な資金貸借と経常収支を中心とした国際収支構造の動向を分析する。

　モデルにおいて経済は、現在（第 0 期）と将来（第 1 期）の 2 期間で完結するが、そこでは、自国の経済主体（家計・企業）の最適化行動を通じて、2 期間における経常収支を中心とする国際収支構造と国際資金貸借が決定される。

①　2 期間モデルによる経常収支と国際貸借

　現在と将来のそれぞれの期において、GDP（生産量＝所得）Y、家計の消費C、企業の投資Iと財・サービス収支の関係は次式のように示される[1]。

$$\underbrace{(EX-IM)}_{貿易・サービス収支} = \underbrace{Y}_{GDP} - \underbrace{(C+I)}_{国内需要}〔= \underbrace{(S-I)}_{国内資金過不足}〕 \qquad (Ⅲ-4)$$

　この式は、各期の国内マクロ・レベルで国内総生産GDPと国内需要の不一致が、貿易・サービス収支に一致することを示している。またGDPが国内需要を上回る（下回る）とき、国内部門は資金余剰（不足）となり海外部門は資金不足（余剰）となることから、その額に等しい対外資金貸出（借入）が当該国により行われることになる[2]。

　また、対外貸借に伴う利子の受払い（ネット利子受取り＝所得収支）を考慮すると、これまでのことは次式のように国際収支に関連づけることができる[3]。

1　前のISバランスの節では、所得収支、移転収支を無視（＝ 0 ）し、（EX－IM）を経常収支としていたが、この節では所得収支として海外からの利子の受払いを扱うので、左辺が貿易・サービス収支となっている（移転、雇用者所得はないものとする）。このため、経常収支を求める際には、貿易・サービス収支に所得収支（海外からの利子の受払い）を加える必要がある。またここでは政府部門は存在しないものとする（政府支出G、租税T＝ 0 ）。さらにこの節において、資本移転等収支は無視される。

2　当該国は小国で、対外貸借を所与の利子率rで自由に行うことができる（資本移動の完全性）。

3　政府部門が存在しないと仮定し、誤差脱漏はないものとする。

$$\text{経常収支}\ (=\ \underbrace{(EX-IM)}_{\substack{\text{貿易・サービス収支}}}\ +\ \underbrace{\text{所得収支}}_{\substack{\text{ネット利子受取り}}}\ )=\text{金融収支} \qquad (\text{III}-5)$$

この式から、経常収支が黒字のとき金融収支が黒字（＝外国へ貸出）、経常収支が赤字のとき金融収支が赤字（＝外国から借入）であることがわかる。

以上のことを基礎にして、2期間モデルにおいて、消費者と企業の最適化行動の結果として、各期の経常収支、金融収支と国際貸借がどのようになっているかについて見てみよう。ここで、第0期首において対外債権債務はゼロであると仮定すると、現在における対外的な利子の受払いはなくなるので所得収支は0となり、貿易・サービス収支と経常収支は一致することになる。

以下、図表III-6を用いて解説しよう。企業は、最適化行動の結果として、現在（0期）の生産量はY_0^*、またそこからI_0^*の投資を行うことで、将来の生産量はY_1^*となる[4]。一方、家計は、消費者最適行動の結果として、今期の消費と来期の消費（C_0^*, C_1^*）を決定する。図表は、現在の消費がC_0^*（$<Y_0^*$）、将来消費がC_1^*（$>Y_1^*$）であるケースが想定されている[5]。これらの結果を考慮すると次式を得る。

$$\text{現在：}\ \underbrace{(EX-IM)_0}_{\substack{\text{貿易・サービス収支}\\ =(\text{経常収支}=\text{金融収支})}}=\underbrace{Y_0^*}_{GDP}-\underbrace{(C_0^*+I_0^*)}_{\text{国内需要}}>0 \qquad (\text{III}-6)$$

この式によると、現在時点において、GDPが国内需要よりも大きいとき、その差に等しい貿易・サービス収支の黒字が生じ、その分外国に資金を貸し出すことになる。

4　労働人口はL人で通時的に一定であり、生産における技術進歩はないと仮定する。また、企業の生産は所与の労働と前期に行われた投資による資本ストックを用いて行われるので、現在の生産はY_0^*に決まる。企業はこのうち投資資金を残して（内部留保）、他を労働と株主に分配（家計の所得となる）する。今期の投資I_0が将来の資本ストックK_1となり（償却率100％）、これが一定の労働とともに将来の生産Y_1^*に用いられる。また、2期間で経済は終わると考えているので、第1期において企業は投資を行わない（$I_1=0$）。したがって、将来の生産Y_1^*はすべて家計に分配される。また、将来の国際間での資金移動は第0期に行った貸借の回収・返済のみである。つまり、第1期末における対外貸借残高は0となる。

5　この最適消費は対外貸借が行えることにより達成できるものである。対外貸借ができない場合、家計の消費は（$(Y_0^*-I_0^*), Y_1^*$）となる（効用水準も相対的に低い）。また、家計の時間選好率が高い場合、現在の消費がC_0^*（$>Y_0^*$）、将来の消費がC_1^*（$<Y_1^*$）となる場合もある。その場合、図においてB点はA点の右下に位置する。

将来：$\underbrace{\underbrace{(EX-IM)_1}_{\text{財・サービス収支}} + \text{利子受け取り}}_{\text{経常収支（＝金融収支）}} = \underbrace{Y_1^*}_{GDP} - \underbrace{C_1^*}_{\text{国内需要}} < 0$　　　　（Ⅲ－7）

この式において、現在海外に貸し付けた資金の元利合計が将来返済されるため、将来の消費C_1^*は将来の所得Y_1^*にその元利合計額を加えた大きさとなるので、右辺はマイナスになる。このため、左辺の将来の経常収支は赤字となる（金融収支も赤字）。また、貿易・サービス収支も赤字となる。

図表Ⅲ-6　２期間モデルにおける資金貸借および経常収支構造の決定

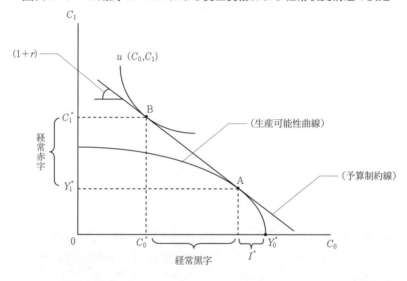

②　時間選好率の上昇の効果

家計の時間選好率が上昇すると、現在の消費は将来の消費よりもより選好されるので、図表Ⅲ-7において、無差別曲線と予算制約線の接点で決まる最適消費点はBからB'に移動する。すると、現在消費が増加、将来消費が減少し、対外貸出が減少するとともに経常収支の黒字幅は縮小（①⇒②）し、金融収支の黒字幅も縮小する。一方、将来時点においては、現在時点で行った対外貸出の回収が行われるので、金融収支の赤字幅は縮小し、経常収支の赤字幅も縮小する。

2 経常収支

図表Ⅲ-7 時間選好率上昇の効果

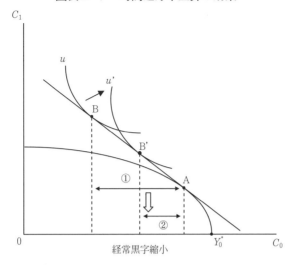

表にまとめると、以下のようになる[6]。

時間選好率上昇の効果

（時間選好率が小さく時間選好率上昇前にC_0^*（$<Y_0^*$）である場合）

	消費	経常収支	金融収支	対外貸借
現在時点	増加	黒字減少	黒字減少	貸出減少
将来時点	減少	赤字減少 （所得収支悪化、 貿易・サービス収支改善）	赤字減少	回収減少

---

6 時間選好率が低下する場合は、時間選好率上昇の効果の表における減少を増加、増加を減少、改善を悪化、悪化を改善という具合に、それぞれ読み替えればよい。

時間選好率上昇の効果

（時間選好率が大きく時間選好率上昇前に$C_0^* (> Y_0^*)$である場合）

	消費	経常収支	金融収支	対外貸借
現在時点	増加	赤字増加	赤字増加	借入増加
将来時点	減少	黒字増加 （所得収支悪化、 貿易・サービス収支改善）	黒字増加	返済増加

③ 技術革新の効果

　いま技術革新が起こることによって将来時点の生産性が上昇すると、資本の限界生産力が高まる。この変化によって、企業の投資が増加し、将来の生産量が増加することにより、生産可能性曲線が上方にシフトする。この変化によって予算制約線が右シフトし、現在時点と将来時点において消費が増加する。この結果、現在時点において対外貸出は減少し、経常収支の黒字が縮小（①⇒②）する。

　将来時点において、対外貸出の回収は減少し、経常収支の赤字は縮小する。

図表Ⅲ-8　技術革新の効果

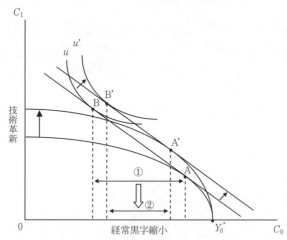

表にまとめると、以下のようになる。

技術革新の効果

（時間選好率が小さく技術革新が起こる前にC_0^*（$< Y_0^*$）である場合）

	消費	経常収支	金融収支	対外貸借
現在時点	増加	黒字減少	黒字減少	貸出減少
将来時点	増加	赤字減少 （所得収支悪化、 貿易・サービス収支改善）	赤字減少	回収減少

技術革新の効果

（時間選好率が大きく技術革新が起こる前にC_0^*（$> Y_0^*$）である場合）

	消費	経常収支	金融収支	対外貸借
現在時点	増加	赤字増加	赤字増加	借入増加
将来時点	減少	黒字増加 （所得収支悪化、 貿易・サービス収支改善）	黒字増加	返済増加

第Ⅲ章　国際金融論

Point Check　Ⅲ-3

　２期（現在時点と将来時点）モデルにおいて、現在時点の政府支出が増加したとき、対外貸借と経常収支はどのように変化するか説明せよ。ただし、政府支出の割引現在価値合計は一定であるとする。

Answer

　現在時点から将来時点にわたる政府支出額の割引現在価値を一定として、現時点における政府支出が増加するとき、現時点において対外借入が増加するとともに経常収支が悪化する。将来時点においては、対外借入の元利合計の返済が増加し、経常収支黒字が増加する。

現時点： $\underset{\substack{\text{財・サービス収支} \\ (-海外部門の資金過不足)}}{\underline{(EX-IM)_0}} = \underset{\substack{\text{民間貯蓄投資差額}}}{\underline{(S-I)}} + \underset{\substack{\text{財政収支} \\ \text{国内貯蓄投資差額（国内資金過不足）}}}{\underline{(T-G)}} = \underset{\substack{GDP}}{\underline{Y_0^*}} - \underset{\substack{\text{国内支出}}}{\underline{(C_0^* + I_0^* + G)}}$

$$（Ⅲ-8）$$

　政府支出額の割引現在価値合計が一定であると、家計と企業の最適化行動には影響が及ばないので、消費パターン（C_0^*, C_1^*）と企業の投資I^*は、現在時点の政府支出の増加によって変化しない。このため、上式において現時点での政府支出Gが増加すると、C_0^*とI^*を一定として、現時点において対外貸出が減少（または借入増加）し、財・サービス収支が悪化（黒字減少または赤字増加）する。

　将来時点において、貸出資金の回収は減少（または返済が増加）する。一方、貿易・サービス収支に所得収支を加えた将来時点における経常収支は改善（赤字減少または黒字増加）する。

⑹ 名目為替レートと貿易収支

貿易収支は、輸出総額から輸入総額を差引いた額である。また、輸出総額および輸入総額は、それぞれ価格要因と数量要因の影響を受ける。

円ベースの貿易収支は、輸出は邦貨建て、輸入は外貨建てで行われると仮定すれば、次式のように示すことができる。

貿易収支＝輸出総額－輸入総額
＝輸出価格 (円)×輸出数量－邦貨建て為替レート×輸入価格 (ドル)
×輸入数量

この式において、以下のように右辺の各項が影響を受ける可能性がある。

◆ 輸出価格

輸出価格は国内企業物価や為替レートの影響を受ける可能性がある。円建て輸出価格は、国内企業物価が上昇すると上昇し、下落すると下落する。また、円建て輸出価格は、国内輸出企業の価格設定において円が増価すると低下し、減価すると上昇する可能性がある。

◆ 輸出数量

輸出数量は為替レートや海外の景気などの影響を受ける可能性がある。輸出数量は円が増価すると減少し、減価すると増加する。また、輸出数量は、海外の景気が良くなると増加し、悪くなると減少する。

◆ 円ベースの輸入価格（邦貨建て為替レート×輸入価格 (ドル)）

円ベースの輸入価格は、為替レートや輸入品・原材料の海外市況などの影響を受ける可能性がある。円ベースの輸入価格は、円が増価すると低下し、減価すると上昇する。また、円ベースの輸入価格は、海外市況などが引き締まると上昇し、軟化すると低下する。

◆ 輸入数量

輸入数量は、為替レートや国内景気の影響を受ける可能性がある。輸入数量は、円が増価すると増加し、円が減価すると減少する。また、国内景気が良くなると増加し、悪くなると減少する。

第Ⅲ章　国際金融論

図表Ⅲ-9　為替レートと貿易収支等の推移

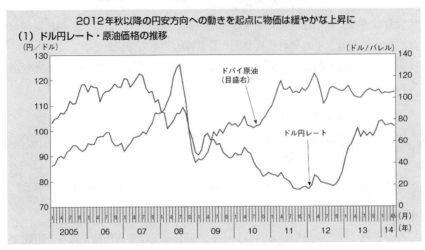

（出所）『平成26年版　経済財政白書』内閣府

> **2 経常収支**

Point Check　Ⅲ-4　≪2015.午前.9≫

2014年後半において、円安・ドル高が進んだ。しかしながら、我が国の輸出数量は伸び悩んだ。この理由について説明しなさい。

Answer

企業が、国際競争上、為替相場の変化を輸出価格に反映させなかったために、円安が進行しても、自国財と外国財の相対価格が変化せず、輸出数量が増加しなかった。

また、輸出先である海外の景気悪化により、我が国の輸出数量は伸び悩んだ。

⑺　弾力性アプローチ：為替レートの変動と貿易・経常収支の変動との関係

弾力性アプローチでは、為替レートeの増価（減価）が経常収支を悪化（改善）する条件が、輸出の価格弾力性と輸入の価格弾力性の大きさと関連づけて示される。

$$（日本の）経常収支_{（円）}＝輸出価格_{（円）}×輸出数量$$
$$－e_{（円/ドル）}×輸入価格_{（ドル）}×輸入数量　　　（Ⅲ-9）$$

簡単化のために輸出は円建て、輸入はドル建てで行われているとする。いま、円が減価（e↑）すると、数量効果として輸出数量が増加し、輸入数量は減少し、それらは経常収支を改善させる効果をもつ。一方、円減価の価格効果は円で評価した輸入価格（e×輸入価格）を上昇させ、経常収支を悪化させる効果をもつ。結果として、円が減価したとき経常収支が改善するのは、数量効果が価格効果を上回る場合であり、その条件を示したのがマーシャル＝ラーナー条件である。

231

◆ マーシャル＝ラーナー条件

$$\eta_X+\eta_M-1>0 \quad \text{or} \quad \eta_X+\eta_M>1 \tag{Ⅲ-10}$$

η_X：輸出（数量）の価格弾力性、　η_M：輸入（数量）の価格弾力性
（ともに絶対値）

① マーシャル＝ラーナー条件が満たされるとき　（$\eta_X+\eta_M>1$）
- 自国通貨減価 ⇒ 経常収支改善
- 自国通貨増価 ⇒ 経常収支悪化

② マーシャル＝ラーナー条件が満たされないとき　（$\eta_X+\eta_M<1$）
- 自国通貨減価 ⇒ 経常収支悪化
- 自国通貨増価 ⇒ 経常収支改善

◆ Ｊカーブ効果（逆Ｊカーブ効果）

マーシャル＝ラーナー条件は一般に**短期的**には満たされにくく長期的には満たされると考えられている。このため自国通貨が減価（増価）すると、その直後経常収支が悪化（改善）し、時間の経過とともに徐々に経常収支が改善（悪化）するといったＪカーブ効果という現象が起こる[7]。

Ｊカーブ効果

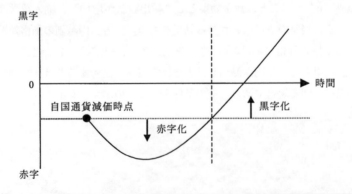

7　これは、長期契約や調整コストの存在等により、価格の変化に対して数量調整が遅いことから生じる。

Column ②

経常収支の構造の変化―所得収支の黒字が貿易収支の黒字を上回る―

2005年の国際収支統計によると、経常収支の対GDP比率は2000―2004年の間平均2.9%から2005年には3.6%へと増大している。また、その構成をみると、投資収益などを含む所得収支の対GDP比率（2.3%）が貿易収支の対GDP比率（2.1%）をはじめて上回ったという特徴がみられる。

わが国の貿易収支は黒字基調にある一方、サービス収支は赤字基調になっている。他方、直接投資や証券投資などの利子、配当等の受払いである所得収支は黒字が拡大してきているが、それは過去の累積経常収支の黒字によって生じる対外純資産からもたらされる収益の増加によって生じているとされる。

経常収支＝貿易収支＋サービス収支＋所得収支＋経常移転収支

わが国の国際収支（対名目GDP比）の推移

期間	経常収支	貿易・サービス収支	貿易収支	うち輸出	うち輸入	輸入のうち原油価格上昇分の寄与	サービス収支	所得収支	対外純資産残高
1985-89年	3.3%	2.7%	3.6%	10.1%	6.5%	―	-0.9%	0.6%	9.4%
1990-94年	2.4%	1.8%	2.9%	8.7%	5.7%	―	-1.2%	0.8%	12.4%
1995-99年	2.3%	1.3%	2.5%	9.1%	6.6%	―	-1.2%	1.2%	21.1%
2000-04年	2.9%	1.4%	2.4%	10.3%	8.0%	―	-0.9%	1.6%	34.2%
2005年	3.6%	1.5%	2.1%	12.5%	10.4%	0.5%	-0.5%	2.3%	36.0%

（備考）1．財務省・日本銀行「国際収支統計」、「対外資産負債残高」により作成。
　　　　2．対名目GDP比。GDPは基準が異なるものを接続して使用。
　　　　3．1995年以前は旧国際収支統計。対外純資産残高については1986年以降のデータを使用。

（出所）内閣府『平成18年版　経済財政白書』

第Ⅲ章　国際金融論

3 ）為替レート

(1) **名目為替レート e** ：円で測ったドルの価値（ドルの円価格）

＜ドル価値＞		＜為替レート e＞		＜円価値＞
ドル高（増価）	⇔	数値上昇	⇔	円安（減価）
ドル安（減価）	⇔	数値下落	⇔	円高（増価）

(2) **実質為替レート ε**

◆　実質為替レート ε は、名目レート e を**日米の物価（P と P_f）の動きで調整し**たもの[8]。

$$\varepsilon = e \times \frac{P_f}{P} \tag{Ⅲ-11}$$

$$\frac{\varDelta\varepsilon}{\varepsilon} = \frac{\varDelta e}{e} + \frac{\varDelta P_f}{P_f} - \frac{\varDelta P}{P} = \frac{\varDelta e}{e} - \left(\frac{\varDelta P}{P} - \frac{\varDelta P_f}{P_f}\right) \tag{Ⅲ-12}$$

P：国内物価水準（円表示）、P_f：アメリカの物価水準（ドル表示）

円の実質為替レートの変化要因

国内物価上昇 $P\uparrow$	⇒	実質為替レート	増価	$\varepsilon\downarrow$
アメリカの物価上昇 $P_f\uparrow$	⇒	〃	減価	$\varepsilon\uparrow$
円の名目為替レート減価 $e\uparrow$	⇒	〃	減価	$\varepsilon\uparrow$

実質為替レートの増価（減価）は、対米輸出競争力を低める（高める）。

8　貿易財の価格競争力を考えるには、日米の相対的なコスト・価格（**交易条件**）の推移が重要である。例えば、円安とインフレ（日本）が同時に発生している（名目為替レートは円安、実質為替レートは変化なし）場合、アメリカの輸入者にとって、相対的なコスト・価格という面では、円安によって日本製品は割安になる一方で、日本のインフレによって日本製品は割高になってしまい、日本からのアメリカへの輸出は増大しない。よって、貿易の動きをみる場合は、名目為替レートよりもこうした相対的なコスト・価格の推移を反映した実質為替レートをみるのが適当である。

◆ 実質為替レート ε の変化（率）は、**名目レートの購買力平価からの乖離を**表す。

$$\frac{\varDelta \varepsilon}{\varepsilon} = \frac{\varDelta e}{e} - \left(\frac{\varDelta P}{P} - \frac{\varDelta P_f}{P_f} \right) = \frac{\varDelta e}{e} - \frac{\varDelta E_P}{E_P} \qquad (\text{III}-13)$$

ただし、$\dfrac{\varDelta E_P}{E_P} = \dfrac{\varDelta P}{P} - \dfrac{\varDelta P_f}{P_f}$

E_P：購買力平価PPP（後述の長期為替レート決定理論参照）

相対的購買力平価が成立$\left(\dfrac{\varDelta e}{e} = \dfrac{\varDelta E_P}{E_P} \right)$するとき、実質為替レートは変化しない$\left(\dfrac{\varDelta \varepsilon}{\varepsilon} = 0 \right)$。また、絶対的購買力平価が成立$\left(e = E_P \left(= \dfrac{P}{P_f} \right) \right)$するとき、実質為替レートの値は常に1（$\varepsilon = 1$）となり、変化しない。

(3) 名目実効為替レート[9]

名目実効為替レートは、円と複数の貿易相手国通貨との2国間名目為替レートを貿易額などでウェイト平均することにより算出される。

(4) 実質実効為替レート

実質実効為替レートは、2国間において算出された実質為替レートを複数の相手国との貿易額などでウェイト平均することにより算出される。また、この実質為替レートは、貿易収支や経常収支の動向と対比させるうえで、最も適切な為替レートであると考えられている。

---

9 計算例）貿易相手国が米独韓のみのケース：円の実効レート（絶対水準値）$= 71^{0.6} \times 77^{0.2} \times 83^{0.2} \fallingdotseq 74$

貿 易 相 手 国	米	独	韓国
ウェイト（輸出入総額にしめる比率）	0.6	0.2	0.2
当初の指数（基準）	100	100	100
各通貨の円に対する変化率	40%	30%	20%
各通貨に対する指数	$100 \times 100 / 140 \fallingdotseq 71$	$100 \times 100 / 130 \fallingdotseq 77$	$100 \times 100 / 120 \fallingdotseq 83$

第Ⅲ章　国際金融論

図表Ⅲ-10

(1) 円ドル・円ユーロ相場

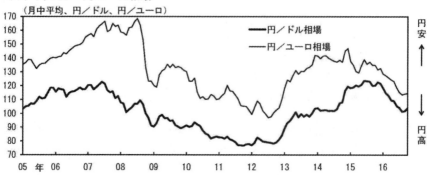

(2) 各国通貨の対ドルレート変化率（2016年7月末対比）

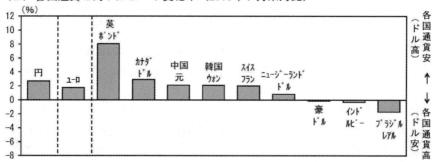

(3) 実質実効為替レート

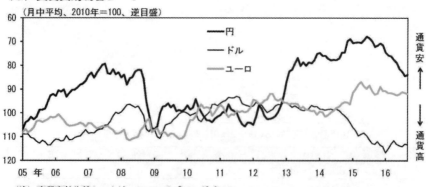

(注) 実質実効為替レートは、BISのブロードベース。
(出所) BIS、Bloomberg

(出所) 日本銀行

Point Check Ⅲ-5 ≪2004.Ⅱ.5、2005.Ⅰ.7≫

貿易と為替レートの関係を検討する際に名目レートよりも実質実効為替レートを使うほうがより良いと考えられている。その理由を実質、実効レートにわけて説明しなさい。

Answer

例えば、円レートのケースにおいては、貿易財の価格競争力を考えるには日本と貿易相手国の相対的なコスト・価格の推移が重要であるのに加えて、日本は一国とだけ貿易しているわけではないため、主要貿易相手国通貨に対する平均レートを用いるのが望ましい。

実質為替レートは名目為替レートを当該国と貿易相手国における物価の動きで調整したものであり、日本と貿易相手国の相対的なコスト・価格の推移を反映できる。また、実効為替レートは主要貿易相手国の為替レートを貿易額などで加重平均したもので、日本の主要貿易相手国通貨に対する平均レートとして用いることができる。

Point Check Ⅲ-6 ≪2015.午後.1≫

我が国において、輸出の円建て契約比率は、輸入の円建て契約比率を大きく上回っている。輸出入の円建て契約比率が一定であり、円建て契約の輸出価格と外貨建て契約の輸入価格が一定である場合に、交易条件はどのように変化するか。交易条件について説明した後、答えなさい。

Answer

交易条件は、輸出財と輸入財の相対価格のことで、円建て輸出価格と円建て輸入価格の比率で定義されている。このとき、他の要因を一定として、名目為替レートのみが変化する場合、円高は交易条件を改善し、円安は交易条件を悪化させる。

第Ⅲ章　国際金融論

Point Check　Ⅲ-7　≪2007(6).Ⅰ.6≫

為替レートの動向に関する次の問に答えなさい。

(1)　2000年代前半、実質実効円レートの減価率は名目実効円レートの減価率を大きく上回っている。その理由について説明しなさい。

(2)　相対的購買力平価が成立しているとき、国内外のインフレ率格差の変化は、その国の実質実効為替レートにどのような影響を与えるか、説明しなさい。

(3)　円の実質実効為替レートが減価する中で、2005年頃から製造業において生産拠点を日本国内に移転する動きが見られると指摘されている。なぜそのような動きが生じるのか、説明しなさい。

Answer

(1)　実質実効円レートの変化率は、名目実効為替レートの変化率と内外のインフレ率格差に依存している。当時、日本国内ではデフレが生じていた一方で、国外ではインフレ基調の国が多かった。このため、内外のインフレ率格差はマイナスとなっており、実質実効為替レートの減価率（値の上昇）は、名目実効為替レートの減価率（値の上昇）を上回った。

$$\frac{\Delta\varepsilon}{\varepsilon}=\frac{\Delta e}{e}-\left(\frac{\Delta P}{P}-\frac{\Delta P_f}{P_f}\right) \tag{Ⅲ-14}$$

$$\underbrace{\frac{\Delta\varepsilon}{\varepsilon}-\frac{\Delta e}{e}}_{\oplus}=\underbrace{-\left(\frac{\Delta P}{P}-\frac{\Delta P_f}{P_f}\right)}_{\ominus} \tag{Ⅲ-15}$$

(2)　相対的購買力平価が成立しているとき、名目実効為替レートの変化率は国内外のインフレ率格差に等しくなり、実質実効為替レートは変化しない。

(3)　円の実質実効為替レートは日本財と外国財の相対価格を示し、その減価は日本財が外国財と比較して割安になることを意味する。このため、実質実効為替レートの減価が生じると、日本財の対外輸出競争力が上昇するので、生産拠点を日本に移すことが合理的になる。

4 為替介入とその効果[10]

◆ 不胎化介入と非不胎化介入

例）円高圧力に対する非不胎化介入（円売り・ドル買い介入）のケース

・非不胎化介入

円売り・ドル買い介入に伴ってハイパワード・マネー（現金通貨＋日銀当座預金）が増大する。このハイパワード・マネーの増大を放置しておく介入は、非不胎化介入と呼ばれる。非不胎化介入の場合、マネーサプライが増加し、物価上昇や金利低下がもたらされる。その物価上昇や金利低下による資本流出により、為替レートは円安・ドル高の方向に変化し、介入効果が期待できる。

・不胎化介入

円売り・ドル買い介入に伴って増大するハイパワード・マネーを売りオペなどで吸収する場合、その介入は不胎化介入と呼ばれる。不胎化介入の場合、国内金融は緩和されず、介入効果は非不胎化介入に比べると小さい。また、以下に説明するポートフォリオ・リバランス効果やシグナリング効果が働かない場合、介入の効果は期待できない。

10　この節では、資本移転等収支、及び誤差脱漏はないものとする。

第Ⅲ章　国際金融論

図表Ⅲ-11　為替介入による政府（日銀）のバランスシートの変化

介入前

資産	負債
国内資産 100	現金＋日銀当座預金 150
外貨準備 50	

介入 $\begin{cases} 外貨準備 +30 \\ 日銀当座預金 +30 \end{cases}$

① 非不胎化介入

資産	負債
国内資産 100	現金＋日銀当座預金 180
外貨準備 80	

ハイパワード・マネー：＋30

売りオペ $\begin{cases} 国内資産 -30 \\ 日銀当座預金 -30 \end{cases}$

② 不胎化介入

資産	負債
国内資産 70	現金＋日銀当座預金 150
外貨準備 80	

ハイパワード・マネー：±0
（介入前と同水準へ）

4 為替介入とその効果

Point Check Ⅲ-8 ≪2004.Ⅱ.5≫

日本政府（日銀を含む）は、2003年中、大規模な円売りドル買い介入を実施してきた。そこで、介入がマクロ経済に与えるプラスの影響としてどのようなものが考えられるか。

Answer

日本政府（日銀を含む）による大規模な円売り、ドル買い介入により、ハイパワード・マネーが増加する。非不胎化介入の場合、マネー・サプライが増加し物価上昇や金利低下が生じる。それによって、円が減価すると外需が増加し、景気回復に寄与する。

Point Check Ⅲ-9 ≪2009.Ⅱ.9≫

(1) 政府（中央銀行を含む）による外国為替市場への介入には「非不胎化介入」と「不胎化介入」がある。それぞれ外国通貨買い・自国通貨売りの介入を200だけ行うとして、政府と民間金融機関のバランスシートはどのように変化するか。一連の操作が終了した時点で、介入前からどう変化したかを、答案用紙の（　　）内に数字にプラス、マイナスの符号をつけて記入しなさい。変化のない場合には0を記入すること。また、政府が金融調整を行うときはT-Bill（政府短期証券）の売買を用いるものとし、政府勘定は中央銀行（通貨当局）と財務省（為替当局）を統合したものとする。

(A) 「非不胎化介入」のバランスシートの変化

政府		民間金融機関	
外貨　（　　）	準備預金（　　）	外貨　（　　）	
	T-Bill　（　　）	準備預金（　　）	
		T-Bill　（　　）	

241

(B) 「不胎化介入」のバランスシートの変化

政府			民間金融機関	
外貨　（　）	準備預金（　）		外貨　　（　）	
	T-Bill　（　）		準備預金（　）	
			T-Bill　（　）	

(2) 政府（中央銀行を含む）が「非不胎化介入」を行った場合、物価水準は一定として国内経済にどのような影響が及ぶかについて、IS-LM曲線を用いて示しなさい。ただし、図には政府が介入を行う前のIS曲線とLM曲線が示されているとする。

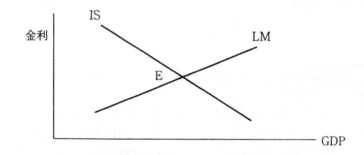

Answer

(1)

(A)

政府			民間金融機関	
外貨 +200	準備預金 +200		外貨 −200	
	T-Bill 0		準備預金 +200	
			T-Bill 0	

(B)

政府			民間金融機関	
外貨 +200	準備預金 0		外貨 −200	
	T-Bill +200		準備預金 0	
			T-Bill +200	

(2)

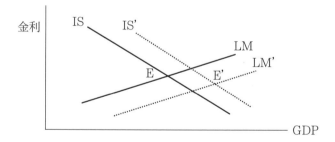

　非不胎介入によりマネタリーベースが増加するのでマネーサプライが増加し、LM曲線は、LMからLM'へと右下にシフトする。また、為替介入により自国通貨が減価すると外需が増加し、IS曲線はISからIS'へと右上にシフトする。結果として、GDPは増加する。

Column ③

ポートフォリオ・リバランス効果

　日銀が円売り、ドル買いの不胎化介入を行う場合、ハイパワード・マネーの増加に伴う円安・ドル高の介入効果は生じない。しかしながら、不胎化介入の結果、民間銀行の国内資産比率が上昇し外国資産比率が低下する。

　民間銀行にとって国内資産と外国資産が完全に代替的でない場合、それに対して国内資産と外国資産の保有比率を介入前の水準に戻す（リバランスする）であろう。すなわち、国内資産を処分して外国資産を取得する。その過程で、為替レートは円安・ドル高に動き、介入が効果をもつ可能性がある。ただし、内外資産が完全に代替的である場合、民間銀行によるポートフォリオのリバランスは行われず、介入効果も生じない。

Column ④

シグナル効果

　日銀の為替介入により市場参加者の将来の予想為替レートの水準に変化が及ぶ場合、内外資産が完全代替であっても、不胎化介入により為替レートは変化する。すなわち、不胎化介入が、日銀が予想する将来為替レートを示すシグナルとなって、市場参加者の将来の予想為替レートの水準が変化し、為替レートが変化する効果のことをシグナル効果と呼ぶ。

5　為替レート決定理論Ⅰ（長期）

5 ）為替レート決定理論Ⅰ（長期） 購買力平価説（PPP）

$$E_P = \frac{P}{P_f} \text{（絶対的PPP）} \qquad \therefore \frac{\varDelta E_P}{E_P} = \frac{\varDelta P}{P} - \frac{\varDelta P_f}{P_f} \text{（相対的PPP）（Ⅲ-16）}$$

P：国内物価＜円表示＞、P_f：外国物価＜ドル表示＞、

E_P：**購買力平価**（PPP）＜理論値＞

長期において、国内インフレ率の相対的な上昇（低下）、あるいは外国イ
ンフレ率の相対的な低下（上昇）は、自国通貨の減価（増価）をもたらす。

Point Check Ⅲ-10 ）≪2004.Ⅰ.3≫

　　長期的な名目為替レートの趨勢を評価する方法として、購買力平価がある。
購買力平価には、絶対的購買力平価と相対的購買力平価の2つがあることが
知られている。購買力平価のもつ特徴に関する以下の2点を説明しなさい。

(1)　絶対的購買力平価と比較した場合の相対的購買力平価の優位性

(2)　相対的購買力平価がもつ問題点

Answer

(1)　絶対的購買力平価と比較した場合の相対的購買力平価の優位性

　　　絶対的購買力平価では、比較する財は全て貿易財で構成されていると仮
定される。同時に二国間でバスケット内の同じ財の価格水準は同じになるこ
とが前提になっているが（一物一価）、現実には輸送コストや関税など一物
一価の成立を妨げる要因が存在するため、これはかなり厳しい前提である。
それに対して相対的購買力平価は、基準時点の為替レートを内外のインフ
レ率格差で調整して作成される。このため、相対的購買力平価を算出する
過程で絶対的購買力平価を妨げる要因が排除されるので、相対的購買力平
価の方が成立する可能性が高い。

(2)　相対的購買力平価がもつ問題点

　　　相対的購買力平価がもつ問題点として、比較する二国の物価指数におけ

245

る財のバスケットが一様でないことから、基準時点から離れるほど算出値に歪みが生じる点が挙げられる。また、基準時点では絶対的購買力平価が成立していることが前提となるが、これも現実には厳しい仮定である。さらに、算出の際に、消費者物価指数、輸出物価指数などのうち、どの物価指数を採用するのかによって、結果に大きな差が生じることがある。

図表Ⅲ-12 購買力平価を反映する為替レート

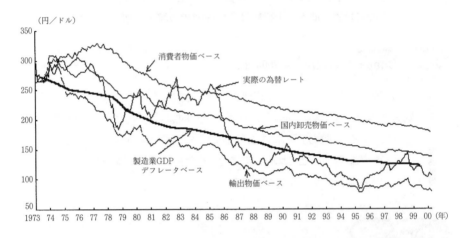

(備考) 1. 旧経済企画庁「国民経済計算」、日本銀行「物価統計月報」、アメリカ商務省「Survey of Current Business」等により作成。
2. 実際の為替レートは、インターバンク直物中心相場の月中平均。
3. 購買力平価は、1973年の実際の為替レートを基準に以下のデータを用いて算出した。
①製造業GDPデフレータベースは、貿易財製造業（食料品、繊維、パルプ・紙、化学、石油・石炭製品、窯業・土石製品、一次金属、金属製品、一般機械、電気機械、輸送機械、精密機械の12業種。日本は食料品を除く。）のGDPデフレータ。
②国内卸売物価ベースは、日本：国内卸売物価、アメリカ：生産者物価。
③輸出物価ベースは、日本：輸出物価、アメリカ：輸出価格。
(出所) 内閣府『平成12年版 経済白書』

5 為替レート決定理論 I (長期)

Point Check （Ⅲ-11）

　我が国は、1973年に変動為替相場制に移行した。それ以降、現在に至るまで、為替レートは、趨勢的に円高・ドル安傾向で推移してきたとみることができる。

(1) このような為替レートの推移を説明する有力な仮説の名前を答えなさい。

(2) この仮説において、為替レート（円対ドルレート）の変化に影響を与える要因は何か、また、その要因の変化がどのように影響するかを説明しなさい。

Answer

(1) 購買力平価説

(2) 相対的購買力平価説によると、2国間の為替レートの変化に影響を与える要因は、当該国間の物価上昇率格差である。この仮説によると、相対的に物価上昇率が高い（低い）国の通貨は減価（増価）する。

　長期における為替レートの変動を説明する仮説として、購買力平価説が有力であるとされている。このうち、相対的購買力平価説によると、2国間の為替レートは、当該国間の物価上昇率格差に等しく変化する。

$$\frac{\Delta e}{e} = \frac{\Delta P}{P} - \frac{\Delta P_f}{P_f}$$

$\dfrac{\Delta e}{e}$：円/ドル為替レート変化率、$\dfrac{\Delta P}{P}$：日本の物価上昇率、

$\dfrac{\Delta P_f}{P_f}$：米国の物価上昇率

Point Check （Ⅲ-12） ≪2015.午前.9≫

　量的・質的金融緩和政策において、日本銀行は、インフレ期待を醸成する効果が生じることが期待されていた。この政策が期待通りの効果を生じさせる場合、米国のインフレ率を所与とすると円ドル為替レートにどのような影響が及ぶか、相対的購買力平価説を用いて説明しなさい。

247

第Ⅲ章　国際金融論

Answer

　　相対的購買力平価説において、日米通貨間の為替レートは、日本の物価上昇率と米国の物価上昇率の差に等しく変動する。もし、日本銀行が、量的・質的金融緩和政策を行うことにより、インフレ期待の醸成に成功する場合、米国のインフレ率を所与として円はドルに対して減価する。

◆ **マネタリー・アプローチに基づく長期の為替レート決定理論**
　以下の要因による国内インフレ率低下（上昇）に伴い自国通貨は増価（減価）
① 外国に比べて、**マネーサプライ M の伸び率**が小さい（大きい）
② 外国に比べて、**潜在成長力 Y_F の伸び率**が大きい（小さい）

　第Ⅰ章で扱った**古典派貨幣数量説**に基づく物価とマネーサプライにおける長期の関係式は

$$国内：\frac{\Delta P}{P} = \frac{\Delta V}{V} - \frac{\Delta Y_F}{Y_F} + \frac{\Delta M}{M} = \left(\frac{\Delta V}{V} - \frac{\Delta Y_F}{Y_F} \right) + \frac{\Delta M}{M} \quad （Ⅲ-17）$$

　　　M：名目マネーサプライ、V：貨幣の流通速度、Y_F：潜在 GDP
　　　（完全雇用 GDP）

$$外国：\frac{\Delta P_f}{P_f} = \left(\frac{\Delta V_f}{V_f} - \frac{\Delta Y_{Ff}}{Y_{Ff}} \right) + \frac{\Delta M_f}{M_f}$$

と表され、これら 2 式を PPP を表す（Ⅲ-8）式に代入すると、以下が得られる[11]。

$$\frac{\Delta E_P}{E_P} = \left[\left(\frac{\Delta V}{V} - \frac{\Delta V_f}{V_f} \right) - \left(\frac{\Delta Y_F}{Y_F} - \frac{\Delta Y_{Ff}}{Y_{Ff}} \right) \right] + \left[\frac{\Delta M}{M} - \frac{\Delta M_f}{M_f} \right] （Ⅲ-18）$$

11　サブスクリプト（下付き）小文字 f は外国の変数、サブスクリプト大文字 F は、完全雇用水準の変数を表す。

6　為替レート決定理論Ⅱ（短期）　アセット・アプローチ

(1) 金利平価説

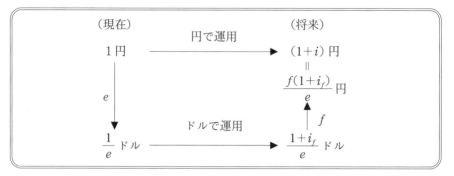

　例えば、1円を投資し、1期間運用する場合を考える。円建て資産に投資した場合、1期後の将来価値は $(1+i)$ 円となる。一方、1円をドル建て資産に投資した場合には、1期後の円建ての将来価値は $\dfrac{f}{e}(1+i_f)$ 円となる。

　また、1円を円建て資産で運用したときの将来価値とドル建て資産で運用したときの将来価値（円）は、裁定取引を通じて等しくなると考えられる。すると以下のような等式が成り立つ。

$$1+i = \frac{f}{e}(1+i_f) \qquad (\text{Ⅲ-19})$$

　この式は近似的に（Ⅲ-20）式のように表すことができる[12]。

---

[12]　（Ⅲ-19）式から（Ⅲ-20）式の導出は、以下のように行う。
$$e(1+i) = f(1+i_f)$$
$$ei - fi_f = f - e$$
両辺を e で割ると、
$$\frac{ei - ei_f + ei_f - fi_f}{e} = \frac{f-e}{e}$$
$$i - i_f - \frac{f-e}{e}i_f = \frac{f-e}{e}$$
$\dfrac{f-e}{e}i_f$ は変化率に利子率を乗じたものなのでほぼ0であると考えると、（Ⅲ-20）式になる。

> バー付金利平価（CIP）式［近似式］：「内外金利差 $i-i_f$ は直先スプレッドに等しい」
>
> $$\frac{f-e}{e} = i - i_f \qquad (\text{III}-20)$$
>
> f：先物（先渡）レート、$\frac{f-e}{e}$：直先スプレッド
>
> ◆ CIP 式の解釈
> - 先物ドル・プレミアム（円ディスカウント） ⇔ 高金利通貨：円、低金利通貨：ドル
> $\qquad\qquad f > e \qquad\qquad\qquad\qquad\qquad i > i_f$
> - 先物ドル・ディスカウント（円プレミアム） ⇔ 低金利通貨：円、高金利通貨：ドル
> $\qquad\qquad f < e \qquad\qquad\qquad\qquad\qquad i < i_f$

ここで将来（1期後）の予想レートを e' とした時、投資家が危険中立的であり、内外資産間の代替性が完全である場合には、予想レート e' は先物レート f と置き換えることができる。

すると、円建て資産で運用した場合の将来価値とドル建て資産で運用したときの円ベースでの予想将来価値は等しくなり、以下のような関係式が成り立つ。

> ◆ カバーなし金利平価（UIP）式［近似式］：「内外金利差 $i-i_f$ は為替レートの予想変化率に等しい」
>
> $$\frac{e'-e}{e} = i - i_f \qquad (\text{III}-21)$$

為替レートの予想変化率がこの関係を満たしているとき、**カバー無し金利平価が成立している**という。

6 為替レート決定理論Ⅱ（短期）

◆ リスク・プレミアム *RP* を考慮した UIP 式［近似式］

$$\frac{e'-e}{e} = i-i_f+q \qquad (\text{Ⅲ}-22)$$

$q > 0$ のとき、ドル資産に対してリスク・プレミアム

$q = 0$ のとき、リスクの面で円資産とドル資産は同等

$q < 0$ のとき、円資産に対してリスク・プレミアム

　一般に、投資家は危険回避的であると考えられる。そのため、予想レート e' にはリスクを伴うことから、内外資産間の完全代替性の仮定は成立せず、投資家はリスクの対価としてリスク・プレミアムを要求する。つまり、資産をドル建てで持つことにリスク（為替レート変動のリスク）が伴うとすれば、（Ⅲ-21）式においてリスク・プレミアムを考慮する必要があることを意味する。

　以上のことから、（Ⅲ-21）式にリスク・プレミアム q を考慮することにより、為替レートの予想変化率と内外金利差に関して（Ⅲ-22）式が成立する。

　また、リスク・プレミアム q を考慮した場合、（Ⅲ-21）式は成立せず、先渡しレートと将来の直物レートの期待値は一致しない。

Point Check 　**Ⅲ- 13** 　≪2019.午前.9、2017.午後.2≫

(1)　先物カバー無しでの金利平価式を示しなさい。ただし、為替レートの期待変化率を x、自国金利を i、外国金利を i_f で表すこと。

(2)　ある国において、自国通貨建て（円建て）金利が1.5%、外国通貨建て（ドル建て）金利が1.0%であるとき、(1)の金利平価式に基づくと、この国の通貨の対ドル為替レートの期待変化率はどれだけか。

Answer

(1)　$i = i_f+x$

(2)　対ドル為替レートの期待変化率＝$i-i_f$＝1.5－1.0＝0.5

　　（この国の通貨は、対ドルで0.5%減価する。）

第Ⅲ章　国際金融論

⑵　ポートフォリオ・バランス・アプローチ

◆　ポートフォリオ・バランス・アプローチ

$$e = E_P + \frac{1}{a}\left[\left(i_f - \pi_f^e\right) - \left(i - \pi^e\right)\right] - \frac{1}{a}RP(A) \qquad (\text{Ⅲ}-23)$$

　　　　　①　　　　　　　　　②　　　　　　　③

E_P：PPP、**フィッシャー式**：実質金利 r ＝名目金利 i －期待インフレ率 π^e、

a：実際のレートとPPPの差を埋める調整速度、$RP(A)$：**リスク・プレミア**

ム（$\varDelta RP/\varDelta A > 0$）、$A$：**累積経常収支黒字（対外資産）要因**[13]

　　ただし、サブスクリプト f は、外国の変数を示す。

◆　**名目レート e の変動要因**

　　名目レートの変動要因は、① **インフレ率格差（PPP）要因**、② **実質金利**
差要因、③ **リスク・プレミアム**（経常収支黒字累積額やポリティカル・リ
スクなど）の３つである。

　　≪円高・ドル安（名目レート e 低下）のケース≫

① 日本のインフレ率が相対的に低いか、あるいはアメリカのインフレ率が
　相対的に高くなる場合

② 日本の実質金利が相対的に高いか、あるいはアメリカの実質金利が相対
　的に低くなる場合

③ ドル減価に対するリスク・プレミアム（日本の経常収支黒字累積額）が
　上昇する場合

13　A＝（経常収支黒字累積額－直接投資累積額－外貨準備高）／名目GDP
　　　分子の「－外貨準備高」は介入の**ポートフォリオ効果**（介入の有効性）を表している。円高
　圧力抑制目的の円売り・ドル買い介入（外貨準備増）は、ドル減価に対するリスク・プレミア
　ムを低下（$RP\downarrow$）させて、為替レートを上昇（$e\uparrow$）させる、つまり円高圧力を抑制すること
　ができる。他方、円安圧力抑制目的のドル売り・円買い介入（外貨準備減）は、円減価に対す
　るリスク・プレミアムを低下、すなわちドル減価に対するリスク・プレミアムを上昇（$RP\uparrow$）
　させて、為替レートを低下（$e\downarrow$）させる、つまり円安圧力を抑制することができる。

6 為替レート決定理論II（短期）

Point Check Ⅲ-14 ≪2015.午前.9≫

2014年の後半に、政府は消費税の10パーセントへの税率引き上げを延期すると表明した。この表明は、円ドル為替レートにどのような影響を与えたと考えられるか、ポートフォリオバランスアプローチの観点から説明しなさい。

Answer

消費税率の引き上げが延期により、日本における国債残高が一層増加するならば、円資産へのリスクプレミアムが高まり、円がドルに対して減価する。

第Ⅲ章 国際金融論

Point Check Ⅲ-15 ≪2016.午後.1≫

2009年10月のギリシャの政権交代を機に同国の財政赤字が公表数字よりも大幅に膨らむことを明かしたことから始まったギリシャ危機を発端として、ユーロ圏における危機が生じた。この際、ギリシャ国債の金利とドイツ国債の金利は大きく乖離した。

なぜ、統一通貨ユーロのもとで、ギリシャ国債とドイツ国債の金利に乖離が生じたかについて説明しなさい。

Answer

通貨統合が行われギリシャとドイツがともにユーロを使う場合、予想為替変化率はゼロとなるため、為替レートの決定においてカバーなし金利平価が成立する場合、ギリシャ金利とドイツ金利は等しくなる。

しかし、投資家がリスクを厭い、どちらかの通貨建て資産にリスク・プレミアムが課せられるとき、カバーなし金利平価は成立しない。ギリシャにおける公表値を上回る財政赤字によりギリシャ建て資産にリスク・プレミアムが課せられるとき、ギリシャ金利はドイツ金利を上回り金利差が生じる。

7 最適通貨圏の理論

ヨーロッパでは、1999年に EU11カ国で経済通貨同盟が結ばれ、共通通貨として ユーロが導入された。最適通貨圏の理論は経済通貨同盟を結ぶにあたっての理論的根拠とされている。

最適通貨圏の理論

最適通貨圏の理論によれば、国の性格・特質を考慮すると、変動レート制を採用し為替レートを変動させるよりも、固定レート制、または複数の国家による最適通貨圏を形成して共通通貨を採用することが望ましい場合がある。また、最適通貨圏を形成し共通通貨を導入するという選択は、そのメリットとデメリットを比較することによって決められるべきものと考えられている。

◆ **共通通貨採用のメリットとデメリット**

○メリット
- 通貨の有用性の増大
- 安定的な金融政策の輸入
- 為替投機の排除
- 対外準備の節約
- 財政政策協調の促進

○デメリット
- 金融政策の独立性の放棄
- 財政政策の自由度の制限
- 為替レートのもつ経常収支（貿易収支）調整機能の放棄

◆ **最適通貨圏形成の基準**
- 財市場の統合の程度（統合度が高いほど、最適通貨圏の形成は望ましい）
- 生産要素市場統合の程度（統合度が高いほど、最適通貨圏の形成は望ましい）
- 経済構造・実物ショックの対称性（対称的であるほど、最適通貨圏の形成は望ましい）
- マクロ政策の協調性（協調性が確保できるほど、最適通貨圏の形成は望ましい）

255

第Ⅲ章　国際金融論

　共通通貨圏を形成することによるメリットは以上に挙げた通りであるが、一方、デメリットもあるため、単一通貨を採用し共通通貨圏を形成するに当たっては、デメリットが問題とならない、または克服できる状況の中で、そのメリットを享受できる条件が満たされる必要がある。

単一通貨を採用することのデメリット

① 為替レートのもつ経常収支の調整機能を放棄すること

　ある国で需要ショックまたは供給ショックが発生することによって生じた２国間格差は、変動レート制が採られていれば、為替レートが変動し解消される可能性がある。しかしながら、共通通貨を採用することで、そういった為替レートの調整機能を放棄することになる。

② 金融政策の独立性の放棄

　共通通貨を採用すると、経済ショックによって経済が停滞した国だけを対象とした金融政策を実施することはできなくなる。

デメリットが問題とならない（克服できる）条件

① 経済構造・実物ショックの対称性

　総供給ショックが対称的（同方向）な２国間においては、ショックは２国に同様の影響を与えるので、為替レートによる調整を放棄するデメリットは問題とならない。一方、総供給ショックが非対称な２国間においては、ショックにより生じる経済への反対方向への影響を吸収しあう為替レートの調整機能を享受するほうが望ましい。すなわち、為替レートの調整機能を放棄するデメリットは大きい。

② 生産要素市場の統合度

　供給ショックが非対称的であっても、２国同士で労働や資本などの生産要素がスムーズに移動する場合、為替レートによる調整なしに供給ショックによって生じた失業率格差などは解消されることになる。すなわち、生産要素市場の統合度も最適通貨圏の基準となる。

③ 財市場の統合度

　また、ある国で需要ショックが生じた場合、国同士で財市場の統合度が高く、経済の開放度が高い場合には、国際的商品裁定により財の価格は均等化

する。ショックによる総需要の増減は、為替レートの調整なしに、貿易により解消され、実質GDPや雇用の変動は共通通貨圏の国同士で吸収しあうことができる。すなわち、財市場の統合度が高さも最適通貨圏の基準となる。

④ マクロ政策の協調性

以上に挙げた最適通貨圏の基準がクリアーされない場合、共通通貨圏を形成した国同士は、協調してマクロ政策を実行し、経済格差を調整しなければならない。例えば、圏内で経済格差が生じた場合、財政トランスファーなどを行い、それを解消する必要がある。

Point Check 〔 Ⅲ- 16 〕 ≪2006. Ⅰ.7≫

(1) ヨーロッパでは、1999年に EU11ヵ国で経済通貨同盟が結ばれ、共通通貨としてユーロが導入されたが、最適通貨圏の理論はその理論的根拠を与えているといわれている。

　　最適通貨圏の理論によれば、総供給ショックが対称的であるということが、共通通貨導入の条件とされているが、その理由を説明しなさい。

(2) 図表において、総供給ショックの相関係数がプラスである国同士がある一方、総供給ショックの相関係数がマイナスである国同士もある。総供給ショックの対称性という観点から、これらの国で共通通貨導入の条件を満たしているかどうかについて説明しなさい。

図表Ⅲ-13　総供給ショックの相関係数（1969～89年）

	ドイツ	フランス	オランダ	イタリア	アイルランド	フィンランド
ド　イ　ツ	1.00					
フ　ラ　ン　ス	0.52	1.00				
オ　ラ　ン　ダ	0.54	0.36	1.00			
イ　タ　リ　ア	0.21	0.28	0.39	1.00		
アイルランド	0.00	−0.21	0.11	0.14	1.00	
フィンランド	0.22	0.12	−0.25	−0.32	−0.23	1.00

（出所）Bayoumi, Tamim and Barry Eichengreen, (1993) "Shocking aspects of European monetary integration," in Francisco Torres and Francesco Givavazzi eds., Adjustment and Growth in the European Monetary Union, Cambridge University Press, 193-229より抜粋。

第Ⅲ章　国際金融論

Answer

(1)　総供給ショックが対称的であれば、ショックが生じたときに発生する両
　　国の経済格差は限界的なものとなる。その場合、共通通貨を導入すること
　　により為替レートの調整機能を放棄するデメリットは小さく問題とならな
　　いので、共通通貨を導入し、そのメリットを享受すればよい。

(2)　相関係数がゼロ（無相関）を上回り、１（正の完全相関）に近いほど、
　　それらの国同士は総供給ショックが対称的である。このような地域では共
　　通通貨を導入する条件が満たされている。総供給ショックの相関係数表に
　　おいて、「ドイツとフランス（0.52）」「ドイツとオランダ（0.54）」「ドイ
　　ツとイタリア（0.21）」「ドイツとフィンランド（0.22）」「フランスとオラ
　　ンダ（0.36）」「フランスとイタリア（0.28）」「フランスとフィンランド
　　（0.12）」「オランダとイタリア（0.39）」「オランダとアイルランド（0.11）」
　　などが、程度の違いはあるものの、その条件を満たしているといえる。

　　　逆に、相関係数がゼロを下回り、－１（負の完全相関）に近いほど、そ
　　れらの国同士は総供給ショックが非対称的であるので、共通通貨を導入す
　　る条件が満たされていない。その場合、労働などの生産要素の移動や財政
　　トランスファーなどによる調整を必要とする。「オランダとフィンランド
　　（－0.25）」「イタリアとフィンランド（－0.32）」「アイルランドとフィン
　　ランド（－0.23）」などが、そのケースに該当する。

EUにおける通貨統合のプロセス

欧州共同体（EC＝後の欧州連合EU）は、1989年に以下のようなロードマップを策定し欧州通貨同盟EMUの完成へ向けて動き出した。

第1段階（1990年7月－1993年12月）：域内市場統合の促進
- 人、物、サービスの移動の自由化
- 中央銀行総裁会議（EC各国の中央銀行総裁の集まり）の機能強化

第2段階（1994年1月－1998年12月）：マクロ経済政策の協調強化
- 経済収斂基準の達成（ユーロに参加する条件として各国がインフレ率、政府財政赤字等、定められた基準を達成する）
- 欧州通貨機構（EMI）の創設
- →1998年5月に第3段階当初からの参加国を決定

第3段階（1999年1月から）：経済通貨統合の完成
- 単一通貨ユーロの導入
- 欧州中央銀行（ECB）による統一金融政策の実施
- →2002年1月よりユーロ貨幣の流通開始

ユーロの導入

銀行間取引など非現金取引を対象に、単一通貨ユーロは1999年1月1日から導入された。同時に欧州中央銀行による統一的金融政策が開始され、ユーロ圏各国は独自に金融政策を行う権限を失った。この時からユーロに参加したのはドイツ、フランス、イタリア、スペイン、ポルトガル、アイルランド、オーストリア、フィンランド、ベルギー、オランダ、ルクセンブルグの11か国であり、経済収斂基準の達成が間に合わなかったギリシャは2001年1月から遅れてユーロに参加した。一方、これら以外のEU加盟国（英国、デンマーク、スウェーデン）は、国内世論の支持が得られなかったこと等によりユーロへの参加を見送った。そして、2002年1月1日よりユーロ参加国内において、ユーロ貨幣の流通が開始された。

・欧州経済通貨同盟ＥＭＵへの参加条件

ＥＭＵの参加に当たり、その条件とスケジュールを明確化したマーストリヒト条約において、各国は次の経済収斂基準を満たす必要があった。この経済収斂基準は、新しく導入する単一通貨が、導入する以前の各国の通貨の中で最良

第Ⅲ章 国際金融論

の通貨と同程度に健全でなければならないという認識に立った参加基準ともいえる。

◆ 経済収斂基準
- 物価：過去１年間、消費者物価上昇率が、消費者物価上昇率の最も低い３か国の平均値を1.5％より多く上回らないこと。
- 財政：過剰財政赤字状態でないこと。
  （財政赤字GDP比３％以下、債務残高GDP比60％以下）
- 為替：２年間、独自に切り下げを行わずに、深刻な緊張状態を与えることなく欧州通貨制度の為替相場メカニズムの通常の変動幅を尊重すること。
- 金利：過去１年間、長期金利が消費者物価上昇率の最も低い３か国の平均値を２％より多く上回らないこと。

7 最適通貨圏の理論

Point Check　Ⅲ-17　≪2013.午前.9≫

統一通過を採用しているユーロ圏において、さまざまな経済問題が生じている。次の問題について答えなさい。

(1) ユーロ圏内において、経常収支黒字国と赤字国が並存している。このような経常収支格差は、どのような問題を生じさせるか、説明しなさい。

(2) (1)のようにユーロ圏内における経常収支格差が生じる場合、赤字国は経常収支を改善するために何をすればよいか。その問題点もあわせて説明しなさい。

Answer

(1) ユーロ圏単一共通通貨ユーロが導入されると、ユーロ圏を構成する国の間で経常収支などの格差が生じる場合、為替レートの変動によりそれが是正されるといった変動相場制のメリットは享受できなくなる。このとき、ある国において経常収支の赤字が継続する場合、対外債務が累増し、その持続可能性の問題などから信用問題が生じる可能性がある。また、ユーロ圏内にそういった国が複数ある場合、ユーロ圏全体の信用問題となり、ユーロの暴落などの通貨危機を引き起こす可能性もある。

(2) 当該国が経常収支の赤字を減少させるためには、賃金や物価を引き下げる必要がある。しかしながら、当該国の物価が下落することにより、対外債務の実質価値が高まり、信用不安が生じるという問題が起こる可能性がある。

第Ⅲ章　国際金融論

8 ） オープン・マクロⅠ（IS-LM 型小国モデル）

◆　IS-LM-BP分析

IS（財市場均衡条件）　　：　　$Y = C(Y) + I(r) + G + NX(Y, e)$　　（Ⅲ-24）

LM（貨幣市場均衡条件）：　　$\dfrac{M}{P} = (Y, r)$　　（Ⅲ-25）

BP（国際収支均衡条件）：　　$BP = CA(Y, e) + K(r - r_f) = 0$　　（Ⅲ-26）

◆　国際収支均衡線 BP_A：$BP =$ 経常収支 $CA +$ 資本収支 $K = 0$

経常収支 $CA \fallingdotseq$ 純輸出 $NX = EX(Y_f, e) - IM(Y, e)$　　（Ⅲ-27）

資本収支 $K = K(r - r_f)$（注 1）　　（Ⅲ-28）

Y_f：外国所得（外生変数）、r_f：外国金利（外生変数）、

$EX(\cdot)$：輸出関数、$IM(\cdot)$：輸入関数、$K(\cdot)$：資本収支関数

∴　$BP = EX(Y_f, e) - IM(Y, e) + K(r - r_f) = 0$　　（Ⅲ-29）

　　ここでは、IS-LM 分析を開放経済へと拡張した IS-LM-BP 分析（マンデル＝フレミング・モデルを含む）を小国の仮定、変動相場制の下でみていくことにする。

⑴　資本移動が完全なケース（内外資産は完全代替）

　　資本移動が完全なケースでは、国内利子率 r が世界利子率 r_f（外生変数）に等しくなる場合にのみ国際収支は均衡する（$r = r_f$ でない場合は、資本収支の大規模な黒字または赤字が発生し、国際収支は均衡しない）、そのため、（Y, r）平面において国際収支均衡を意味する BP 曲線は水平となる（$BP_A : r = r_f$）。

（注 1 ）2017年に国際収支統計の改訂が行われ、「資本収支」のうち「投資収支」と「外貨準備」が統合されて、「金融収支」が公表されている。また「資本収支」の項目は廃止された。しかしながら本項では、「資本収支」を用いることとする。

① 財政政策の効果

図表Ⅲ-14 資本移動が完全なケース：拡張的財政政策の効果

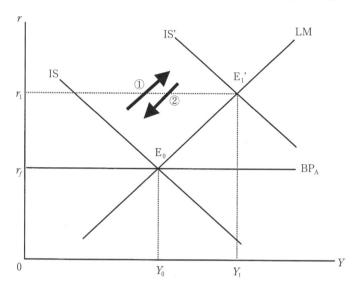

　拡張的財政政策は、IS を右上方へシフト（IS → IS'）させ、国民所得の増加（$Y_0 \to Y_1$）と国内利子率の上昇（$r_f \to r_1$）をもたらす。しかし、国内利子率の上昇は、海外から国内への資本流入をもたらす。その結果、自国通貨が増価（$e\downarrow$）し、経常収支が悪化するため、IS は左下方へシフト・バックする。このとき、国内利子率が世界利子率 r_f と等しくなるまで IS はシフト・バックし続ける（IS' → IS）ため、結局国民所得は元の水準まで戻る（$Y_1 \to Y_0$）ことになる。以上より、拡張的財政政策は自国通貨の**増価**を通じた**経常収支の悪化**によりその効果が減殺（**対外面を通じたクラウディング・アウト、マンデル＝フレミング効果**）されてしまうため**無効**となる[14]（図表Ⅲ-14）。

14　ただし、自国通貨の増価によって経常収支黒字は減少するため、貿易摩擦問題の解消には役立つ。

② 金融政策の効果

図表Ⅲ-15 資本移動が完全なケース：金融緩和政策の効果

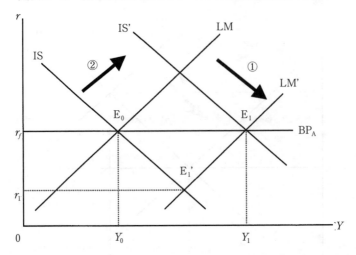

　金融緩和政策は、LMを右下方へシフト（LM→LM'）させ、国民所得の増加と国内利子率の低下（r_f→r_1）をもたらす。国内利子率の低下は、国内から海外への資本流出をもたらす。その結果、自国通貨が減価（e↑）し、経常収支が改善するため、ISは右上方にシフトする。ISは、国内利子率が世界利子率 r_f に等しくなるまで右上方にシフトし続ける（IS→IS'）ため、国民所得は更に Y_1 まで増大することになる。このように金融緩和政策の**有効性はかなり高い**。しかし、これは、自国通貨の**減価**を通じた経常収支の**改善**、すなわち**失業の輸出**であり、**近隣窮乏化政策**として非難されることがある（図表Ⅲ-15）。

8 オープン・マクロ I (IS-LM 型小国モデル)

Point Check　III-18　≪2016.午前.9≫

国際的な財・サービスおよび資産の取引がある統一通貨ユーロ圏に参加しているドイツとギリシャについて考えよう。ただし、ドイツを大国としギリシャを小国とする。いま、大国であるドイツにおいて金融引締め政策が実施され、ドイツ金利が r_f^0 から r_f^1 に上昇したとしよう。

このドイツの政策は、結果としてギリシャの GDP を減少させることになることを、下の図を使って説明しなさい。ただし、下の図は、ギリシャの IS-LM-BP 曲線であると仮定する。

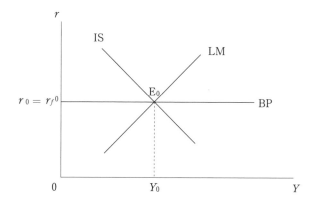

Answer

大国であるドイツにおいて金融引締め政策が実施され、ドイツ金利が r_f^0 から r_f^1 に上昇したとしよう。このとき、ギリシャの金融当局は、過度の資本流出を避けるために金利を引き上げる必要がある。このため、ギリシャの金融当局は、ハイパワードマネーを減少させるので、マネーサプライが減少し、LM 曲線が LM から LM' へ左シフトする。この金融引締めは、自国金利が上昇後の外国金利の水準に等しくなる r_1 となるように行う必要がある。これにより、ギリシャの国民所得は Y_0 から Y_1 へと減少することになる。

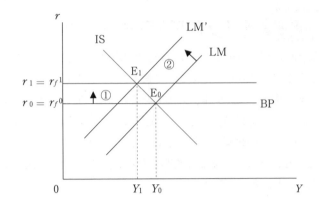

(2) 資本移動が不完全なケース

　資本移動性を完全と仮定した場合、BP曲線は水平であった。しかし、資本移動が不完全の場合、BP曲線は右上がりの形状となる。

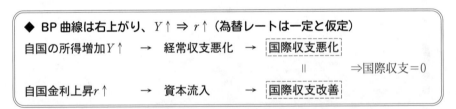

　また、BP曲線の傾きの大きさは**資本移動の利子弾力性**（内外金利差に対する資本移動性の大きさ）に依存し、資本移動性が高いほど水平に近づく。

・財政政策の効果

① 資本移動が不完全なケースⅠ：LMの傾きがBP_Fの傾きより大きいケース[15]

拡張的財政政策によりISがIS'まで右上方にシフトし、一時的に国内均衡はE_1に移動するが、この点はBP_Fの上側にあるため自国通貨は**増価**する。自国通貨の増価は、ISをIS"まで左下方にシフトバックさせると同時に、BP_FをBP_F'まで左上方にシフトさせ、結果的に均衡点はE_2に落ち着くことになり、国民所得はY_2まで増大し、国内利子率は上昇する。したがって、財政政策は無効ではないものの、マンデル・フレミング効果が働き、その効果は**小さい**（図表Ⅲ-16）。

図表Ⅲ-16　資本移動が不完全なケースⅠ：拡張的財政政策の効果

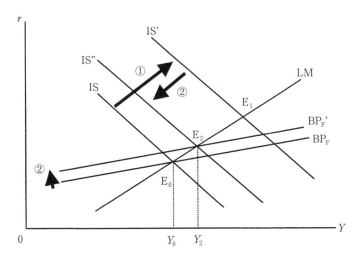

15　**内外資本移動の利子弾力性**が大きくBP_Fが水平に近いか、あるいは**貨幣需要の利子弾力性**が小さくてLMが垂直に近いケースが考えられる。

② 資本移動が不完全なケースⅡ：LMの傾きが BP_F の傾きより小さいケース[16]

拡張的財政政策によりISがIS'まで右上方にシフトし、一時的に国内均衡は E_1 に移動するが、この点は BP_F の下側にあるため自国通貨は**減価**する。自国通貨の減価は、ISを更にIS"まで右上方にシフトさせると同時に、BP_F を BP_F'まで右下方にシフトさせることになる。したがって、結果的に均衡点は E_2 に落ち着くことになり、国民所得は Y_2 まで増大し、国内利子率は上昇する。したがって、財政政策は極めて**有効**である（図表Ⅲ-17）。ただし近隣窮乏化政策として批判される可能性がある。

図表Ⅲ-17　資本移動が不完全なケースⅡ：拡張的財政政策の効果

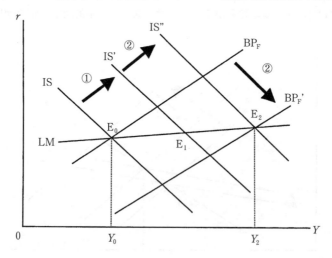

---

16 相対的に、**内外資本移動の利子弾力性**が小さくて BP_F が垂直に近いか、あるいは**貨幣需要の利子弾力性**が大きくて（流動性のワナの状態に近づいていて）LMが水平に近い。

・金融政策の効果
① 資本移動が不完全なケースⅠ：LMの傾きがBP_Fの傾きより大きいケース

金融緩和政策により LM が LM' まで右下方にシフトすると、一時的に国内均衡は E_1 に移動するが、この点は BP_F の下側にあるため自国通貨は**減価**する。自国通貨の減価は、IS を IS' まで右上方にシフトさせると同時に、BP_F を BP_F' まで右下方にシフトさせ、結果的に均衡点は E_2 に落ち着くことになり、国民所得は Y_2 まで増大するので、金融政策は**有効**である（図表Ⅲ-18）。

図表Ⅲ-18　資本移動が不完全なケースⅠ：金融緩和政策の効果

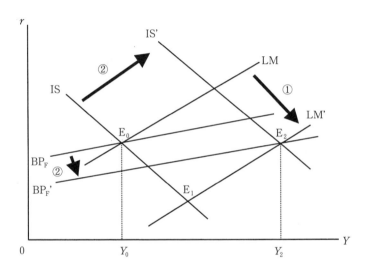

② 資本移動が不完全なケースⅡ：LMの傾きが BP_F の傾きより小さいケース

金融緩和政策により LM が LM' まで右下方にシフトすると、国内均衡は E_1 に移動するが、この点は BP_F の下側にあるため自国通貨は**減価**する。自国通貨の減価は、IS を IS' まで右上方にシフトさせると同時に、BP_F を BP_F' まで右下方にシフトさせることになる。したがって、結果的に均衡点は E_2 に落ち着くことになり、国民所得は Y_2 まで増大するので、金融政策は**有効**である（図表Ⅲ-19）。

図表Ⅲ-19　資本移動が不完全なケースⅡ：金融緩和政策の効果

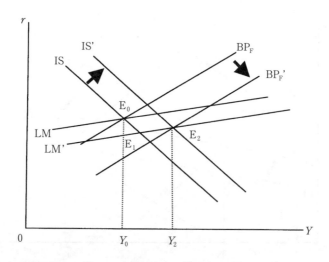

◆ 財政・金融政策の効果：小国ケース（まとめ）

	変動為替相場制		固定為替相場制	
	財政政策	金融政策	財政政策	金融政策
資本移動が完全	無効	有効	有効	無効
資本移動性が高い （BPの傾き＜LMの傾き）	有効（小）	有効（大）	有効	無効
資本移動性が低い （BPの傾き＞LMの傾き）	有効（大）	有効（大）	有効（小）	無効

8　オープン・マクロⅠ（IS-LM型小国モデル）

Point Check　Ⅲ-19 ≪1996.Ⅰ.10≫

(1)　為替レートを不変とすれば、国際収支均衡線 BP_F の上側では国際収支はどうなるか。また、なぜ国際収支はそのようになっているか、その理由を簡潔に説明しなさい。

(2)　円安のとき、BP_F はどの方向にシフトするか。また、なぜ BP_F はその方向にシフトするか、その理由を簡潔に説明しなさい。

Answer

(1)　BP_F 上側は高金利で十分な資本流出がないか資本流入が多くて資本収支黒字（あるいは国民所得が小さくて輸入が少ないことで経常収支黒字）が発生しているため、国際収支黒字である。

(2)　円安は輸出増・輸入減をもたらし、国際収支の均衡を保つためには、金利が低下する必要があり、BP_F は右下方にシフトする[17]。

Point Check　Ⅲ-20 ≪2006.2.9≫

　　1970年代のアメリカではインフレ傾向が顕著であったが、1979年に連邦準備理事会は、インフレ抑制のため、準備預金の供給を抑制する金融引き締め政策を実施した。その政策によりアメリカ経済はどのような影響を受けたと思われるか。次の(1)～(4)の経済変数がそれぞれどのように変化したかについて、マンデル＝フレミング・モデルを用いて説明せよ。

(1)　為替レート（米ドル）

(2)　アメリカの経常収支

(3)　アメリカの資本収支

(4)　アメリカの経済成長率

17　つまり、BP_F の上側（下側）では、国際収支黒字（赤字）の発生に伴い自国通貨が増価（減価）し、その増価（減価）により BP_F は左上（右下）方シフトする。

271

国際金融論

Answer

図表Ⅲ-20 マンデル＝フレミング・モデルによる金融引き締めの効果

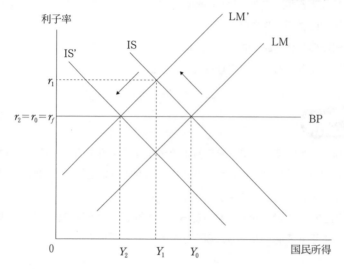

(1) 金融引き締め政策としての準備預金の減少により、マネーサプライは減少し、LM曲線はLMからLM'へとシフトする。それによってアメリカの金利は上昇し、アメリカに資本が流入し、ドルが増価する。

(2) ドルが増価するので、マーシャル＝ラーナー条件が満たされると仮定すると、輸出は減少し、輸入は増加する。すなわち、アメリカの経常収支は悪化する。

(3) 金利上昇により資本が流入するので、アメリカの資本収支は改善する。

(4) 経常収支の悪化により、アメリカの外需が減少するので、GDPは減少し経済成長率は低下する。

8 オープン・マクロⅠ(IS-LM 型小国モデル)

Point Check Ⅲ-21 ≪2019.午前.9、2017.午後.2≫

　　ある新興国の対ドル為替レートに関して、先物カバー無しでの金利平価式が成立し、将来の期待為替レートが一定であると仮定しよう（為替レートに関する静学的期待の仮定）。このような中で、米国において金利引き上げが行われたとして、以下の問題に答えなさい。

(1)　米国が金利の引き上げを行う中で、この新興国の金融当局は、自律した金融政策を重視し、金利水準を一定に維持したとする。このとき、この新興国通貨の対ドル為替レートは、どのように変化するか。

(2)　この新興国が、為替相場の安定を重視して、自国通貨の対ドル為替レートを一定に維持するように金融政策を行うとする。この国の金融当局は、どのような金融政策を行えばよいか、説明しなさい。

(3)　国際金融におけるトリレンマについて説明しなさい。

(4)　(3)を踏まえて、この新興国が、自律した金融政策と為替レートの安定を両立させるためにはどうすればよいか、説明しなさい。また、その場合、先物カバー無しでの金利平価式が成立するか否かについて、述べなさい。

273

第Ⅲ章　国際金融論

Answer

(1)　自国通貨建て資産の収益率 i よりも米国通貨建て資産に投資した際の自国通貨ベースの収益率（＝自国通貨建て金利 i^* ＋為替レートの期待変化率 x）の方が大きくなるため、自国から米国へと資産流出が生じて、自国通貨の対ドル為替レートが減価する。

(2)　自国通貨の対ドル為替レートを固定するためには、内外資産の収益率格差による米国への資本の流出が生じないように、金融引き締めを行い、自国金利を引上げる必要がある。

(3)　「国際金融におけるトリレンマ」とは、「自由な資本移動」、「安定した為替相場」、および「自律した金融政策」を同時に達成できないことをいう。

(4)　自由な資本移動を禁止するなど資本管理を行い、自国と米国との間の資本の流出入が生じないようにする。このとき、先物カバー無しでの金利平価式は成立しない。

9 オープン・マクロⅡ（IS-LM型2国モデル）資本移動完全なケース

　これまで、開放経済における財政・金融政策の効果を分析する際に、自国を外国の経済に影響を及ぼさない小国と仮定してきた。しかし、アメリカや日本のように経済規模が大きい国を自国としたとき、当該国における経済ショックや財政・金融政策が外国経済に影響を及ぼすことを考慮する必要がある。また、外国に及ぼした影響は、反作用効果として自国に影響を及ぼす可能性もある。

　そこでこの節では自国を大国とし、自国と外国から構成される2国モデルを用いて財政・金融政策の効果について考察する。その際、それぞれの国の基本的なマクロ・モデルは、これまでの小国モデルと同様であるが、自国を大国と仮定するので、そこでの経済変数の動きは外国経済に影響を及ぼす点が異なる。また、自国と外国の経済規模は同じで、自国と外国の利子率は均等化すると仮定する。すなわち、自国と外国の利子率が乖離するとき、資本の流出入が生じる結果、両者の中間の水準に利子率が決まるとする。

◆2国モデル

　自国の財市場均衡：$Y = C(Y) + I(r) + G + NX(Y, Y^*, e)$　　　　（Ⅲ-30）

　外国の財市場均衡：$Y^* = C(Y^*) + I(r^*) + G^* + NX^*(Y, Y^*, e)$　　（Ⅲ-31）

　自国の貨幣市場均衡：$\dfrac{M}{P} = L(Y, r)$　　　　　　　　　　　（Ⅲ-32）

　外国の貨幣市場均衡：$\dfrac{M^*}{P^*} = L^*(Y^*, r^*)$　　　　　　　　（Ⅲ-33）

　利子率の均等化　：$r = r^*$　　　　　　　　　　　　　　　　（Ⅲ-34）

　変数右上の＊はその変数が外国のものであることを示す。自国の経常収支が外国のYの増加関数になっていることに注意（外国でYが増加するとその国の輸入が増加するが、それは自国の輸出の増加に等しい）。2国であるから、自国の経常収支NXにマイナスを付けると外国の経常収支に等しくなる。

第Ⅲ章 国際金融論

図表Ⅲ-21 マンデル=フレミング・モデルの2国モデル

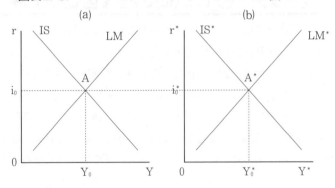

(1) 金融緩和政策の効果

◆ 自国における効果

マネーサプライ増加$M\uparrow$ ⇒ $\begin{cases} 金利低下r\downarrow ⇒ 投資増加I\uparrow ⇒ 国民所得増加Y\uparrow \\ \downarrow 自国から他国への資本流出 \\ 自国通貨減価e\uparrow ⇒ 経常収支改善NX\uparrow ⇒ 国民所得増加Y\uparrow \\ \qquad (反作用効果\quad Y^*\downarrow ⇒ Y\downarrow) \end{cases}$ ⇒国民所得増加($Y_0 \to Y_1$)

IS曲線、LM曲線のシフト

- マネーサプライ増加によるLM右シフト(LM→LM')
- 金利低下→自国通貨減価→自国経常収支改善によるIS右シフト
- 外国国民所得減少→自国経常収支悪化によるIS左シフト(反作用効果) ｝ (IS→IS')

◆ 外国における効果(近隣窮乏化政策ケース)

資本流入⇒外国通貨増価$e\uparrow$⇒経常収支悪化$NX^*\downarrow$⇒国民所得減少$Y^*\downarrow$:①
↓
金利低下$r^*\downarrow$⇒投資増加$I^*\uparrow$⇒国民所得増加$Y^*\uparrow$:②
　(反作用効果$Y\uparrow$⇒国民所得増加$Y^*\uparrow$)

⇒ 〔 i)①>②+反作用効果 ⇒国民所得減少($Y_0^* \to Y_1^*$)
　　(ii)①<②(+反作用効果)　⇒国民所得増加のケースあり〕

IS*曲線のシフト

- 外国通貨増価→外国経常収支悪化によるIS*左シフト
- 自国国民所得増加→外国経常収支改善によるIS*右シフト(反作用効果) ｝(IS*→IS*')

図表Ⅲ-22　2国モデルにおける金融政策の効果

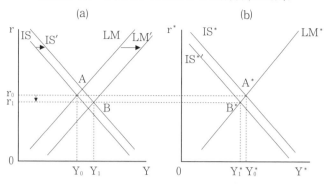

- **2国間における効果**

自国において金融緩和政策（LM→LM′）が行われると、自国金利が低下（$r↓$）し、国民所得が増加（$Y↑$）する。この自国金利の低下により自国から外国へ資本流出が生じ、自国通貨が減価・外国通貨が増価（$e↑$）する。また外国において金利が下落（$r^*↓$）する。

それぞれの国で国民所得が増加（減少）するとき、当該国の輸入の増加（減少）により相手国の経常収支が改善（悪化）し、相手国のIS曲線が右（左）シフトし国民所得が増加（減少）する反作用効果が生じる。以下、自国の金融緩和政策の効果を自国と外国についてそれぞれみていこう。

- **自国における効果**

自国においては、マネーサプライが増加（$M↑$）すると、LM曲線が右シフトし、金利が下落（$r↓$）し投資が増加（$I↑$）するので、国民所得が増加（$Y↑$）する。また金利の下落により資本流出が生じ、自国通貨が減価（$e↑$）し、経常収支が改善（$EX↑$）される（IS右シフト）。これらはともに自国の国民所得を増大（$Y↑$）させる要因である。また、次の外国における効果で説明する外国の国民所得の減少（$Y^*↓$）により自国の経常収支が悪化（$EX↓$）し（IS左シフト）、自国の国民所得が減少する反作用効果が働く。ただし、図のISからIS′へのシフトには、反作用効果が含まれている。以上のことから、自国における金融緩和政策によって自国の国民所得は増加（$Y_0→Y_1$）することが

わかる（図表Ⅲ−22（a））。

・**外国における効果**

　一方、外国においては、①外国通貨の増価（$e\uparrow$）により経常収支が悪化（$EX^*\downarrow$）し（IS*左シフト）、国民所得が減少する。一方、②外国金利の低下（$r^*\downarrow$）により投資が増大（$I^*\uparrow$）し国民所得が増加（$Y^*\uparrow$）する。また、自国の国民所得が増加（$Y\uparrow$）することにより外国の経常収支が改善（$EX^*\uparrow$）し（IS*右シフト）、外国の国民所得が増加（$Y^*\uparrow$）する反作用効果が働く。①の効果が②の効果を上回る場合IS*は左シフトし、外国の国民所得は減少（$Y^*\downarrow$）する（図表Ⅲ−22（b））。①の効果が②の効果と反作用効果の合計を上回る場合、外国の国民所得は減少（$Y^*\downarrow$）する（図表Ⅲ−22（b））。ただし、図のIS*からIS$^{*\prime}$へのシフトには、反作用効果（$Y^*\uparrow$）が含まれている。

　このケース（①＞②＋反作用効果）では、結果として、外国の国民所得の減少を伴って自国の国民所得が増大していることから、自国の金融緩和政策は近隣窮乏化政策であるといえる。（①が②＋反作用効果を下回る場合は、自国、外国ともに国民所得が増大するので、近隣窮乏化政策とはならない。）

(2) 拡張的財政政策の効果

◆ 自国における効果

政府支出増加 $G\uparrow$ ⇒ $\begin{cases}\text{国民所得増加}Y\uparrow \\ \text{金利上昇}r\uparrow\Rightarrow\text{投資減少}I\downarrow\Rightarrow\text{国民所得減少}Y\downarrow\end{cases}$ 国民所得増加$(Y_0\to Y_0')$

$\downarrow$他国から自国への資本流入

自国通貨増価$e\downarrow\Rightarrow$経常収支悪化$NX\downarrow\Rightarrow$国民所得減少$Y\downarrow$ 国民所得減少$(Y_0'\to Y_1)$
(反作用効果 $Y^*\uparrow\Rightarrow Y\uparrow$)

⇒ 国民所得増加 $(Y_0\to Y_1)$

IS曲線のシフト（LM曲線はシフトしない）

- 政府支出増加によるIS右シフト（IS→IS'）
- 金利上昇→自国通貨増価→経常収支の悪化によるIS左シフト
- 外国国民所得増加→自国経常収支改善によるIS右シフト（反作用効果）

$(IS'\to IS'')$

◆ 外国における効果

資本流入⇒外国通貨減価$e\downarrow\Rightarrow$経常収支改善$NX^*\uparrow\Rightarrow$国民所得増加$Y^*\uparrow$：①
$\downarrow$
金利上昇$r^*\uparrow\Rightarrow$投資減少$I^*\downarrow\Rightarrow$国民所得減少$Y^*\downarrow$：②
(反作用効果 $Y\uparrow\Rightarrow$国民所得増加$Y^*\uparrow$)

ⅰ）①+反作用効果＞②
⇒国民所得増加 $(Y_0^*\to Y_1^*)$
ⅱ）①+反作用効果＜②
⇒国民所得減少のケースあり

IS*曲線のシフト

- 外国通貨減価→外国経常収支改善によるIS*右シフト
- 自国国民所得増加→外国経常収支改善によるIS*右シフト（反作用効果）

$(IS^*\to IS^{*'})$

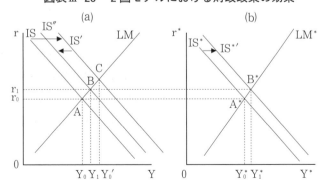

図表Ⅲ-23　2国モデルにおける財政政策の効果

第Ⅲ章　国際金融論

・2国間における効果

　自国において拡張的財政政策（IS→IS′）が行われると、自国金利は上昇（r↑）し、国民所得が増加（Y↑）する。この自国金利の上昇により外国から自国へ資本流入が生じ、自国通貨の増価・外国通貨の減価（e↓）が生じる。また外国において利子率が上昇（r^*↑）する。

　また、反作用効果が生じる。

・自国における効果

　自国においては、政府支出が増加（G↑）するとIS曲線が右シフト（IS→IS′）し、金利の上昇（r↑）と国民所得の増加（Y↑）が生じる。この金利上昇により自国通貨が増価（e↓）し、経常収支が悪化（EX↓）し（IS左シフト）、国民所得は減少する。また、次の外国における効果で説明する外国の国民所得が増加（Y^*↑）することによる自国の経常収支の改善（EX↑）が（IS右シフト）、自国の国民所得を増加（Y↑）させる反作用効果が働く。ただし、図のIS′からIS″へのシフトには、反作用効果が含まれている。以上のことから、自国における拡張的財政政策によって自国の国民所得は増加（Y_0→Y_1）することがわかる（図表Ⅲ−23（ａ））。

・外国における効果

　一方、外国においては、①外国通貨の減価（e↓）により経常収支が改善（EX^*↑）すると国民所得が増加する（Y^*↑）。一方、②外国金利の上昇（r^*↑）より投資が減少（I^*↓）すると国民所得が減少する。①の効果が②の効果を上回る場合IS*は右シフトし、外国の国民所得は増加（Y^*↑）する（図表Ⅲ−23（ｂ））。また、自国の国民所得が増加（Y↑）することにより外国の経常収支が改善（EX^*↑）し（IS*右シフト）、外国の国民所得が増加（Y^*↑）する反作用効果が働く。①の効果と反作用効果の合計が②の効果を上回る場合、外国の国民所得は増加（Y^*↑）する。ただし、図のIS*からIS*′へのシフトには、反作用効果（Y^*↑）が含まれている。

280

9 オープン・マクロⅡ(IS-LM型2)

Point Check Ⅲ-22

2国モデルを用いて、自国の中央銀行が行う金融緩和政策が近隣窮乏化政策となるメカニズムを説明せよ。ただし、自国は大国とする。

Answer

自国において金融緩和政策を行うと自国金利が低下する。この金利低下は、自国から外国への資本流出を生じさせ、自国通貨を減価させ外国通貨を増価させ、外国金利を低下させる。外国通貨の増価は外国の経常収支を悪化させ、外国の国民所得を減少させる需要転換効果が生じる。一方、外国金利低下により外国投資が増加し、外国の国民所得は増加する。また、自国における金利低下による自国投資の増加と、自国通貨の減価による自国の経常収支の改善が、自国の国民所得を増加させるので、外国の経常収支が改善して外国の国民所得は増加する反作用効果が働く。

以上の需要転換効果による外国の国民所得の減少が、投資増加と反作用効果による国民所得増加効果を上回る場合に、自国の金融緩和政策は外国経済に対する近隣窮乏化政策となる。

Ⅲ章　国際金融論

章末問題

問題 3.1　以下の問1〜問4に答えなさい。

問1　経常収支の決定理論の一つである弾力性アプローチに関する以下の文章の空欄（　①　）〜（　④　）に適切な語句を入れて答えなさい。

　　自国と外国ともに十分に輸出余力があり、それぞれ輸出国の通貨で表示した一定価格で輸出を増加することが可能な場合、当初、貿易・サービス収支が均衡していれば、「輸出需要の価格弾力性と輸入需要の価格弾力性の合計が1を上回る」という（　①　）と呼ばれる条件が、自国通貨の減価が自国通貨建てで表示した貿易・サービス収支を（　②　）させる必要十分条件となる。

　　自国通貨の減価が、短期的には経常収支を（　③　）させ、その後徐々に（　②　）させる調整過程を（　④　）効果と呼ぶ。（　④　）効果は、短期的には（　①　）が成立しないことから発生する。

問2　次の2つの問いに答えなさい。

(1)　実質実効為替レートとは何かを、実質為替レートと実効為替レートに分けて説明しなさい。

(2)　貿易と為替レートの関係を検討する際には、名目円ドル・レートよりも実質実効為替レートをもちいるほうがより良いと考えられる理由を述べなさい。

問3　FRBによる金融緩和の縮小は、一般的に、新興国経済にどのような影響を与えると考えられるか。以下の(1)〜(3)について、米国を大国、新興国を小国として、マンデル＝フレミング・モデルに基づいて説明しなさい。なお、簡単化のため、新興国は、変動為替相場制を採用しており、資本移動も完全と想定する。

(1)　新興国通貨の為替レート

(2)　新興国の経済成長率

(3)　新興国の金利

問4　2014年度中に日本の家計部門が預金を取り崩して住宅投資を増加させたとする。なお、他の状況に変化がないとする。

(1) この家計部門の行動は、2014年度中の「金融取引表」での資金のような変化をもたらすかを説明しなさい。

(2) この家計部門の行動は、貯蓄投資バランスをもとにすると、家計部門以外の国内部門と海外部門にどのような変化をもたらすか、その変化を理由とともに2点挙げなさい。

> **解答**
>
> 問1
> ① マーシャル＝ラーナー条件
> ② 改善、または、黒字化
> ③ 悪化、または、赤字化
> ④ Jカーブ
>
> 問2
> (1) 円の実質為替レートとは、日本と貿易相手国における物価の動きで名目為替レートを調整した指数であり、実効為替レートとは、貿易相手諸国の為替レートをそれぞれの貿易ウェイトで加重平均した指数である。
> (2) 貿易財の価格競争力を考えるには、日本と貿易相手国の相対的なコスト・価格の推移が重要となる。さらに、日本は米国とだけ貿易しているわけではないので、円の主要貿易相手国通貨に対する何らかの平均レートを使うことが望ましい。
>
> 問3
> (1) 大国である米国金利の上昇により、新興国の金利は相対的に低水準となるため、資本が新興国から外国へ流出する。この資本流出によって新興国通貨は減価する。
> (2) 新興国通貨の減価により、新興国の経常収支が改善するため、新興国のGDPは増大し、経済成長率は上昇する。
> (3) 新興国の経常収支改善による経済成長率の上昇は、新興国の金利を上昇させる。

章　国際金融論

問4

(1) 2014年度中の金融取引表での家計部門の資金余剰額が預金取り崩し額
（これは住宅投資額に等しい。）だけ減少する。

(2) 以下から2点を指摘する。

① 海外部門の貯蓄投資バランスは不変のもとで、日本の家計部門以外の
部門の貯蓄超過が拡大するか、または、投資超過が縮小する。

② 日本の家計部門以外の部門の貯蓄投資バランスは不変のもとで、海外
部門の投資超過が縮小する。

③ 日本の家計部門以外の部門の貯蓄超過が拡大するか、または、投資超
過が縮小すると同時に、海外部門の投資超過が縮小する。

解説

問1　自国と外国ともに十分に輸出余力があり、それぞれ輸出国の通貨で表
示した一定価格で輸出を増加することが可能な場合、当初、貿易・サー
ビス収支が均衡していれば、「輸出需要の価格弾力性と輸入需要の価格弾
力性の合計が1を上回る」という「マーシャル＝ラーナー条件」と呼ば
れる条件が、自国通貨の減価が自国通貨建てで表示した貿易・サービス
収支を改善（黒字化）させる必要十分条件となる。

自国通貨の減価が、短期的には経常収支を悪化（赤字化）させ、その
後徐々に改善（黒字化）させる調整過程を「Jカーブ効果」と呼ぶ。Jカー
ブ効果は、短期的にはマーシャル＝ラーナー条件が成立しないことから
発生する。

問2

(1) 円の実質為替レートとは、日本と貿易相手国における物価の動きで名
目為替レートを調整した指数（円の実質為替レート＝円の名目為替レー
ト×外国の物価÷日本の物価）であり、実効為替レートとは、貿易相手
諸国の為替レートをそれぞれの貿易ウェイトで加重平均した指数である。

(2) 実効為替レートは、各貿易相手国通貨に対する為替レートをその国と

の貿易比率で加重平均した為替相場であり、自国の貿易全体に影響をあたえる為替レートの指標となる。貿易財の価格競争力を考えるには、日本と貿易相手国の相対的なコスト・価格の推移が重要となる。さらに、日本は米国とだけ貿易しているわけではないので、円の主要貿易相手国通貨に対する何らかの平均レートを使うことが望ましい。

問3 下の図は、横軸に新興国のGDPを、縦軸に新興国の金利をとった平面上に、新興国のIS曲線とLM曲線を示したものである。当初、新興国はA点で均衡しているとする。このとき、大国である米国金利の上昇により、世界金利がi^*からi^{**}に上昇すると、もともとA点で均衡していた新興国の金利は、世界金利よりも低くなり、資本が新興国から外国へ流出する。この資本流出によって新興国通貨は減価する。さらに、新興国通貨の減価により、新興国の経常収支が改善するため、新興国のIS曲線はIS_0からIS_1に右方にシフトし、新しい均衡点はB点となる。このため、新興国のGDPは増大し、金利も上昇する。

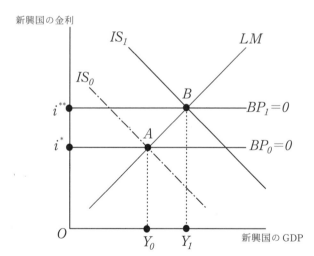

第Ⅲ章　国際金融論

問4

(1)　「貯蓄」はフロー概念なので、資産（ストック）の取り崩しが「貯蓄」を減少させるわけではない。このため、2014年度中の金融取引表での家計部門の資金余剰額が預金取り崩し額（これは住宅投資額に等しい。）だけ減少する（同じことは、家計部門の貯蓄超過額は住宅投資分だけ減少するともいえる）。

(2)　日本の国内部門と海外部門の貯蓄投資バランスには、つぎの関係が成立する。

　　　民間部門の貯蓄超過

　　　＝家計部門の貯蓄－家計部門の投資＋企業部門の貯蓄－企業部門の投資

　　　政府部門の投資超過＝政府支出－租税

　　　国内部門の貯蓄超過＝民間部門の貯蓄超過＋政府部門の投資超過＝日本の経常収支黒字

　　　国内部門の貯蓄超過＝日本の経常収支黒字＝－海外部門の投資超過

章末問題

問題 3.2 　次の文章を読んで、以下の問 1 ～問 4 に答えなさい。

　米連邦準備制度理事会（FRB）は、2012 年 9 月に、住宅ローン担保証券（MBS）を毎月 400 億ドル追加的に購入することを決定し（いわゆる QE 3）、さらに、QE 3 の下での MBS 購入額は 2012 年に、毎月 850 億ドルに引き上げられた。その後、米連邦公開市場委員会（FOMC）は、2013 年 12 月と 2014 年 1 月の会合において、それぞれ、米国債などの月間資産購入額を 100 億ドル減らすことを決定し、今後も段階的に緩和を縮小する方針を確認している。

　一方、日本銀行は、2013 年 1 月に「物価安定の目標」を新たに導入し、「消費者物価の前年比上昇率で 2 ％」を目標とした。そして、物価安定の目標の実現のために、実質的なゼロ金利政策と金融資産の買入れなどの措置をそれぞれ必要と判断される時点まで継続することを通じて、強力に金融緩和を推進することにした。さらに、2013 年 4 月に、消費者物価の前年比上昇率 2 ％の「物価安定の目標」を 2 年程度の期間を念頭においてできるだけ早期に実現することを目的として「量的・質的金融緩和」を導入した。「量的・質的金融緩和」では、①量的な金融緩和を推進する観点から、操作目標を「無担保コールレート・オーバーナイト物」から「マネタリーベース」に変更するとともに、マネタリーベースを 2 年間で 2 倍に拡大する。②長期国債の保有残高が年間約 50 兆円に相当するペースで増加するよう国債の買入を実施する。また、長期国債買入れの平均残存期間も従来の 3 年弱から国債発行残高の平均並の 7 年程度に延長する。③ETF および J-REIT の保有残高がそれぞれ年間約 1 兆円、年間約 300 億円に相当するペースで増加するよう買入れを拡大する。といったこれまでとは次元の異なる金融緩和政策を実施し、日本経済をデフレから脱却させることを目指している。

問 1 　FRB による金融緩和の縮小は、一般的に、米国経済にどのような影響を与えると考えられるか。以下の(1)～(5)について、それぞれ、理由を付けて答えなさい。

(1)　短期市場金利

(2)　長期国債利回り

(3)　米ドルの為替レート

(4)　米国の国際収支

(5)　米国の経済成長率

287

（問2） FRBによる金融緩和の縮小は、一般的に、新興国の金利、為替レート、GDPにどのような影響を与えると考えられるか。米国を大国、新興国を小国として、マンデル＝フレミング・モデルに基づいて説明しなさい。なお、簡単化のため、新興国は、変動為替相場制を採用しており、資本移動も完全と想定する。

（問3） 日銀による「量的・質的金融緩和」の導入後、円ドルレートは円安方向への動きが強まった。今回の金融緩和は、短期市場金利が既にゼロに非常に近く、金利引き下げ余地が残っていない下で行われたが、このようなゼロ金利の下での金融緩和政策は、どのような効果により中長期的に安定的な円安をもたらすことができると考えられるかを説明しなさい。

（問4） 日銀による「量的・質的金融緩和」の導入後、円ドルレートは円安方向への動きが強まったが、その間、貿易収支の赤字は基調として拡大した。

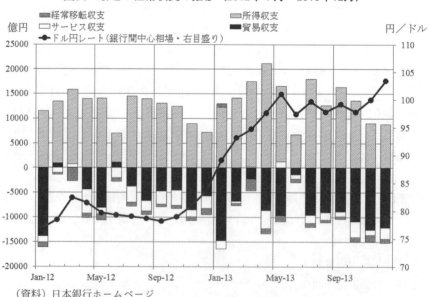

図表　最近の経常収支の推移（2012年1月～2013年12月）

（資料）日本銀行ホームページ

(1) 一般的に、貿易収支が赤字の国の通貨が減価すると、短期的には貿易収支の赤字額が拡大するが、中長期的には貿易収支が黒字化することが知られて

いる。このような現象を何と呼ぶか答えなさい。また、このような現象が起きる理由を説明しなさい。

(2) 最近の日本では、円安進行から1年以上経っても、貿易収支は改善していない。なぜ、(1)のような現象が見られないのか、考えられる要因を説明しなさい。

解答

問1

(1) 金融緩和の縮小は、短期金融市場の需給を逼迫させるので、短期市場金利を上昇させる。

(2) 短期金利の上昇につれて長期国債利回りも上昇する。また、金融緩和の縮小が今後も段階的に行われることによる将来の短期金利の予想値の上昇も長期国債利回りを上昇させる。

(3) 金融緩和の縮小による短期金利の上昇や期待インフレ率の低下は、実質金利を上昇させるので、ドル高となる。

(4) ドル高が、米国の輸出を減少させ、輸入を増加させるので、米国の貿易収支（経常収支）は悪化する。一方、実質金利の上昇が資本流入をもたらすので、資本収支（IMFの国際収支マニュアル第6版に準拠した新しい国際収支統計では「金融収支」）は改善する。

(5) 実質金利の上昇によって設備投資など国内需要が減少する。さらに、ドル高により輸出が減少するため、米国の経済成長率は低下する。

問2
大国である米国金利の上昇により、新興国の金利は相対的に低水準となるため、資本が新興国から外国へ流出する。この資本流出によって新興国通貨は減価する。さらに、新興国通貨の減価により、新興国の経常収支が改善するため、新興国のGDPは増大し、金利も上昇する。

問3
ゼロ金利制約下の金融緩和政策による安定的な円安の進行は、期待インフレ率の上昇が企業や家計に対して物価の先高感を醸成する効果に依存する。多くの経済主体が将来の物価上昇を相当程度確実だと判断すれば、円建て金融資産から外貨などへの資金シフトを発生させ、円安を進行させる

289

第Ⅲ章　国際金融論

と考えられる。

問4

(1)　現象の名称：Jカーブ効果

　　理由：自国通貨が減価した直後は、マーシャル＝ラーナーの条件が成立
　　　　　していないため、貿易収支の赤字が拡大するが、中長期的には、
　　　　　マーシャル＝ラーナーの条件が成立するようになり、貿易収支が
　　　　　黒字化する。

(2)　以下から1つを指摘する。

　　①　日本企業が円安になっても輸出国通貨建ての価格を引き下げず、為
　　　　替安による価格競争力の強化が生まれないため、時間が経っても輸出
　　　　数量が増加しないこと。

　　②　海外への生産移転から誘発される輸出が生まれにくくなったこと。

　　③　電気・電子機器などの分野で日本企業の競争力が劣化し、輸出が増
　　　　加するどころか、輸入が増加するようになったこと。

　　④　世界的な設備投資の減速で、資本財の分野で輸出が増加しにくい状
　　　　況となっていること。

解説

問1

(1)　金融緩和の縮小（＝準備預金への資金供給の減少）は、短期金融市場
　　の需給を逼迫させるので、短期市場金利を上昇させる。

(2)　純粋期待仮説をもとにすると、現在の長期国債利回りは、現在の短期
　　金利と将来の短期金利の予想値の幾何平均として示される。このため、
　　金融緩和の縮小による短期金利の上昇は、長期国債利回りを上昇させる。
　　また、金融緩和の縮小が今後も段階的に行われることによる将来の短期
　　金利の予想値の上昇も長期国債利回りを上昇させる。

(3)　金融緩和の縮小による短期金利の上昇や期待インフレ率の低下は、実
　　質金利を上昇させるので、ドル高となる。

(4) ドル高が、米国の輸出を減少させ、輸入を増加させるので、米国の貿易収支（経常収支）は悪化する。一方、実質金利の上昇が資本流入をもたらすので、資本収支（IMFの国際収支マニュアル第6版に準拠した新しい国際収支統計では「金融収支」）は改善する。

(5) 実質金利の上昇によって設備投資など国内需要が減少する。さらに、ドル高により輸出が減少するため、米国の経済成長率は低下する。

問2 下の図は、横軸に新興国のGDPを、縦軸に新興国の金利をとった平面上に、新興国のIS曲線とLM曲線を示したものである。当初、新興国はA点で均衡しているとする。このとき、大国である米国金利の上昇により、世界金利がi^*からi^{**}に上昇すると、もともとA点で均衡していた新興国の金利は、世界金利よりも低くなり、資本が新興国から外国へ流出する。この資本流出によって新興国通貨は減価する。さらに、新興国通貨の減価により、新興国の経常収支が改善するため、新興国のIS曲線はIS_0からIS_1に右方にシフトし、新しい均衡点はB点となる。このため、新興国のGDPは増大し、金利も上昇する。

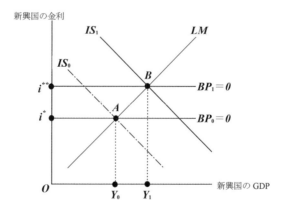

問3 量的緩和を行ってもゼロ金利制約に直面する中央銀行は、短期市場金利をゼロ以下に引き下げることができないため、金融政策が為替レートに影響するのは、期待インフレ率上昇を経由した効果だけとなる。期待インフレ率の上昇による実質金利の低下は、短期的に自国通貨を減価さ

第Ⅲ章　国際金融論

せるが、さほど大きいとはいえない。このため、実質金利の操作によっ
て為替レートを短期的に安定化させるのは、国内経済への副作用も大き
く、困難であると考えられる。このことより、ゼロ金利制約下の金融緩
和による安定的な円安の進行は、期待インフレ率の上昇が企業や家計に
対して物価の先高感を醸成する効果に依存することとなる。多くの経済
主体が将来の物価上昇を相当程度確実だと判断すれば、円建て金融資産
から外貨などへの資金シフトを発生させ、円安を進行させると考えられ
る。

問4

(1)　貿易収支赤字国の通貨が減価したとき、短期的（為替レートの変化直
　　後）には、貿易収支がさらに赤字化するが、中長期的には黒字化するた
　　め、貿易収支がJ字型のカーブを描くことを「Jカーブ効果」という。な
　　お、貿易収支黒字国の通貨が増価した場合、短期的（為替レートの変化
　　直後）には、貿易収支がさらに黒字化するが、中長期的には赤字化する。
　　　一方、「マーシャル＝ラーナーの条件」とは、

　　　　　　輸出量の価格弾力性＋輸入量の価格弾力性＞1

　　という関係のことをいうが、この条件が成立しているとき、自国通貨の
　　減価は、自国の貿易収支を黒字化する。

　　　このことより、Jカーブ効果は、短期的には、マーシャル＝ラーナー
　　の条件が成立しないが、中長期的には、マーシャル＝ラーナーの条件が
　　成立する場合にみられることとなる。

(2)　解答を参照のこと。

問題 3.3　新興国であるA国は、小国であり、自国通貨としてペソを使っており、先進国であるB国は、大国であり、自国通貨としてドルを使っている。また、基準時点をTとし、1年後を$T+1$としたとき、A国とB国の物価指数、金利、為替レートは、図表1のとおりであった。これらのことを想定して問1〜問3に答えなさい。

図表1　A国とB国の物価指数、金利、為替レート

		T	$T+1$
A国	物価指数	100.00	121.91
	ペソ建て金利	6.01%	7.67%
B国	物価指数	100.00	108.01
	ドル建て金利	2.54%	2.14%
	名目為替レート	13.3022ペソ／ドル	19.2469ペソ／ドル

問1　図表1の数値を用いて、以下の2つの問に答えなさい。

(1)　T時点を基準時点として、$T+1$時点におけるペソ建て対ドル相対的購買力平価を計算しなさい。なお、小数第5位を四捨五入して小数第4位まで求めること。

(2)　T時点を基準時点として、$T+1$時点におけるペソ建て対ドル実質為替レートを計算しなさい。なお、小数第5位を四捨五入して小数第4位まで求めること。

問2　A国とB国の間に先物カバーなしでの金利裁定式が成立すると仮定して、以下の2つの問に答えなさい。

(1)　ペソ建て金利をi_A、ドル建て金利をi_B、ペソ建て対ドル為替レートの期待変化率をεとするとき、先物カバーなしでの金利裁定式を示しなさい。

(2)　A国が変動為替相場制を採用しているとき、B国が金融引締め政策を実施してドル建て金利を引上げた場合、ペソ建て金利と将来のペソ建て対ドル期待為替レートが一定であれば、現在のペソ建て対ドル直物為替レートはどのように変化するか説明しなさい。

(3)　A国がペソ建て対ドル為替レートを一定にする固定為替相場制を採用して

293

第Ⅲ章　国際金融論

いるとする。このとき、B国が金融引締め政策を実施してドル建て金利を引上げた場合、A国はどのような金融政策を行うか説明しなさい。

問3 以下の文章の空欄（　①　）〜（　④　）に適切な語句を入れて答えなさい。

　A国とB国の2ヵ国だけで構成される世界において、B国の利上げがA国のマクロ経済に与える影響を、マンデル＝フレミング・モデルを用いて考える。なお、A国は変動為替相場制を採用しており、A国の資本移動は完全と想定する。

　当初、A国の国際収支均衡曲線（BP曲線）は、B国の利上げ前の金利水準で水平とする。B国の利上げは、A国の国際収支均衡線（BP曲線）を（　①　）方にシフトする。このとき、A国の国際収支は（　②　）し、ペソ建て対ドル為替レートが（　③　）するので、A国の輸出の変化により、A国のGDPは（　④　）する。

解答

問1

(1) $T+1$ 時点におけるペソ建て対ドル相対的購買力平価：
15.0141ペソ／ドル

(2) $T+1$ 時点におけるペソ建て対ドル実質為替レート：
17.0524ペソ／ドル

問2

(1) 先物カバーなしでの金利裁定式： $\varepsilon = i_A - i_B$

(2) ペソ建て金利と将来のペソ建て対ドル期待為替レートが一定のとき、ドル建て金利が引上げられると、ペソ建て金利とドル建て金利の差が小さくなるので、ペソ建て対ドル為替レートの期待変化率が小さくなるように、現在のペソ建て対ドル直物為替レートは減価する。

(3) A国がペソ建て対ドル為替レートを一定にする固定為替相場制を採用しているとき、ペソ建て金利をドル建て金利と等しくする必要があるため、B国が金融引締め政策を実施した場合、A国も金融引締め政策を実施して、ペソ建て金利を引上げる。

問3

① 上
② 赤字化（または、悪化）
③ 減価
④ 増加

問1

(1) T時点におけるペソ建て対ドル為替レートをE_T（1ドル＝E_Tペソ）、T時点におけるA国の物価指数をP_T^A、$T+1$時点におけるA国の物価指数をP_{T+1}^A、T時点におけるB国の物価指数をP_T^B、$T+1$時点におけるB国の物価指数をP_{T+1}^Bとするとき、$T+1$時点におけるペソ建て対ドル相対的購買力平価E_{T+1}（1ドル＝E_{T+1}ペソ）は、つぎのように示される。

$$E_{T+1} = E_T \times \frac{\frac{P_{T+1}^A}{P_{T+1}^B}}{\frac{P_T^A}{P_T^B}}$$

この関係式に、問題の図表1の数値を代入すると、$T+1$時点におけるペソ建て対ドル相対的購買力平価E_{T+1}（1ドル＝E_{T+1}ペソ）は、つぎのように求められる。

$$E_{T+1} = 13.3022 \times \frac{\frac{121.91}{108.01}}{\frac{100.00}{100.00}} = 15.014083\cdots ≒ 15.0141 \text{ペソ／ドル}$$

(2) $T+1$時点におけるペソ建て対ドル名目為替レートをE_{T+1}（1ドル＝E_{T+1}ペソ）、$T+1$時点におけるA国の物価指数をP_{T+1}^A、$T+1$時点におけるB国の物価指数をP_{T+1}^Bとする。このとき、$T+1$時点におけるペソ建て対ドル実質為替レートe_{T+1}（1ドル＝e_{T+1}ペソ）は、つぎのように示される。

$$e_{T+1} = E_{T+1} \times \frac{P_{T+1}^B}{P_{T+1}^A}$$

この関係式に、問題の図表1の数値を代入すると、$T+1$時点におけるペソ建て対ドル実質為替レートe_{T+1}（1ドル＝e_{T+1}ペソ）は、つぎのように求められる。

$$e_{T+1} = 19.2469 \times \frac{108.01}{121.91} = 17.052396\cdots ≒ 17.0524 \text{ペソ／ドル}$$

章末問題

問2

(1) A国とB国の間に先物カバーなしでの金利裁定式が成立すると仮定して、ペソ建て金利を i_A、ドル建て金利を i_B、ペソ建て対ドル為替レートの期待変化率を ε とするとき、先物カバーなしでの金利裁定式は、つぎのように示される。

$$\varepsilon = i_A - i_B$$

(2) 現在のペソ建て対ドル直物為替レートを S_0、将来のペソ建て対ドル期待為替レートを S_1^e とすると、ペソ建て対ドル為替レートの期待変化率 ε は、つぎのように示される。

$$\varepsilon = \frac{S_1^e - S_0}{S_0}$$

このとき、先物カバーなしでの金利裁定式は、(1)から、つぎのように示される。

$$i_A - i_B = \frac{S_1^e - S_0}{S_0}$$

この式をもとにすると、A国が変動為替相場制を採用しているとき、B国が金融引締め政策を実施してドル建て金利 i_B を引上げた場合、ペソ建て金利 i_A と将来のペソ建て対ドル期待為替レート S_1^e が一定であれば、現在のペソ建て対ドル直物為替レート S_0 は減価する。

(3) A国がペソ建て対ドル為替レートを一定にする固定為替相場制を採用しているとする。このとき、ペソ建て対ドル為替レートの期待変化率が $\varepsilon = 0$ となるため、先物カバーなしでの金利裁定式が成立するためには、$i_A = i_B$ となる必要がある。このため、B国が金融引締め政策を実施してドル建て金利 i_B を引上げた場合、A国も金融引締め政策を実施してペソ建て金利 i_A を引上げる。

297

問3

下の図は、縦軸に金利を、横軸にA国のGDPをとった平面上に、A国のIS曲線とLM曲線を示したものである。当初、A国はE_0点で均衡しているとする。このとき、大国であるB国金利の上昇により、A国の国際収支均衡曲線（BP曲線）が$BP_0=0$から$BP_1=0$に上方にシフトすると、E_0点で均衡していたA国の金利i^*は、B国の金利（世界金利）i^{**}よりも低くなるため、資本がA国からB国へ流出する。この資本流出により、A国の国際収支は赤字化（悪化）し、ペソ建て対ドル為替レートは減価する。さらに、ペソ建て対ドル為替レートの減価により、A国の輸出が増加し、経常収支が改善するため、A国のIS曲線はIS_0からIS_1に右方にシフトし、新しい均衡点はE_1点となる。このため、A国のGDPは増加する。

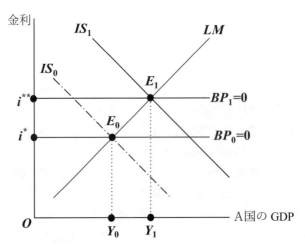

章末問題

問題 3.4 以下の問1と問2に答えなさい。

問1 以下の図表は日本銀行「資金循環統計」における、1989年度〜2017年度の各年度の資金過不足（単位：兆円）の推移を示したものである。なお、資金過不足は貯蓄投資差額（ISバランス）に等しく、概念的には、国民経済計算における純貸出と純借入の差額に相当する。この図表に関して、以下の(1)〜(3)に答えなさい。

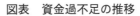

図表　資金過不足の推移

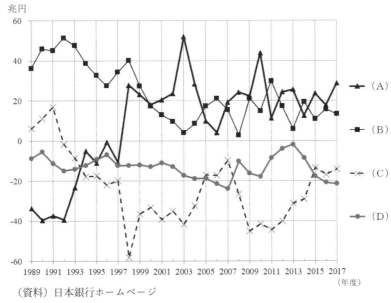

（資料）日本銀行ホームページ

(1) 図表は、家計、民間非金融法人企業、一般政府、海外の4つの主体の資金過不足額の推移を示している。（A）、（B）、（C）はどの主体か答えなさい。

(2) 図表をもとにすると、2015年度の日本の国際収支統計における経常収支と金融収支、および、対外純資産は、2014年度と比較すると、それぞれどのように変化したと考えられるかを理由とともに答えなさい。なお、ここでの考察にあたっては、資本移転等収支と誤差脱漏の変化は無視できるほど小さいものとすること。

(3) 2018年度において、図表の（B）の主体は資金余剰主体、（C）の主体は

299

第Ⅲ章　国際金融論

資金不足主体であるとする。このとき、2019年度に消費税率が引き上げられた場合、（B）の主体の資金余剰額と（C）の主体の資金不足額は2018年度からどのように変化すると考えられるか、その変化の方向を「増加」、「不変」、「減少」のうち1つを○で囲んで答え、その理由を簡潔に述べなさい。なお、消費税率の引き上げ以外の状況に変化がないとする。

問2　外国為替市場の参加者が、為替変動リスクに対してリスク中立的である状況を想定すると、先物カバーなし金利平価式が成立する。このとき、現在の為替レートの決定に関して、以下の(1)と(2)に答えなさい。

(1)　円／ドル為替レートに関する「先物カバーなし金利平価式」を示しなさい。

(2)　日本銀行が金融緩和政策を強化する一方、FRB（米国連邦準備制度理事会）が政策金利の引上げを実施したため、円金利の低下とドル金利の上昇が同時期に起きた状況において、円／ドル為替レートが円高ドル安に進行することがある。「先物カバーなし金利平価式」にもとづいて、このような状況のもとでの円／ドル為替レートの動きを説明しなさい。

章末問題

解答

問1

(1) （A）民間非金融法人企業

　　（B）家計

　　（C）一般政府

(2) （D）の主体が海外である。海外は2015年度において、2014年度よりも資金不足が拡大しているので、2015年度の日本の経常収支は、2014年度よりも黒字が拡大している。また、資本移転等収支と誤差脱漏が無視できるほど小さい場合、経常収支黒字の拡大は、金融収支の黒字の拡大を意味し、さらに、金融収支が黒字のとき、対外純資産も増大する。

(3) ・主体（B）の変化の方向：増加　不変　⦅減少⦆

　　　理由：消費税率の引上げは、主体（B）の家計の貯蓄を減少させるので、資金余剰額を減少させる。

　　・主体（C）の変化の方向：増加　不変　⦅減少⦆

　　　理由：消費税率の引上げは、主体（C）の政府の税収を増加させるので、資金不足額を減少させる。

問2

(1) 式：円金利－ドル金利＝直物円／ドル為替レートの予想増減価率

(2) 先物カバーつき金利平価式が成立するとき、円金利の低下とドル金利の上昇は、どちらも円安ドル高要因である。このとき、実際の為替レートが円高ドル安に進行しているとすると、何らかの要因により、将来の円高ドル安予想が形成され、この予想により円／ドル為替レートが変化しているためと考えられる。

> **解説**
>
> 問1
>
> (1) （A）は、1990年代半ばに資金不足主体から資金余剰主体に転換していることから、「民間非金融法人企業」を示している。（B）は、一貫して資金余剰主体で推移しており、「家計」を示している。（C）は、1980年代末から1990年代初めのバブル期に資金余剰主体になっているが、その後、資金不足幅が拡大しており、「一般政府」を示している。（D）は、一貫して資金不足主体で推移しており、「海外」を示している。
>
> (2) 　海外部門の資金過不足（貯蓄投資差額）は、日本の国内経済部門の資金過不足（貯蓄投資差額）の逆になる。たとえば、海外部門が資金不足（投資超過）のとき、日本の国内経済部門は資金余剰（貯蓄超過）となる。さらに、日本の国内経済部門が資金余剰（貯蓄超過）のとき、日本の経常収支は黒字となる。2015年度の海外部門（(D) の主体）の資金不足は、2014年度よりも拡大している。このため、2015年度の日本の経常収支黒字は、2014年度よりも拡大している。また、資本移転等収支と誤差脱漏を無視する場合、経常収支と金融収支は等しいので、2015年度の日本の金融収支黒字は、2014年度よりも拡大している。さらに、金融収支の黒字は、対外純資産の増加を意味するので、2015年度の日本の対外純資産の増分は、2014年度の日本の対外純資産の増分よりも拡大している。
>
> (3) 　図表の（B）の主体は「家計」であり、（C）の主体は「政府」である。2018年度において、家計が資金余剰主体、政府が資金不足主体であるとき、2019年度の消費税率の引き上げは、家計の貯蓄を減少させるため、家計の資金余剰額を減少させ、同時に、政府の税収の増加により、政府の資金不足額を減少させる。
>
> 問2
>
> (1) 　先物カバーなし金利平価式が成立するとき、円／ドル為替レートに関して、
>
> 　　　円金利－ドル金利＝直物円／ドル為替レートの予想増減価率
>
> という関係が示される。

(2) 先物カバーなし金利平価式が成立するとき、現在の円／ドル為替レートを決定する要因は、円金利とドル金利の差と将来の為替レートの予想である。円金利が低下し、ドル金利が上昇する場合、先物カバーなし金利平価にしたがうと、円／ドル為替レートは円安ドル高になる。このとき、実際の円／ドル為替レートが円高ドル安に進行しているとすると、何らかの要因により、将来の円高ドル安予想が形成され、この予想により円／ドル為替レートが変化しているためと考えられる。

Appendix

～付　録～

Appendix

証券アナリスト試験（2次経済）で使う数学・統計

(1) 数列と永久利付債券価格（割引現在価値 PV）

◆ 有限等比数列

$$S_n = \frac{C}{1+r} + \frac{C}{(1+r)^2} + \frac{C}{(1+r)^3} + \cdots + \frac{C}{(1+r)^n} \qquad \leftarrow \sum_{t=1}^{n} \frac{C}{(1+r)^t}$$

$$-)\quad \frac{1}{1+r}S_n = \frac{C}{(1+r)^2} + \frac{C}{(1+r)^3} + \cdots + \frac{C}{(1+r)^n} + \frac{C}{(1+r)^{n+1}}$$

$$\left(1 - \frac{1}{1+r}\right)S_n = \frac{C}{1+r} - \frac{C}{(1+r)^{n+1}} = \frac{C}{1+r}\left\{1 - \left(\frac{1}{1+r}\right)^n\right\} \quad \therefore \quad S_n = \frac{C}{r}\left\{1 - \left(\frac{1}{1+r}\right)^n\right\}$$

◆ 無限等比数列

$$n \to \infty \text{のとき、} \lim_{n \to \infty} S_n = \frac{C}{r}\left\{1 - \left(\frac{1}{1+r}\right)^\infty\right\}$$

◆ 無限等比数列の収束条件： 公比＜1

$$n \to \infty \text{のとき、公比 } \frac{1}{1+r} < 1 \ \ (r > 0) \text{ なら、} \left(\frac{1}{1+r}\right)^\infty \fallingdotseq 0 \quad \therefore \quad \lim_{n \to \infty} S_n = \frac{C}{r}$$

永久利付債券価格（割引現在価値）　$B = \dfrac{C}{r}$

(2) 和記号Σ（シグマ）について

Σ（シグマ）を使うと、数字が連続的に変化するような長い演算を簡潔に表すことができる。例えば、

$$④ \to \ \overset{\overset{\textstyle ③}{\downarrow}}{\underset{\underset{\textstyle ②}{i=1}}{\sum^{5}}} i \ \leftarrow ①$$

は、① i の部分に、② 1から順に、③ 5まで当てはめながら、④ 足していく、すなわち、

$$\sum_{i=1}^{5} i = 1 + 2 + 3 + 4 + 5 = 15$$

という意味である。他には、

$$\sum_{i=1}^{10} x_i = x_1 + x_2 + x_3 + \cdots\cdots + x_9 + x_{10}$$

$$\sum_{i=1}^{10} P_i X_i = P_1 X_1 + P_2 X_2 + P_3 X_3 + \cdots\cdots + P_9 X_9 + P_{10} X_{10}$$

$$\sum_{i=1}^{n} ax^{i-1} = a + ax + ax^2 + \cdots\cdots + ax^{n-2} + ax^{n-1}$$

$$\sum_{t=1}^{n} \frac{1}{(1+r)^t} = \frac{1}{1+r} + \frac{1}{(1+r)^2} + \cdots\cdots + \frac{1}{(1+r)^n}$$

（3）　対　数

◆ 指数関係と対数関係：指数との関係から対数を理解する！

＜指数関係＞ ⇔ ＜対数関係＞

$3 \times 3 = 9$　　⇔　　$3^2 = 9$　　⇔　　$\log_3 9 = 2$

$3 = 3$　　　　⇔　　$3^1 = 3$　　⇔　　$\log_3 3 = 1$

　　　　　　　　　⇔　　$3^0 = 1$　　⇔　　$\log_3 1 = 0$

◆ 指数関数と対数関数

＜指数関数＞ ⇔ ＜対数関数＞

$X = a^Y$　　⇔　　$Y = \log_a X$　$(a \neq 1$ かつ $a > 0$、$X > 0)$

$1 = a^0$　　⇔　　$0 = \log_a 1$　$(a \neq 1$ かつ $a > 0)$

$a = a^1$　　⇔　　$1 = \log_a a$　$(a \neq 1$ かつ $a > 0)$

◆ 底を e とする指数と自然対数：$e \fallingdotseq 2.718281828\cdots$（鮒、一鉢、二鉢、一鉢、二鉢…）

＜指数関数＞ ⇔ ＜対数関数＞

$Y = e^X$　　⇔　　$X = \log_e Y = \ln Y = \log Y$　$(Y > 0)$

$X = e^Y$　　⇔　　$Y = \log_e X = \ln X = \log X$　$(X > 0)$

$1 + r = e^r$　⇔　$r = \log_e (1+r) = \ln(1+r) = \log(1+r)$　$(r > 0)$

$1 = e^0$　　　⇔　　$0 = \log_e 1 = \ln 1 = \log 1$

$e = e^1$　　　⇔　　$1 = \log_e e = \ln e = \log e$

| Appendix

◆ **近似公式**

$\ln(1+x)$において、$0.1>x>0$（パーセント表示　$10\%>100\times x\%>0$%）でxが非常に小さいならば、

<指数関数> ⇔ <対数関数>

$$e^x \approx 1+x \quad \Leftrightarrow \quad \ln(1+x) \approx x$$

$$\text{ex)} \quad e^r \approx 1+r \quad \Leftrightarrow \quad \ln(1+r) \approx r$$

(4) 弾力性

◆ **変化率**：投資Iの変化（上昇）率$=\dfrac{\Delta I}{I}=\dfrac{\text{変化分}}{\text{初期水準}}$ <小数表示>

例えば、投資が100から200に100増えれば、

$$\text{投資}I\text{の変化率}=\frac{\Delta I}{I}=\frac{200-100}{100}=\frac{100}{100}=1=100\%$$

◆ **弾力性の公式**：$\boxed{\triangle\triangle\text{の}\times\times\text{弾力性}=\dfrac{\triangle\triangle\text{の変化率（小数表示）}}{\times\times\text{の変化率（小数表示）}}}$

$$\text{ex)　投資の利子弾力性}=\left|\frac{\text{投資の変化率<小数表示>}}{\text{金利の変化率<小数表示>}}\right|=\left|\frac{\dfrac{\Delta I}{I}}{\dfrac{\Delta r}{r}}\right|$$

投資の利子弾力性は、正確には「金利rの**変化率**が1％変化したときの投資の変化率」を表す。例えば、金利が10％から9％に低下した（金利rの変化率を測れば、10％低下した）ときに、投資が100から200に100増えれば、

$$\text{投資の利子弾力性}=\left|\frac{\dfrac{\Delta I}{I}}{\dfrac{\Delta r}{r}}\right|=\left|\frac{\dfrac{100}{100}}{\dfrac{-0.01}{0.10}}\right|=10$$

◆ **半弾力性の公式**：$\boxed{\triangle\triangle\text{の}\times\times\text{半弾力性}=\dfrac{\triangle\triangle\text{の変化率（小数表示）}}{\times\times\text{の変化分}}}$

$$\text{ex)　投資の金利に対する半弾力性}=\left|\frac{\text{投資の変化率<小数表示>}}{\text{金利の変化分}}\right|=\left|\frac{\dfrac{\Delta I}{I}}{\Delta r}\right|$$

投資の金利に対する**半弾力性**は、正確には「金利水準rが1％（**変化分**）変化

Appendix

したときの投資の変化率」を表す。例えば、金利が10％から9％に低下した（金利 r の変化分が－1％の）ときに、投資が100から200に100増えれば、

$$投資の金利に対する半弾力性 = \left| \frac{\frac{\Delta I}{I}}{\Delta r} \right| = \left| \frac{\frac{100}{100}}{-1} \right| = 1$$

（5） 対数微分と弾力性

◆ 対数微分

$Y = \ln X$ のとき、$Y' = \dfrac{dY}{dX} = \dfrac{d(\ln X)}{dX} = \dfrac{1}{X}$

◆ 変化率の簡便公式

$\dfrac{dY}{dX} \fallingdotseq \dfrac{\Delta Y}{\Delta X} \left(つまり、\dfrac{d(\ln X)}{dX} \fallingdotseq \dfrac{\Delta(\ln X)}{\Delta X} \right)$ とおけば、

$\Delta(\ln X) = \dfrac{\Delta X}{X} \quad \dfrac{\Delta X}{X} : X$ の変化

◆ 自然対数と弾力性・半弾力性

∴ $\Delta \ln(株価) = \alpha + \beta \Delta \ln(収益) - \gamma \Delta 金利$

∴ $\beta = \dfrac{\Delta \ln(株価)}{\Delta \ln(収益)} \quad \gamma = \dfrac{\Delta \ln(株価)}{\Delta 金利}$

A. **弾力性**：収益の<u>変化率</u>が1％変化したとき変化する株価の変化率

$$株価の収益弾力性 \beta = \frac{\Delta \ln(株価)}{\Delta \ln(収益)} = \frac{\frac{\Delta 株価}{株価}}{\frac{\Delta 収益}{収益}} = \frac{株価の変化率（小数表示）}{収益の変化率（小数表示）}$$

B. **半弾力性**：金利水準が1％変化したとき変化する株価の変化率

株価の金利に対する半弾力性

$$\gamma = \frac{\Delta \ln(株価)}{\Delta 金利} = \frac{\frac{\Delta 株価}{株価}}{\Delta 金利} = \frac{株価の変化率（小数表示）}{金利の変化分（％表示）}$$

309

索 引

英字

AD-AS分析 …………………………27
AD-ASモデル ………………………27
AD曲線 ………………………………27
AS曲線 ………………………………27
CI ……………………………………2, 3
DI ……………………………………2, 3
EU ……………………………………259
GDPギャップ ………………………42
IS-LM分析 …………………………17
IS曲線 ………………………………17
ISバランス …………………………215
Jカーブ効果 ………………………232
LM曲線 ………………………………17
M1 ……………………………………138
M2 ……………………………………138
M3 ……………………………………138
PPP …………………………………245

ア行

イールド・カーブ …………………150
イールドカーブ・コントロール ……178
一致指数 ………………………………3
インセンティブ契約 ………………101
インターバンク市場金利 …………136
インフレ ………………………………33
インフレーション・ターゲティング …159
エージェンシー問題 ………………100
オークション …………………………91
オープン・オークション ……………91

カ行

価格の自動調整機能 …………………61
下級財 …………………………………65

拡張的財政政策 ……………………19
カバー付金利平価 …………………250
カバーなし金利平価 ………………250
貨幣需要の利子弾力性 ………18, 19, 23
貨幣乗数 ……………………………139
貨幣数量説 …………………………39
貨幣の流通速度 ……………………39
技術進歩 ……………………………46
期待理論 ……………………………150
逆選択 ………………………………95
業況判断DI …………………………7
寄与度 ………………………………12
寄与率 ………………………………12
銀行券要因 …………………………144
金融緩和政策 ………………………20
金融収支 ……………………………212
金融政策 ……………………………136
金融調節 ……………………………143
金利の期間構造 ……………………150
金利平価説 …………………………249
クールノー・モデル …………………85
クラウディング・アウト ……………19
景気循環 ………………………………2
景気動向指数 …………………………2
経常収支 ………………………212, 214
ゲーム理論 …………………………80
限界収入 ……………………………68
限界代替率 …………………………62
限界費用 ……………………………68
現金預金比率 ………………………140
交易利得 ……………………………11
公開市場操作 ………………………136
公債残高 ……………………………58
公定歩合操作 ………………………136

購買力平価 …………………………235	消費の平準化 ……………………………74
購買力平価説 ……………………245	情報の非対称性 …………………………95
国際収支統計 ……………………212	所得効果 ……………………………65, 77
国際収支表 ………………………212	新古典派経済成長モデル ………………52
国民所得 ……………………………17	数量の価格弾力性 ……………………232
誤差脱漏 …………………………213	スクリーニング …………………………96
コミットメント ……………………89	ストックオプション …………………102
コンポジット・インデックス …2, 3	成長会計 …………………………………46
	セカンドプライス・オークション ……91
サ行	セカンドプライス・シールドビッド・
最終目標 …………………………136	オークション …………………………92
財政赤字 ……………………………58	絶対的購買力平価 ……………………245
財政等要因 ………………………144	先行指数 ……………………………………3
最適消費計画 ………………………62	全要素生産性 ……………………………46
最適通貨圏 ………………………255	戦略型ゲーム ……………………………81
最適反応戦略 ………………………80	操作目標 …………………………136, 161
三面等価の原則 ……………………9	相対的購買力平価 ……………………245
シールドビッド・オークション …91	
時間軸効果 ………………………162	**夕行**
時間選好率 ……………74, 76, 224	代替効果 ……………………………65, 77
資金需給式 ………………………143	弾力性アプローチ ……………………231
シグナリング ………………………96	遅行指数 ……………………………………3
市場均衡 ……………………………61	中間目標 …………………………………136
市場分断仮説 ……………………150	長短金利操作付き量的・質的金融緩和
実質GDP ……………………………10	……………………………………178
実質為替レート …………………234	貯蓄投資差額 …………………………215
実質実効為替レート ……………235	ディフュージョン・インデックス …2, 3
支配戦略 ……………………………80	テイラー・ルール ……………………156
支配戦略均衡 ………………………81	デフレ ……………………………………31
資本移転等収支 …………………212	展開型ゲーム ……………………………88
資本の限界生産力 …………………71	動学的非整合性 ………………………159
資本の限界生産力逓減 ……………71	投資の利子弾力性 …………17, 19, 23, 24
囚人のジレンマ ……………………83	
収束条件 ……………………………59	**ナ行**
純粋期待仮説 ……………………150	ナッシュ均衡 ……………………………80
準備率 ……………………………140	2期間モデル …………………………222
準備率操作 ………………………136	2国モデル ……………………………275
上級財 ………………………………65	2段階アプローチ ……………………136

311

索引

日銀信用 ……………………143
日銀短観 ………………………7
日銀当座預金 ………………137

ハ行

配当割引モデル …………………183
反応関数 ……………………86, 87
ビジネス・サーベイ ……………7
非不胎化介入 …………………239
ファーストプライス・オークション …91
ファーストプライス・シールドビッド・
　オークション ………………92
フィッシャー方程式 ……………41
フィリップス曲線 ………………44
フォワードガイダンス …………162
不胎化介入 ……………………239
物価安定の目標 ………………172
プライステイカー ………………71
プライマリー・バランス ………58
ベースマネー …………………137
ポートフォリオ・バランス・アプローチ
　…………………………………252
ポートフォリオ・リバランス効果 ……162
補完貸付制度 …………………166

マ行

マーシャル＝ラーナー条件 ……232
マイナス金利 …………………174
マイナス金利付き量的・質的金融緩和 174
マネーストック ………………137
マネタリーベース ………………137
マンデル＝フレミング・モデル ……262
名目GDP ………………………10
名目為替レート …………………234
名目実効為替レート ……………235
モラルハザード …………………100

ヤ行

誘導型アプローチ ………………136
ユーロ …………………………259
輸出の価格弾力性 ……………232
輸入の価格弾力性 ……………232

ラ行

ライフサイクル仮説 ……………73
利潤最大化 ……………………68
利潤最大化条件 ………………68
利子率 …………………………17
リスク・プレミアム仮説 ………150
流動性の罠 …………………18, 23
量的金融緩和政策 ……………161
量的・質的金融緩和の導入 ……173
労働の限界生産力 ……………70
労働の限界生産力逓減 …………70
ロンバート型貸出制度 …………166

MEMO

2021年試験対策　証券アナリスト2次対策総まとめテキスト　市場と経済

（平成13年試験対策　2001年2月15日　初版 第1刷発行）
2021年1月25日　初　版　第1刷発行

編 著 者	Ｔ Ａ Ｃ 株 式 会 社	
	（証券アナリスト講座）	
発 行 者	多 　田 　敏 　男	
発 行 所	Ｔ Ａ Ｃ 株式会社　出版事業部	
	（Ｔ Ａ Ｃ 出版）	

〒101-8383
東京都千代田区神田三崎町3-2-18
電話 03 (5276) 9492（営業）
ＦＡＸ 03 (5276) 9674
https://shuppan.tac-school.co.jp/

印　　刷	株式会社　ワコープラネット	
製　　本	株式会社　常 川 製 本	

© TAC 2021　　　Printed in Japan

ISBN 978-4-8132-9417-7
N.D.C. 338

本書は、「著作権法」によって、著作権等の権利が保護されている著作物です。本書の全部また
は一部につき、無断で転載、複写されると、著作権等の権利侵害となります。上記のような使い
方をされる場合、および本書を使用して講義・セミナー等を実施する場合には、小社宛許諾を求
めてください。

乱丁・落丁による交換、および正誤のお問合せ対応は、該当書籍の改訂版刊行月末日までといた
します。なお、交換につきましては、書籍の在庫状況等により、お受けできない場合もございま
す。
また、各種本試験の実施の延期、中止を理由とした本書の返品はお受けいたしません。返金もい
たしかねますので、あらかじめご了承くださいますようお願い申し上げます。

証券アナリスト

2021年2次合格目標 直前パック 全25回

「総まとめテキスト」を使用した充実の直前講義を含む、アウトプットに重点を置いたコースです。
今まで培った知識を実践で使えるようにパワーアップさせるためのノウハウが溢れています。

■■ カリキュラム

2021年1月 ──────→ 4月 ──→ 5月 ──────→ 6月

証券分析	直前講義（8回）	論点まとめ講義（1回）
企業分析	直前講義（6回）	論点まとめ講義（1回）
市場と経済	直前講義（4回）	論点まとめ講義（1回）
職業倫理	直前講義（2回）	論点まとめ講義（1回）

全国公開模試 4/11（日）

2021年2次試験

直前講義（証券分析8回　企業分析6回　市場と経済4回　職業倫理・行為基準2回）

"講義と表記していますが、演習中心の実践的講義です。"
→充実の演習講義です。ここでの努力が本試験で真価を発揮することでしょう。

全国公開模試（1回）

"全4会場で開催するTACの公開模試"
→本試験を疑似体験することは重要です。是非ご体感ください。

論点まとめ講義（各科目1回）

"最後の最後！重要論点をチェックします"
→ここまで来たら最終調整を図ってください。本試験直近の総まとめ講義です。

■■ 学習メディア・開講地区

教室講座 渋谷校・八重洲校

ビデオブース（個別DVD）講座
　札幌校・水道橋校・新宿校・池袋校・渋谷校・八重洲校・立川校・町田校・横浜校・大宮校
　津田沼校・名古屋校・梅田校・なんば校・神戸校・福岡校

Web通信講座　　**DVD通信講座**

- DVD通信講座は、DVD-Rメディアでのご提供となりますので、DVD-Rメディア対応のDVDプレーヤーのみご視聴になれます。パソコンでの動作保証は致しておりませんので、予めご了承ください。
- Web通信講座をお申込の場合、必ずTACWEBSCHOOLの動作環境ページをご確認ください。実際に受講される端末からTACWEBSCHOOL（https://portal.tac-school.co.jp）にアクセスしていただき、[TACWEBSCHOOL動作環境のご案内]ボタンから、動作環境チェッカーページへお進みください。

資格の学校 TAC

開講一覧

教室講座 開講日程

各科目の第1回講義が無料体験できます。【職業倫理・行為基準を除く】

	証券分析	企業分析	市場経済	職業倫理・行為基準
渋谷校 （火・金クラス）	1/26(火)19:00～	2/ 2 (火)19:00～	2/ 9 (火)19:00～	3/30(火)19:00～
八重洲校(日曜クラス)	1/31(日) 9:00～	2/ 7 (日) 9:00～	2/14(日) 9:00～	4/ 4 (日) 9:00～

ビデオブース(個別DVD)講座 視聴開始日程

各科目の第1回講義が無料体験できます。【職業倫理・行為基準を除く】

	証券分析	企業分析	市場経済	職業倫理・行為基準
視聴開始日	2/ 9 (火)～	2/16(火)～	2/23(火)～	4/ 9 (金)～

Web通信講座 配信開始日程

	証券分析	企業分析	市場経済	職業倫理・行為基準
配信開始日	2/ 9 (火)～	2/16(火)～	2/23(火)～	4/ 9 (金)～
教材発送開始日		1/22(金)～		3/23(火)～

DVD通信講座 教材送付開始日程

	証券分析	企業分析	市場経済	職業倫理・行為基準
DVD発送開始日	2/19(金)～	2/19(金)～	3/12(金)～	4/ 9 (金)～
教材発送開始日		1/22(金)～		3/23(火)～

受講料

	教室講座 ビデオブース(個別DVD)講座 通常受講料	Web通信講座 通常受講料	DVD通信講座 通常受講料
直前パック(4科目セット)	各¥120,000	¥131,000	¥165,000
証券分析	各¥ 50,000	¥ 59,000	¥ 72,000
企業分析	各¥ 40,000	¥ 45,000	¥ 52,000
市場と経済	各¥ 40,000	¥ 45,000	¥ 52,000
職業倫理	各¥ 11,000	¥ 13,000	¥ 15,000

※0から始まる会員番号をお持ちでない方は、受講料の他に別途入会金¥10,000(税込)が必要です。会員番号につきましては、TAC各校または カスタマーセンター(0120-509-117)までお問い合わせください。

証券アナリスト

2021年 2次合格目標

全国公開模試
4/11㊐開催

TACの公開模試 3つのポイント

Point1 問題のクオリティにこだわります

Point2 多くの方にご受験頂けるよう全5会場で実施します

Point3 本試験を擬似体験できます

■受験形態・開催地区

会場受験（渋谷校・八重洲校・名古屋校・梅田校）
自宅受験

渋谷校
〒150-0031 渋谷区桜丘町31-15
渋谷桜丘スクエア5F
☎ 03(3462)0901(代)

JR渋谷駅西口 東急線・地下鉄出口5より徒歩7分
京王井の頭線渋谷駅西口より徒歩4分

八重洲校
〒104-0031 中央区京橋1-10-7
KPP八重洲ビル4F
☎ 03(6228)8501(代)

JR東京駅八重洲中央口より徒歩5分 日本橋駅B1出口より徒歩3分
京橋駅6番出口・宝町駅A6出口より徒歩4分

名古屋校
〒450-0002 名古屋市中村区名駅1-2-4
名鉄バスターミナルビル10F
☎ 052(586)3191(代)

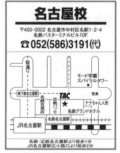

名鉄・近鉄名古屋駅より徒歩1分
JR名古屋駅広小路口より徒歩3分

梅田校
〒530-0015 大阪市北区中崎西2-4-12
梅田センタービル4F
☎ 06(6371)5781(代)

阪急大阪梅田駅・地下鉄御堂筋線梅田駅より徒歩6分
JR大阪駅より徒歩7分

お申込みは2021年1月下旬（予定）より

詳しくは、全国公開模試の案内書またはホームページをご覧ください。

証券アナリスト講座の資料のご請求

通話無料 0120-509-117
ゴウカク イイナ
※携帯からもご利用いただけます。

【受付時間】
月〜金 9:30〜19:00　土日祝 9:30〜18:00

資格の学校 TAC

2021年 2次合格目標

GW集中特訓講座

GW中のこの3日間で勝負が決まる！

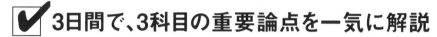
3日間で、3科目の重要論点を一気に解説

大幅な学習時間の削減ができる

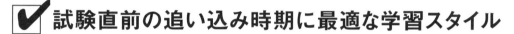
試験直前の追い込み時期に最適な学習スタイル

■**当講座の特色**　当講座では、膨大な試験範囲から重要論点をピックアップして講義を行います。直前まで学習してきた内容の再確認、定着を図り、本試験への不安を払拭しましょう。

■**使用教材**　2021年試験対策　2次対策総まとめテキスト・直前例題集（配付）

■**講義回数・時間**　全6回×2.5時間
・証券分析　3回　　・企業分析　2回　　・市場と経済　1回
※職業倫理はございません。

■**学習メディア**　教室講座（渋谷校）・Web通信講座・DVD通信講座
・教室講座（渋谷校）　5月上旬開講予定
　10:00～12:30　13:30～16:00（1日2回）（予定）
・Web通信講座　5月中旬より配信予定
・DVD通信講座　5月中旬より発送予定
※ビデオブース講座はございません。

■**受講料**　¥38,000（教材費・消費税込）（予定）

お申込みは2021年2月下旬より

日程の詳細は、2021年2月中旬（予定）よりTACホームページでご確認ください。

※当日は、該当科目の総まとめテキストをご持参ください。
※フォロー制度はございません。
※開講日当日は受付が混雑する可能性がありますので、前日までにお申込みください。
※当コースは入会金免除です。
※予告なくカリキュラム、受講料を変更する場合があります。予めご了承ください。

渋谷校
〒150-0031 渋谷区桜丘町31-15
渋谷桜丘スクエア5F
☎03(3462)0901(代)

TAC出版 書籍のご案内

TAC出版では、資格の学校TAC各講座の定評ある執筆陣による資格試験の参考書をはじめ、資格取得者の開業法や仕事術、実務書、ビジネス書、一般書などを発行しています!

TAC出版の書籍
*一部書籍は、早稲田経営出版のブランドにて刊行しております。

資格・検定試験の受験対策書籍

- 日商簿記検定
- 建設業経理士
- 全経簿記上級
- 税理士
- 公認会計士
- 社会保険労務士
- 中小企業診断士
- 証券アナリスト
- ファイナンシャルプランナー(FP)
- 証券外務員
- 貸金業務取扱主任者
- 不動産鑑定士
- 宅地建物取引士
- マンション管理士
- 管理業務主任者
- 司法書士
- 行政書士
- 司法試験
- 弁理士
- 公務員試験(大卒程度・高卒者)
- 情報処理試験
- 介護福祉士
- ケアマネジャー
- 社会福祉士　ほか

実務書・ビジネス書

- 会計実務、税法、税務、経理
- 総務、労務、人事
- ビジネススキル、マナー、就職、自己啓発
- 資格取得者の開業法、仕事術、営業術
- 翻訳書 (T's BUSINESS DESIGN)

一般書・エンタメ書

- エッセイ、コラム
- スポーツ
- 旅行ガイド (おとな旅プレミアム)
- 翻訳小説 (BLOOM COLLECTION)

TAC出版

(2018年5月現在)

書籍のご購入は

1 全国の書店、大学生協、ネット書店で

2 TAC各校の書籍コーナーで

資格の学校TACの校舎は全国に展開！
校舎のご確認はホームページにて

資格の学校TAC ホームページ
https://www.tac-school.co.jp

3 TAC出版書籍販売サイトで

CYBER BOOK STORE　TAC出版書籍販売サイト

TAC出版　で　検索

https://bookstore.tac-school.co.jp/

24時間ご注文受付中

- 新刊情報をいち早くチェック！
- たっぷり読める立ち読み機能
- 学習お役立ちの特設ページも充実！

TAC出版書籍販売サイト「サイバーブックストア」では、TAC出版および早稲田経営出版から刊行されている、すべての最新書籍をお取り扱いしています。
また、無料の会員登録をしていただくことで、会員様限定キャンペーンのほか、送料無料サービス、メールマガジン配信サービス、マイページのご利用など、うれしい特典がたくさん受けられます。

サイバーブックストア会員は、特典がいっぱい！（一部抜粋）

通常、1万円（税込）未満のご注文につきましては、送料・手数料として500円（全国一律・税込）頂戴しておりますが、1冊から無料となります。

専用の「マイページ」は、「購入履歴・配送状況の確認」のほか、「ほしいものリスト」や「マイフォルダ」など、便利な機能が満載です。

メールマガジンでは、キャンペーンやおすすめ書籍、新刊情報のほか、「電子ブック版TACNEWS（ダイジェスト版）」をお届けします。

書籍の発売を、販売開始当日にメールにてお知らせします。これなら買い忘れの心配もありません。

書籍の正誤についてのお問合わせ

万一誤りと疑われる箇所がございましたら、以下の方法にてご確認いただきますよう、お願いいたします。

なお、正誤のお問合わせ以外の書籍内容に関する解説・受験指導等は、**一切行っておりません。**
そのようなお問合わせにつきましては、お答えいたしかねますので、あらかじめご了承ください。

1 正誤表の確認方法

TAC出版書籍販売サイト「Cyber Book Store」の
トップページ内「正誤表」コーナーにて、正誤表をご確認ください。

CYBER TAC出版書籍販売サイト
BOOK STORE

URL:https://bookstore.tac-school.co.jp/

2 正誤のお問合わせ方法

正誤表がない場合、あるいは該当箇所が掲載されていない場合は、書名、発行年月日、お客様のお名前、ご連絡先を明記の上、下記の方法でお問合わせください。
なお、回答までに1週間前後を要する場合もございます。あらかじめご了承ください。

文書にて問合わせる

●郵送先　〒101-8383 東京都千代田区神田三崎町3-2-18
　　　　　TAC株式会社 出版事業部 正誤問合わせ係

FAXにて問合わせる

●FAX番号　**03-5276-9674**

e-mailにて問合わせる

●お問合わせ先アドレス　**syuppan-h@tac-school.co.jp**

※お電話でのお問合わせは、お受けできません。また、土日祝日はお問合わせ対応をおこなっておりません。
※正誤のお問合わせ対応は、該当書籍の改訂版刊行月末日までといたします。

乱丁・落丁による交換は、該当書籍の改訂版刊行月末日までといたします。なお、書籍の在庫状況等により、お受けできない場合もございます。
また、各種本試験の実施の延期、中止を理由とした本書の返品はお受けいたしません。返金もいたしかねますので、あらかじめご了承くださいますようお願い申し上げます。

TACにおける個人情報の取り扱いについて
■お預かりした個人情報は、TAC(株)で管理させていただき、お問い合わせへの対応、当社の記録保管および当社商品・サービスの向上にのみ利用いたします。お客様の同意なしに業務委託先以外の第三者に開示、提供することはございません(法令等により開示を求められた場合を除く)。その他、個人情報保護管理者、お預かりした個人情報の開示等及びTAC(株)への個人情報の提供の任意性については、当社ホームページ(https://www.tac-school.co.jp)をご覧いただくか、個人情報に関するお問い合わせ窓口(E-mail:privacy@tac-school.co.jp)までお問合せください。

(2020年10月現在)